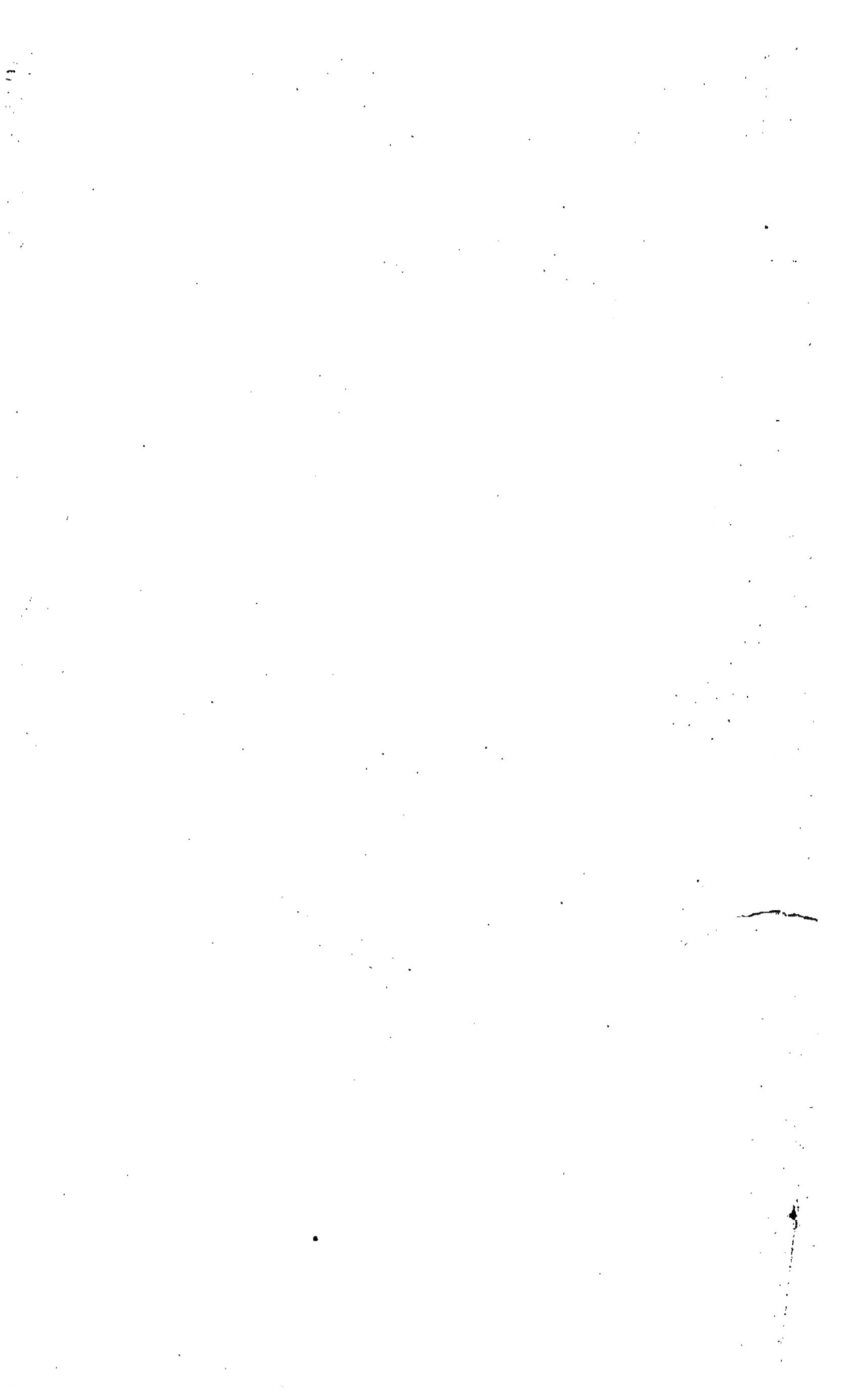

GÉOGRAPHIE

DES

COLONIES FRANÇAISES

Tout exemplaire qui ne sera pas revêtu des trois signatures ci-dessous sera reputé contrefait.

Les Éditeurs,

GÉOGRAPHIE

DES

COLONIES FRANÇAISES

COURS SPÉCIAL

POUR

L'ENSEIGNEMENT PRIMAIRE SUPÉRIEUR

PAR F. J.

Abrégé des deux ouvrages intitulés : la FRANCE COLONIALE
et les COLONIES FRANÇAISES ILLUSTRÉES

303

CHEZ LES ÉDITEURS

TOURS	PARIS
ALFRED MAME & FILS	**POUSSIELGUE FRÈRES**
IMPRIMEURS-LIBRAIRES	CH. POUSSIELGUE, SUCCESSEUR
Rue de l'Intendance	Rue Cassette, 15

1887

GÉOGRAPHIE

DES

COLONIES FRANÇAISES

INTRODUCTION

DES COLONIES EN GÉNÉRAL

1. **La concurrence coloniale.** — Les conquêtes coloniales et la colonisation, c'est-à-dire l'extension de la patrie au dehors, telle est la grande question politique du jour.

Beaucoup y voient pour la France un moyen de reprendre sa position prépondérante parmi les nations européennes, en agrandissant son influence commerciale et civilisatrice dans le reste du monde.

D'autres objectent que les colonies coûtent souvent plus qu'elles ne rapportent; qu'elles n'ont plus aujourd'hui, grâce au libre échange et à la libre concurrence commerciale, la même valeur qu'autrefois, alors que les nationaux seuls avaient le droit ou le privilège de commercer avec les possessions d'outre-mer.

On répond qu'une puissance politique de premier ordre comme la France a besoin d'une marine de guerre considérable, que les troupes de cette marine se recrutent dans les marines de pêche ou de commerce, et que celles-ci, pour être prospères, doivent être excitées et encouragées par des rapports plus fréquents avec des débouchés nombreux, s'abritant sous le drapeau tricolore.

D'ailleurs la France, que l'on accuse d'inaptitude à la colonisation, a eu, au siècle dernier, les éléments sérieux d'un empire colonial aux Indes et en Amérique, et sans les malheureuses guerres soutenues en Europe, peut-être serait-elle aujourd'hui, ce qu'est l'Angleterre, maîtresse de 250 millions de sujets, bénéficiant d'un commerce qui compte par milliards, disposant d'une marine dont l'importance est égale à celle de toutes les autres puissances européennes.

Quoi qu'il en soit de cette controverse, on avouera que la perspective d'un nouvel empire d'outre-mer a de quoi tenter de nouveaux efforts de notre part, alors que, comme bien d'autres nations, nous nous sentons trop à l'étroit dans la vieille Europe.

Aussi voyons-nous chacune des puissances coloniales non seulement consolider leurs possessions, mais les étendre partout où il y a possibilité. L'Espagne s'implante sur la côte du Sahara et attend l'occasion de s'agrandir au Maroc; elle a défendu chaleureusement ses îles Carolines contre les tentatives allemandes; le Portugal s'arrondit au Congo et s'attribue le protectorat du Dahomey; la Hollande complète ses riches Indes orientales par l'annexion entière de l'île Sumatra; la Russie avance à pas de géant au cœur de l'Asie; l'Angleterre, bien qu'elle se soit laissé supplanter par d'autres dans l'Afrique centrale, prend le delta du Niger, occupe l'Égypte pour assurer son empire des Indes, et se rapproche de la Chine par la conquête récente de la Birmanie; l'Italie, dernière venue, convoite le Tripoli et seconde l'Angleterre en s'établissant dans la mer Rouge.

L'empire allemand, né d'hier, aspire à devenir grande puissance maritime, et, déjà soucieux du trop-plein de sa population, ne se contente plus d'envoyer ses enfants dans les possessions d'autrui, aux États-Unis et ailleurs; il veut des terres à lui, et il a su en peu de temps s'établir au Cameron, sur le Congo, dans la Hottentotie, dans le Zanguebar, au Somaul, à a Nouvelle-Guinée, donner même le nom de Bismarck à tout un archipel océanien.

Les Belges eux-mêmes, ou plutôt le roi des Belges, Léopold II, par une initiative et avec un succès sans exemple dans l'histoire, est parvenu, en quelques années, grâce à l'énergie et à l'intelligence de l'Anglo-Américain Stanley, à créer de toutes pièces l'immense État indépendant du Congo, trois ou quatre fois vaste comme la France. Il est vrai que cette création, toute philanthropique, et pour ainsi dire *internationale* ou neutre, profitera à tout le monde. La Conférence tenue à Berlin, en 1885, par quatorze des principales puissances du monde, en a consacré la neutralité et l'indépendance, sous la souveraineté du roi Léopold, ce qui n'engage en rien la responsabilité de la nation belge. Elle a stipulé d'ailleurs la liberté du commerce et de la navigation, non seulement dans tout le bassin du Congo et du Niger, mais encore dans une zone déterminée à travers l'Afrique centrale, entre les deux océans.

Hâtons-nous de dire que la France n'est pas restée en arrière dans cette *chasse aux colonies,* et que même elle en a pris l'initiative en 1881 par l'annexion de la Tunisie; en même temps elle a su profiter d'heureuses circonstances pour s'annexer en Afrique, outre la Tunisie, le Haut-Sénégal, le Haut-Niger, le Congo occidental et préparer la soumission de Madagascar; en Asie, elle a conquis le Tonkin et l'Annam, qui, ajoutés à la Cochinchine et au Cambodge, lui présagent un établissement de premier ordre, avantageusement situé aux portes de l'immense empire chinois.

En somme, c'est la France qui a le plus grandement étendu son domaine colonial dans ces derniers temps. Alors qu'en 1880 ses possessions se chiffraient par une population de 5 à 6 millions d'habitants sur un territoire de 1 000 000 de kilomètres carrés, aujourd'hui elle peut prétendre dominer, si elle le veut sérieusement, sur 30 000 000 d'âmes, occupant un territoire cinq ou six fois plus étendu que la métropole.

Ces nombres se passent de commentaires : ils prouvent que la France a su reconquérir dignement la seconde place parmi les puissances coloniales d'Europe, tandis que, il y a trente ans, elle n'obtenait que le sixième rang, après l'Angleterre, la Hollande, la Russie, l'Espagne et le Portugal.

Le tableau ci-après fait voir l'importance relative des diverses colonies européennes sous le triple rapport de la population, de la superficie et de la valeur du commerce général (importations et exportations réunies).

COLONIES	POPULATION	SUPERFICIE	COMMERCE
	Habitants.	Kilom. carrés.	Francs.
Anglaises.	250 000 000	22 000 000	8 000 000 000
Françaises	30 000 000	3 000 000	1 200 000 000
Hollandaises.	28 000 000	2 000 000	750 000 000
Russes.	15 000 000	17 000 000	150 000 000
Espagnoles.	9 000 000	500 000	1 500 000 000
Portugaises.	5 000 000	? 2 000 000	200 000 000
Allemandes.	? 5 000 000	? 2 000 000	? 20 000 000
Danoises.	120 000	200 000	80 000 000
État libre du Congo. . .	? 15 000 000	2 000 000	50 000 000

Si telle est l'importance politique et commerciale des colonies françaises, il est du devoir de chaque citoyen français, quels que soient son âge et sa position sociale, d'en avoir une notion exacte, raisonnée, réfléchie, basée sur une étude sérieuse. Un dédain trop absolu, une ignorance trop accusée serait tout aussi coupable qu'une forfanterie exagérée, qu'un enthousiasme trompeur et imprudent. En pareille matière, il faut juger sainement des choses, et, pour bien juger, il faut connaître. C'est dans ce but que nous offrons cette étude coloniale.

2. **Diverses sortes de colonies.** — Mais d'abord, *qu'entend-on par colonies?* N'y en a-t-il pas de plusieurs sortes, et quels sont leurs caractères distinctifs?

Un peuple industriel qui produit plus qu'il ne consomme, de même qu'un peuple trop nombreux qui se trouve à l'étroit dans sa patrie, cherche au dehors un débouché pour ses produits ou une patrie nouvelle pour l'excédent de sa population : il fonde des *colonies*.

De tout temps on a colonisé.

Le mot *colonie* s'emploie en plusieurs sens : il s'entend d'un certain nombre d'émigrants qui vont habiter et peupler un pays étranger; dans ce sens, des colonies grecques se sont formées autrefois en Italie, en Afrique, et il y a actuellement des colonies et des colons français aux États-Unis, à la Plata, etc.

Mais on désigne plus ordinairement aujourd'hui par colonies

les *possessions territoriales* d'une puissance européenne en dehors de l'Europe.

Sous ce rapport, on peut encore distinguer trois catégories : les comptoirs de commerce, les colonies de culture et celles de peuplement.

1° Les *simples comptoirs de commerce,* loges ou factoreries, sont établis plus ou moins temporairement, sur les côtes d'Afrique, par exemple, pour faciliter les échanges avec les indigènes.

Les colonies de commerce servent aussi à exploiter des pays riches et peuplés, mais elles ne sont profitables qu'aux nations dont la marine atteint à une certaine supériorité. La prospérité de ces établissements dépend de leur situation, et non de leur étendue.

« Il n'est pas nécessaire, dit M. Delaire, que la mère patrie ait à y déverser un excès de population : il suffit qu'elle y envoie des capitaux importants, des marins nombreux et des commerçants qui en reviendront enrichis. Telles sont les possessions des Portugais en Asie et en Afrique, la plupart de celles des Hollandais dans la mer des Indes, toutes les stations des Anglais en Orient, entre autres les trois belles créations d'Aden, de Singapour et de Hong-Kong. — Tels furent pour la France, à partir de Richelieu, les premiers établissements des compagnies sur la côte de Guinée, au Sénégal, à Madagascar, à Ceylan et dans les Indes, où nous conduisit une politique trop avide de gloire et de conquêtes, pour être soucieuse des intérêts du trafic. »

2° Les *colonies dites à cultures* ont pour objet des plantations de denrées qui exigent le climat tropical : coton, café, épices; elles demandent de puissants capitaux, et sont exploitées par des colons européens dirigeant le travail des indigènes ou des races propres au climat chaud : telles sont les Antilles, Bourbon, l'Inde, la Cochinchine, le Tonkin.

3° Les *possessions proprement dites* ou *les colonies de peuplement* sont de vastes territoires acquis pour des raisons politiques autant que commerciales. Situées sous un climat supportable pour notre race, elles sont susceptibles d'être peuplées de colons européens, tout en conservant plus ou moins leurs races indigènes : Algérie, Australie, Canada.

Souvent on fait une place à part à l'Algérie, et l'on a dit
« qu'elle n'est pas une colonie, mais un prolongement du territoire français ». C'est un peu jouer sur les mots, car à ce
titre nos colonies de Bourbon, de la Nouvelle-Calédonie, peuplées de descendants de Français, sont dans le même cas que
l'Algérie. L'Algérie est une colonie mixte, susceptible à la fois
de culture et de peuplement.

3. **Utilité et nécessité des colonies.** — Les avan-
tages des colonies sont surtout de développer le commerce, la
marine, l'influence politique de la métropole. Elles lui pro-
curent des matières premières pour l'industrie, telles que le
coton, la soie, les métaux, ainsi que les denrées coloniales que
l'Europe ne cultive pas, comme le café, les épices. Les colonies
reçoivent en retour de la métropole les produits manufacturés :
des tissus, des armes, des machines ; elles réagissent ainsi sur
l'industrie même de la mère patrie en lui donnant du travail et
des bénéfices, par suite un accroissement de la richesse publique.

Les colonies profitent à la marine marchande nationale en
utilisant ses vaisseaux, et à la flotte de guerre en lui donnant
des points de ravitaillement de munitions et de charbon, des
chantiers de construction et de réparation, qui lui permettent
de stationner dans les mers lointaines, d'y combattre l'ennemi,
sans être obligées de rentrer intempestivement dans ses ports.

Grâce aux colonies, la métropole porte au loin son nom, sa
langue, ses idées, sa civilisation, sa religion, et son influence
politique grandit en raison même du développement de ses relations extérieures.

En effet, la considération la plus importante qui milite en
faveur des acquisitions coloniales est celle qui résulte du besoin
d'expansion d'une nation au dehors.

Voici comment s'exprime à ce sujet un éminent économiste,
M. Leroy-Beaulieu, professeur au collège de France :

« La colonisation est la forme expansive d'un peuple, c'est sa
puissance de reproduction ; c'est sa dilatation et sa multiplication
à travers les espaces ; c'est la soumission de l'univers ou d'une
vaste partie à sa langue, à ses mœurs, à ses idées et à ses lois.
Un peuple qui colonise, c'est un peuple qui jette les assises de
sa grandeur dans l'avenir et de sa suprématie future. Toutes les

forces vives de la nation colonisatrice sont accrues par ce débordement au dehors de son exubérante activité. A quelque point de vue que l'on se place, que l'on se renferme dans la considération de la prospérité et de la puissance matérielle, de l'autorité et de l'influence politique, ou qu'on s'élève à la contemplation de la grandeur intellectuelle, voici un mot d'une incontestable vérité : *le peuple qui colonise le plus est le premier peuple ; s'il ne l'est pas aujourd'hui, il le sera demain.*

« Au commencement du xxᵉ siècle, la Russie comptera 120 millions d'habitants, occupant des espaces énormes; près de 60 millions d'Allemands, appuyés sur 30 millions d'Autrichiens, domineront l'Europe centrale; 120 millions d'Anglo-Saxons occuperont les plus belles contrées du globe et imposeront au monde civilisé leur langue, qui domine déjà sur des territoires habités par plus de 300 millions d'hommes. Joignez à ces grands peuples l'empire Chinois, qui alors recouvrera une vie nouvelle, et qui compte à lui seul plus de 300 millions d'âmes.

« A côté de ces géants, que sera la France? Du grand rôle qu'elle a joué dans le monde, de l'influence qu'elle a exercée sur la direction des peuples civilisés, que lui restera-t-il? Un souvenir, s'éteignant de jour en jour.

« Notre pays a un moyen d'échapper à cette irrémédiable déchéance, c'est de coloniser. Si nous ne colonisons pas, dans deux ou trois siècles nous tomberons au-dessous des Espagnols et des Portugais, qui du moins ont eu le bonheur d'implanter leur race et leur langue dans les immenses espaces de l'Amérique du Sud, destinés à nourrir des populations de plusieurs centaines de millions d'âmes.

« La colonisation est pour la France une question de vie ou de mort : ou la France deviendra une grande puissance africaine, ou elle ne sera, dans un siècle ou deux, qu'une puissance européenne secondaire; elle comptera alors dans le monde à peu près comme la Grèce compte en Europe.

« Ce qui a manqué jusqu'ici à la France, c'est l'esprit de suite dans sa politique coloniale. La colonisation a été reléguée au second plan dans la conscience nationale. Notre politique continentale doit être désormais essentiellement défensive; c'est en dehors de l'Europe que nous pouvons satisfaire nos légitimes instincts d'expansion. Nous devons travailler à la fondation d'un grand empire africain et d'un moindre asiatique.

« C'est la seule grande entreprise qui nous soit avantageuse. »

Malheureusement, une chose plus importante encore manque à la France pour coloniser : ce sont les colons.

On sait avec quelle lenteur désespérante s'accroît la population de la France, où beaucoup de départements se dépeuplent même. Au dehors, la race française n'est vraiment prospère qu'au Canada, où elle compte plus de 1 million de descendants, magnifique résultat, dû surtout à la conservation de la foi et de la simplicité de mœurs des premiers colons, aussi bien qu'au régime de liberté dont ils ont joui. En réunissant tous les représentants de race française à l'étranger, on arrive à un total de 2 ou 2 millions 1/2 d'individus, ce qui est bien peu dans la masse des 80 millions de descendants de races européennes, peuplant l'Amérique ou dispersés dans les quatre parties du monde, et parmi lesquels domine le sang anglais, germain, espagnol et portugais.

« Pour réussir dans la colonisation, dit M. Alexis Delaire, ce ne sont ni les qualités personnelles ni les capitaux qui nous manquent; nous avons toujours de hardis explorateurs et des marins courageux; c'est à notre initiative que sont dues les grandes œuvres d'intérêt commun, telles que le percement de Suez et de Panama, et chaque année la France augmente d'un milliard au moins les 20 ou 25 milliards qu'elle a disséminés partout dans l'univers. Ce qui nous manque, ce sont des émigrants actifs et laborieux à déverser sur les colonies agricoles, aussi bien que des maisons stables et durables pour exploiter les colonies de commerce et de plantation...

« C'est la mauvaise organisation de la famille, c'est le partage forcé des successions, on commence à le reconnaître sans oser y porter remède, qui entrave si misérablement l'essor de la population par la stérilité volontaire des mariages, qui détruit les fortunes naissantes par la multiplication des procès, qui arrête enfin l'esprit d'entreprise par la certitude d'un lambeau d'héritage à disputer.

« Alors, pas de colons nombreux pour les territoires à peupler, pas de maisons durables pour les exploitations lointaines, pas de jeunesse active pour les comptoirs à fonder. »

Ajoutons encore l'opinion exprimée par J. Duval dans son ouvrage sur l'Algérie.

« La France est largement assise sur un beau et vaste territoire de 34 mille lieues carrées; elle dispose d'une population de 38 millions d'habitants, d'un revenu de 20 à 22 milliards; elle est armée de tous les instruments et de toutes les ressources du travail; elle se sent pleine d'énergie et d'intelligence. Son territoire occupe une situation exceptionnelle entre l'ancien et le nouveau monde au point précis où le géomètre fixerait le minimum des distances habitées du globe, à l'intersection de toutes les grandes voies commerciales. Que lui manque-t-il pour l'entier accomplissement de ses hautes destinées? Une seule chose : une expansion pacifique plus intense et plus lointaine à travers le monde; car au rayonnement se mesure la grandeur des nations, comme celle des astres.

« L'émigration et la colonisation, le commerce et la navigation, les voyages et les missions, sont les méthodes d'expansion et de rayonnement appropriées à notre époque de conquêtes par le travail, par la science et la morale. La liberté en est le ressort.

« Pour l'émigration, la France est en arrière de la race anglosaxonne et de la race germanique : tandis que, depuis un demisiècle, l'une et l'autre ont disséminé des essaims d'un nombre total de 7 à 8 millions d'individus sur toutes les terres, la France, croissant avec une lenteur qui accuse nos lois et nos mœurs, se cantonnant dans ses frontières, s'agglomérant à Paris, n'a envoyé que quelques milliers de ses enfants vers les pays éloignés.

« Aussi la race anglaise, pour ne parler que d'elle, a-t-elle semé partout sa langue, ses habitudes, ses besoins, qui sont des appels à un commerce universel et pour ainsi dire illimité, tandis que les marchandises françaises ne trouvent au dehors qu'un petit nombre de nationaux pour en propager l'usage! Le commerce se ressent de ces timidités. — Notre infériorité est plus marquée encore pour la navigation.

« Ces différences à notre désavantage, les voyageurs et les missionnaires sont loin de les racheter, malgré tout leur zèle. Tous les chemins de la terre, tous les courants des mers sont parcourus par de nombreux voyageurs anglais et allemands, dont les récits rendent populaire la science géographique et ouvrent des voies nouvelles aux entreprises de leurs concitoyens; les voyageurs français aussi sont aventureux et méritants, mais plus rares. Quant aux missions, les nombreuses sociétés bibliques et évangéliques de l'Angleterre opposent une active propagande à nos missionnaires catholiques, non pas avec plus de succès, mais avec plus de profit pour la consommation des produits anglais, dont les missionnaires protestants répandent le goût et l'usage.

« Dans cette excessive concentration chez soi, dans cette ignorance indifférente des affaires économiques du reste du monde,

est la faiblesse, le péril de notre pays. Si nous restions station-
naires pour le nombre, pour les rapports extérieurs, pour les
transactions lointaines, pour les fondations commerciales et coloniales, tandis que nos rivaux prennent possession du monde
entier, un jour nous serions entourés d'un réseau invincible de
supériorités et de résistances. L'heure de la décadence française
aurait sonné!...

« Que Dieu conjure ce malheur, en inspirant au gouvernement
l'amour des expéditions lointaines, du travail et de l'échange;
à la nation, l'ambition des victoires pacifiques; aux citoyens,
l'esprit des grandes entreprises sur terre et sur mer; aux caractères résolus, la curiosité des pays inconnus ; aux âmes religieuses, le dévouement aux races inférieures; à tous, la foi dans
l'étoile de la patrie; à tous, l'amour et le respect de la liberté,
mère des progrès !

« La France alors concourra, pour la part que la Providence
lui a dévolue, à la connaissance, à l'exploitation et à la colonisation du globe, ce qui est la condition et le complément de la
mise en pleine valeur de son propre territoire et de l'élévation
morale de sa population.

« Alors *notre pays*, le plus beau du monde après celui du
Ciel, atteindra l'apogée de la gloire et de la richesse, les deux
leviers de la puissance. Alors l'homme du pays, le *paysan*, per-
sonnifiera l'union du travail et du patriotisme, de la force et de
l'intelligence. Qu'il en soit ainsi ! »

4. **Aperçu chronologique de la colonisation française.** — Nous nous proposons de donner, en tête de l'étude
de chacune de nos colonies actuelles, un aperçu de son histoire. Qu'il nous suffise de présenter ici un tableau d'ensemble qui résume, dans l'ordre des temps, les tentatives d'explorations et d'établissement de la nation gauloise ou française.

Comme pour toute autre nation, la colonisation française
remonte aussi haut que l'histoire. Si la Gaule a vu arriver chez
elle successivement les Phéniciens, les Grecs, les Romains,
les barbares Germains, les Arabes; par contre, les Gaulois
émigrants ou conquérants, conduits par Bellovèse, Sigovèse et
d'autres, sont allés ravager ou peupler diverses parties de
l'Europe : on en a vu en Angleterre, en Italie, en Bohême, en
Hongrie, en Macédoine et même en Asie Mineure, où leur

souvenir est encore vivant dans les noms de *Gallipoli* et de *Galatie*.

C'est de l'histoire ancienne.

Plus tard, après avoir été contenue pendant cinq siècles sous la domination romaine, puis subjuguée par les barbares Germains, dont une tribu donna à la Gaule son nom actuel, la France réagit de nouveau au dehors, notamment au moyen âge et au temps des croisades, où elle envoya ses enfants en Terre-Sainte et donna même des souverains à l'Angleterre, au Portugal, à la Hongrie, à Naples, Jérusalem, Constantinople, Chypre, etc.

Jusque-là ce n'était, il est vrai, que des expéditions guerrières, dont le but était politique plutôt que commercial. C'est au XIV° siècle que commencèrent les entreprises coloniales ayant pour objet le trafic dans des pays nouveaux. A cette époque où les républiques italiennes et les puissantes communes belges et allemandes du Nord s'enrichissaient par le négoce, l'histoire signale des navigateurs normands de Dieppe et de Rouen explorant, ainsi que les Portugais, les côtes de l'Afrique occidentale jusqu'en Guinée ; mais ces premières tentatives furent entravées par les malheurs de la guerre de Cent ans. Au XVI° siècle, après la découverte de l'Amérique, et pendant que les Espagnols et les Portugais, suivis des Hollandais, découvrent et soumettent des mondes nouveaux, les Français, livrés à de stériles guerres d'ambition en Italie et ailleurs, ne jouent qu'un rôle effacé dans les expéditions lointaines. Toutefois nos Basques vont déjà pêcher dans les parages de Terre-Neuve ; le marin Denis, de Honfleur, parvient au Brésil en 1503 ; les frères Parmentier visitent la Malaisie et Madagascar, vers 1528 ; mais ce n'étaient là que des entreprises privées.

Bientôt François Ier envoie le marin florentin Giovanni Verazzano prendre possession de *Terre-Neuve*, qui fut ainsi notre première colonie officielle (1524). En 1535, le malouin Jacques Cartier soumet le *Canada*; mais de nouvelles guerres européennes éteignent encore l'ardeur des expéditions commerciales. Malgré l'impulsion donnée par l'amiral Coligny, les tentatives d'établissements de Villegagnon au Brésil (1555), celles de Ribaut et Laudonnière en Floride, n'eurent pas de succès. En 1560, deux Marseillais exploitent le corail au Bastion du Roi, dans la régence d'Alger.

Le XVIIe siècle ouvre l'ère de nos grands succès coloniaux. Henri IV fait prendre possession de la *Guyane*, et Champlain fonde *Québec*, en 1608. Richelieu enlève plusieurs *Antilles* à l'Espagne et crée la *Compagnie française des Indes occidentales*; il dispute l'Orient au Portugal, en faisant prendre possession de Madagascar (1642).

Sous Louis XIV, les colons canadiens descendent le Mississipi et fondent la *Louisiane* (1682); les îles Mascareignes sont annexées et reçoivent le nom d'îles *Bourbon* et de *France*; Colbert crée deux nouvelles Compagnies des Indes occidentales et des Indes orientales, qui se partagent les possessions d'outre-mer et leur font faire de grands progrès. Des comptoirs sont établis à Surate (1663), à Ceylan, *Pondichéry*, *Chandernagor*, et l'Inde française, sous l'impulsion habile de Colbert, jouit partout d'une grande prospérité.

Mais avec le XVIIIe siècle s'ouvre une première période de revers. Le traité d'Utrecht (1713) cède à l'Angleterre les territoires de la baie d'Hudson, Terre-Neuve et l'Acadie. Toutefois, sous Louis XV, la Louisiane se peuple, la *Nouvelle-Orléans* est fondée (1717); aux Indes, Dupleix conquiert le *Dékan*, et l'espoir renaît d'établir un empire franco-indien. Mais encore cette fois la guerre de Sept ans renverse tout; le traité de Paris (1763) nous enlève l'Inde, sauf quelques comptoirs, le Canada tout entier, en échange duquel nous obtenons *Saint-Pierre* et *Miquelon*; nous perdons la rive gauche du Mississipi, la plupart des Antilles et le Sénégal, enlevés par l'Angleterre; en outre, la Louisiane est cédée à l'Espagne, notre alliée, comme compensation des pertes qu'elle avait subies. C'en était fait de l'empire colonial français, et la suprématie sur mer passait aux Anglais, qui l'ont conservée jusqu'à nos jours.

Sous Louis XVI, la France se venge en aidant la jeune Amérique soulevée contre l'Angleterre, mais sans grand profit pour elle, car le Sénégal et Tabago, aux Antilles, lui sont seuls rendus. Sous la révolution et l'empire, nous perdons Saint-Domingue par la révolte des noirs, et l'Angleterre nous enlève successivement toutes les autres colonies, en même temps que l'Égypte, les îles Corfou et de Malte, que nous avions conquises pour quelque temps. En 1800, la Louisiane nous est rendue par l'Espagne, mais le premier consul la vend trois ans après pour la somme dérisoire de 75 millions; de sorte qu'en 1814 la France ne possède plus rien en dehors de l'Europe.

Tout est à recommencer.

Cependant, au traité de 1815, l'Angleterre nous restitue les *comptoirs de l'Inde, Bourbon*, mais non l'île de France, le *Sénégal*, la *Guyane*, la *Martinique* et la *Guadeloupe, Saint-Pierre* et *Miquelon*. Avec des droits sur Madagascar, c'était là tout notre actif, soit un ensemble de territoires de 160 000 kilomètres carrés environ, avec à peine une population de 3 à 400 000 sujets.

Mais, à partir de 1830, la conquête d'*Alger,* sous Charles X, ouvre une ère nouvelle, qui se continue vers 1842-43, sous Louis-Philippe, par les acquisitions pacifiques de *Grand-Bassam, Assinie,* le *Gabon, Nossi-Bé* et *Mayotte,* les *Marquises* et *Taïti.*

Napoléon III nous donne la *Nouvelle-Calédonie* (1853) et les îles *Touamotou* (1859); il achève la conquête de l'Algérie et de la Kabylie (1854), agrandit le Sénégal, achète *Obock,* conquiert la *Cochinchine* (1862) et soumet le *Cambodge* à notre protectorat : l'empire des Indes se renouvelle. Notre inventaire colonial donne, en 1870, 1 000 000 de kilomètres carrés de territoires, avec environ 6 000 000 de sujets.

La troisième république a plus de chance encore : *Saint-Barthélemy* des Antilles est rachetée à la Suède, en 1873; le protectorat de Taïti devient une annexion (1874); la précieuse *Tunisie* s'ajoute à l'Algérie (1881); le *Haut-Niger* est joint au Sénégal; le *Popo* et *Porto-Novo* sont acquis; le Gabon devient le vaste *Congo français; Obock* s'agrandit; l'*Annam* et le *Tonkin* nous sont soumis, ainsi que les îles *Comores* et les îles *Wallis,* et la fin de 1885 voit notre édifice colonial se couronner par le protectorat français établi sur toute l'île de *Madagascar,* destinée à reprendre son titre de « France orientale ».

En somme, 3 000 000 de kilomètres carrés de territoires peuplés de 30 000 000 d'habitants, en chiffres ronds, c'est un domaine digne de la France, d'autant plus que les divers éléments en sont avantageusement distribués dans les quatre parties du monde et dans toutes les mers, et que les nouvelles acquisitions : Tunisie, Congo, Madagascar et Indo-Chine étaient bien les plus précieuses qu'il fût encore possible de faire.

Aussi la prudence conseille-t-elle d'arrêter là nos conquêtes, qu'il importe désormais beaucoup moins d'agrandir encore que de développer, l'essentiel étant de mettre en valeur ce riche patrimoine national, que nos adversaires nous envient déjà.

Le tableau statistique ci-après fait voir l'ensemble de nos colonies; il donne approximativement, pour chaque groupe, l'étendue du territoire, le chiffre de la population et la valeur du commerce général pour l'année 1886.

TABLEAU STATISTIQUE DES COLONIES FRANÇAISES EN 1886

COLONIES	SUPERFICIE	POPULATION	COMMERCE
AFRIQUE	Kilom. carrés.	Habitants.	Francs.
Algérie.	650 000	3 900 000	800 000 000
Tunisie, protectorat. . . .	120 000	1 500 000	80 000 000
Sénégal.	50 000	200 000	50 000 000
Id. protectorat . . .	400 000	2 000 000	? 2 000 000
Bassam et Assinie	? 20 000	? 10 000	1 000 000
Popo et Porto-Novo. . . .		? 10 000	10 000 000
Gabon et Congo.	600 000	? 3 000 000	? 20 000 000
Réunion.	2 512	168 000	50 000 000
Madagascar, protectorat. .	600 000	? 3 000 000	? 20 000 000
Nossi-Bé et Comores . . .	2 000	? 50 000	10 000 000
Obock et dépendances. . .	12 000	20 000	? 1 000 000
ASIE			
Territoires indiens. . . .	508	285 000	32 000 000
Cochinchine	60 000	1 700 000	100 000 000
Cambodge, protectorat. . .	100 000	500 000	20 000 000
Annam, protectorat. . . .	120 000	? 7 000 000	? 20 000 000
Tonkin, protectorat. . . .	100 000	? 7 000 000	? 50 000 000
OCÉANIE			
Nouvelle-Calédonie. . . .	20 000	60 000	17 000 000
Taïti et Marquises. . . .	2 355	28 000	8 000 000
AMÉRIQUE			
Guyane.	? 100 000	20 000	8 000 000
Martinique.	987	165 000	60 000 000
Guadeloupe	1 643	150 000	60 000 000
Saint-Pierre et Miquelon. .	325	5 000	25 000 000
Totaux, environ. . .	3 000 000	30 000 000	1 140 000 000

Carte planisphère pour l'ensemble des colonies françaises.

Echelle de 6.000.000e
au milli. pour 60 kil.

MER MÉDITERRANÉE

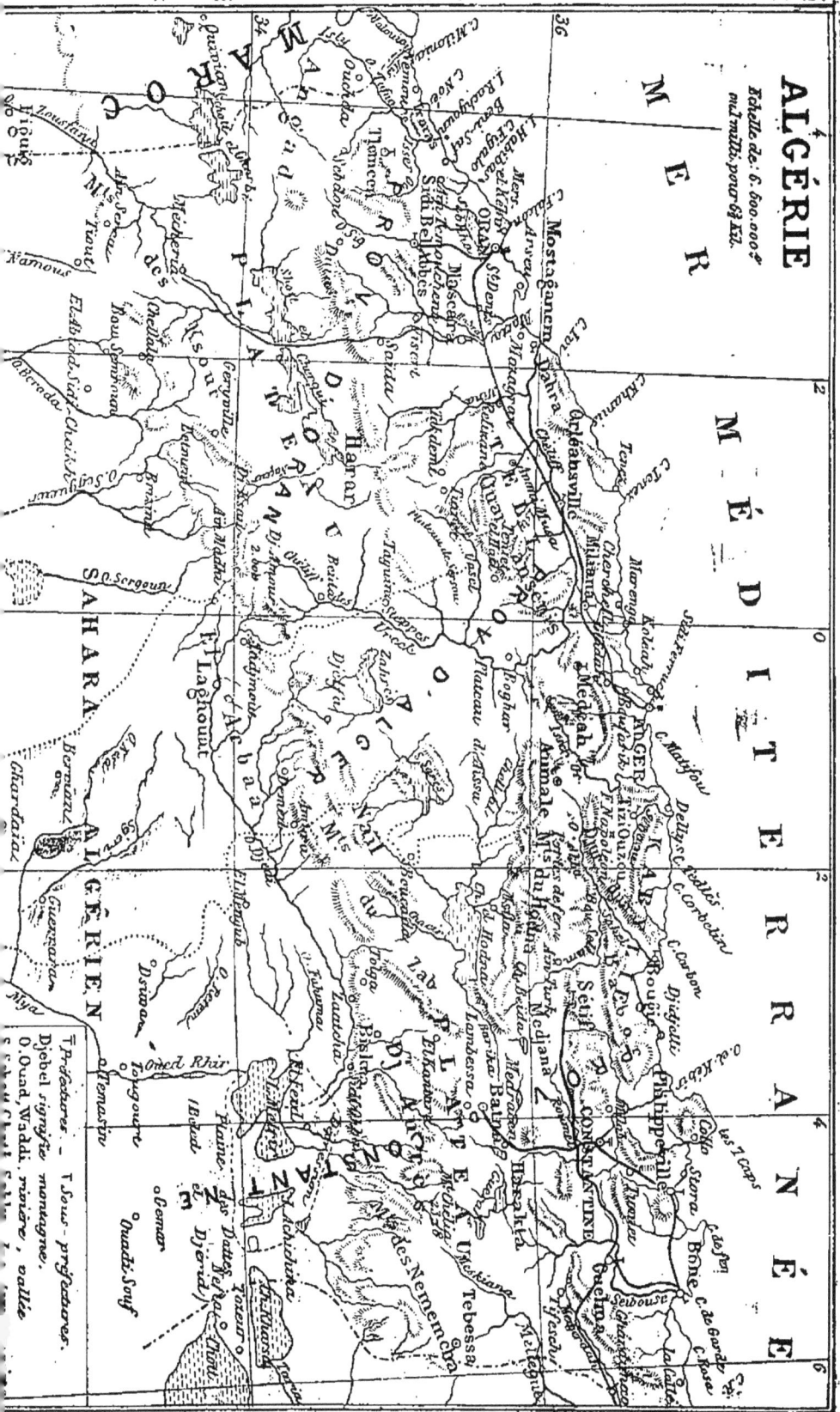

MER

MAROC

PROVINCE D'ORAN

PLATEAU DU TELL

PLATEAU ALGÉRIEN

PROVINCE D'ALGER

PROVINCE DE CONSTANTINE

SAHARA ALGÉRIEN

Préfectures. — ꞁ Sous-préfectures.
Djebel signifie montagne.
O. Oued, Wadi, rivière, vallée...

Oran, Mostaganem, Mascara, Tlemcen, Sidi Bel Abbès, Saïda, Tiaret, Orléansville, Miliana, Cherchell, Alger, Médéa, Aumale, Bougie, Sétif, Bône, Constantine, Philippeville, Batna, Biskra, Tébessa, Laghouat, Ghardaïa, Touggourt

AFRIQUE FRANÇAISE

CHAPITRE I

ALGÉRIE

§ I. L'histoire et la conquête.

1. L'Algérie, dont le nom dans sa forme actuelle est tout moderne, est la partie centrale de la contrée que les anciens ont appelée la *Berbérie* ou *Pays barbaresque,* à cause de ses populations berbères, et qui comprend le Maroc, l'Algérie, la Tunisie et le Tripoli.

Les Romains divisaient le nord du continent africain en *Afrique, Numidie* et *Mauritanie*. L'Afrique propre ou proconsulaire (*Ifrikia*) correspondait à la Tunisie et au Tripoli de nos jours ; la Numidie, à la province actuelle de Constantine. La Mauritanie s'étendait jusqu'aux colonnes d'Hercule (Gibraltar) et se subdivisait en Mauritanie sitifienne avec *Sitifis* (Sétif) pour capitale ; Mauritanie césarienne, capitale *Cæsarea* (Cherchell), et Mauritanie tingitane, capitale *Tingis* (Tanger).

Au IXᵉ siècle avant Jésus-Christ, les Phéniciens colonisèrent toute la côte ; leur capitale, *Carthage,* joua un grand rôle dans l'histoire, et après une lutte héroïque, fut détruite par les *Romains,* 146 ans avant Jésus-Christ. Ceux-ci s'établirent d'abord sur les territoires phéniciens de la côte et s'enfoncèrent ensuite dans le pays en subjuguant les populations berbères ; ils fondèrent de grandes cités dont les ruines imposantes se voient encore, notamment à El-Djem (Tunisie), où se trouve le plus grand amphithéâtre connu, à Tébessa, à Lambèse, dans l'Aurès et dans toute la province de Constantine, jusqu'à Biskra, où ils eurent des postes militaires ; ils s'étendirent moins dans les plateaux des provinces d'Alger et d'Oran. Leur marche conquérante se fit ainsi de l'est à l'ouest, tandis que plus tard les *Vandales,* barbares germains, procédèrent en sens contraire, venant par les rivages de l'Espagne (v-vi⁰ siècle). Les *Byzantins* reparurent au vi⁰ siècle, mais furent remplacés au vii⁰ par les *Arabes* musulmans, qui en peu d'années fondèrent l'empire de Kairouan en Afrique, et le califat de Cordoue en Espagne. Toute la Berbérie fut désignée par les Arabes sous le nom de Maghreb, « pays du couchant ». Vers le xi⁰ siècle, les *Berbères* reprirent peu à peu leur indépendance; mais au xvi⁰, après l'expulsion des Maures de l'Espagne et les tentatives de Charles-Quint à Alger, une anarchie complète sévit dans le pays, et les forbans de la côte dévastèrent la Méditerranée.

2. C'est alors qu'apparurent le fameux corsaire turc, de Mitylène, Bab-Aroudj, vulgairement appelé *Barberousse,* et son frère Kaïr-Eddin, qui s'emparèrent d'Alger et soumirent tout le pays à la suzeraineté de la *Porte ottomane* (1516). Leurs successeurs portèrent d'abord le titre d'agha, « chef des troupes », et prirent dans la suite celui de dey, « oncle ou patron », et de pacha, « serviteur du chah ou roi ». C'était l'usage, en Europe, de désigner la contrée sous le nom de *régence d'Alger.*

On appelait *odjac* le gouvernement turc d'Alger, composé des ministres de la guerre, de la marine, des finances et de l'intérieur. Comme le dey était élu par la milice, il s'ensuivit que l'agha, son chef, était le personnage le plus redoutable, ce qui explique comment la plupart des deys finirent tragiquement.

Cette période, dite turque, est signalée par des pirateries continuelles sur les côtes européennes de la Méditerranée, et les plus puissants royaumes chrétiens subirent, jusqu'en 1830, l'humiliation de payer un tribut au chef des brigands d'Alger pour obtenir une paix relative.

Cependant la France entretint presque de tout temps avec l'odjac des relations politiques et commerciales. C'est ainsi que dès 1520 des Provençaux obtinrent à prix d'argent le privilège exclusif de la pêche du corail près du littoral algérien, ainsi que l'exportation des produits de ce pays d'outre-mer; plus tard des établissements français furent créés au Bastion de France, à la Calle, au cap Rose, à Collo, et à partir de 1581 nous eûmes un consul à Alger. L'odjac n'en laissa pas moins à plusieurs reprises, sous Henri IV et Louis XIII, capturer nos vaisseaux, dévaster nos comptoirs et remplir ses bagnes de prisonniers français. Pour réprimer ces brigandages, Louis XIV fit bombarder Alger par Duquesne en 1682 et 1683, et par d'Estrées en 1688. Il s'ensuivit avec l'ambassadeur algérien, venu à Versailles en 1690, un traité qui maintint la paix pendant le xviii⁰ siècle. Les pirateries s'étant renouvelées lors de l'expédition d'Égypte et après notre dé-

faite navale de Trafalgar, Bonaparte prépara contre la régence
une expédition qui n'eut pas lieu; mais en 1815 la flotte anglaise
de lord Exmouth, pour exécuter la décision du congrès de Vienne,
lança 34 000 projectiles sur la capitale du dey et écrasa sa flotte.
Le coup était terrible, mais non mortel à cette piraterie, que la
France seule devait anéantir en 1830, au profit de la liberté des
chrétiens, du commerce maritime et de la tranquillité des populations côtières. Voici les circonstances qui ont amené la conquête.

3. La France payait depuis trois siècles une redevance annuelle
pour les concessions d'Afrique. Hussein-Pacha, élu dey en 1818,
éleva cette redevance de 90 000 à 380 000 francs; le consul français en promit 300 000, mais Louis XVIII, en 1820, ne voulut
accorder que 220 000 francs. Cette cause de mésintelligence n'était
pas la seule, ni la plus grave. Deux juifs algériens du nom de
Bacri et Busnach avaient autrefois fourni une grande quantité de
blé au Directoire et à l'armée française d'Égypte. Leurs créances,
s'élevant à plusieurs millions, n'avaient jamais été acquittées,
malgré les fréquentes réclamations du dey, qui avait de grands
intérêts dans cette affaire, dont les tribunaux étaient saisis. Le
30 avril 1827, notre consul, M. Deval, étant allé le visiter, Hussein se plaignit vivement des lenteurs du procès, et il s'ensuivit
une altercation rapportée dans les termes suivants par le consul
lui-même dans son rapport au gouvernement français :

« — Pourquoi, lui dit le dey, votre ministre n'a-t-il pas répondu à la lettre que je lui ai écrite?

« — J'ai eu l'honneur de vous en porter la réponse aussitôt
que je l'eus reçue.

« — Pourquoi ne m'a-t-il pas répondu directement? Suis-je
un manant, un homme de boue, un va-nu-pieds? Mais c'est vous
qui êtes la cause que je n'ai pas reçu la réponse de votre ministre; c'est vous qui lui avez insinué de ne pas m'écrire. Vous
êtes un méchant, un infidèle, un idolâtre!... »

« Se levant alors de son siège, ajoute M. Deval, il me porta
avec le manche de son chasse-mouches trois coups violents sur
le corps et me dit de me retirer. »

C'est ce fameux coup de chasse-mouches ou d'éventail qui
valut à Hussein la perte de son royaume et à la France la plus
importante de ses conquêtes coloniales.

Une réparation d'honneur fut exigée; mais Hussein ayant refusé d'y consentir, M. Deval, rappelé par son gouvernement,
quitta Alger avec tous nos nationaux, et les hostilités commencèrent. Nos établissements de la Calle et de Bône étaient livrés
au pillage pour la quatrième fois. Par contre, le comm.ndant

Collet infligea peu après une sanglante défaite aux corsaires algériens; mais le dey ne se soumit pas. L'année suivante s'étant passée en escarmouches et en négociations, un dernier accommodement fut proposé en juillet 1829 au dey, qui, aux menaces de notre parlementaire, répondit fièrement : « J'ai aussi de la poudre et des canons. Nous ne pouvons nous entendre : tu peux te retirer. Le sauf-conduit qui t'a amené protégera ton départ. »

Mais le lendemain, le vaisseau parlementaire français *la Provence* fut criblé de boulets par les batteries du port. Le dey était-il coupable de ce second méfait? Il protesta que les canonniers avaient agi sans ses ordres. Néanmoins le gouvernement de Charles X ne devait plus balancer : il organisa donc une expédition décisive contre la régence.

L'année suivante (1830), une flotte de 400 vaisseaux de transport, escortée de 100 vaisseaux de guerre, débarquait à Sidi-Ferruch, les 15 et 16 juin, une armée de 37 000 hommes sous le commandement du général de Bourmont. Le 29 du même mois, après cinq jours de combat, on enlève d'assaut le plateau de Staouéli, défendu par Mustapha-Bou-Mezrag, et le 4 juillet la prise du *Sultan-Kalassi*, « château de l'Empereur », construit par Charles-Quint, nous assure la possession d'Alger. Le dey, enfermé dans la Kasbah ou citadelle, demande à capituler, se livre au vainqueur, avec son trésor de 48 millions de francs, et le général de Bourmont le fait conduire à Naples avec sa suite; le corps des janissaires est expulsé, l'odjac dissous, et la France reste maîtresse de la position.

4. Mais ce n'est pas tout de conquérir, il faut consolider; nous ne le pourrons ici qu'à la condition de soumettre souvent les tribus révoltées et de gagner sans cesse du terrain. De là l'occupation d'Oran (1831), de Bône (1832), d'Arzeu, de Mostaganem et de Bougie (1833), opérée sous l'administration successive des généraux de Bourmont, Clauzel, Berthezène, Savary, Voirol et Drouet d'Erlon; celui-ci fut le premier gouverneur général d'Alger, en 1834.

A cette époque, pour établir des rapports avec les indigènes, on organisa le *corps des zouaves* et les *bureaux arabes*. Les zouaves étaient à l'origine des bataillons indigènes composés de Kabyles zouaouas de la province de Constantine; mais il s'y mêla bientôt des aventuriers de toute provenance, dont Lamoricière, « le mâcheur de poudre, » au dire des Arabes, fit « un corps d'élite, les vrais soldats d'Afrique, les héros des coups de main difficiles, les fantassins des longues marches, des nuits sans sommeil et des journées sans eau. » Les bureaux arabes étaient formés d'officiers français qui concentraient entre leurs mains la justice, les finances et l'administration. Connaissant les langues du pays, ces officiers s'enquirent par eux-mêmes, sans le secours d'interprètes souvent infidèles, du caractère, des mœurs et des habitudes des indigènes. Le premier chef de bureau arabe fut encore Lamoricière, homme de résolution, rempli de ressources dans l'esprit et animé du désir de bien faire, ce qui lui concilia l'affection de ses subordonnés. Des abus résultant de leurs pouvoirs trop étendus firent supprimer plus tard ces bureaux arabes.

Jusqu'en 1834, l'occupation française avait été restreinte aux villes côtières. Des hésitations, des fautes militaires, des mesures impolitiques, souvent aussi des traitements maladroits appliqués aux indigènes, avaient indisposé ceux-ci contre nous et compromis l'entreprise. C'est alors que parut l'ennemi le plus redoutable qui combattra, souvent avec succès, l'influence française pendant plus de douze ans.

5. Cet homme, ce conquérant, c'est ABD-EL-KADER. Fils d'un marabout influent, il avait reçu une éducation soignée, vu l'Orient et l'Égypte, était versé dans l'étude du Coran, et à la science d'un thaleb il joignait la vigueur du soldat. Bien fait de corps, élégant dans sa tenue, habile dans les exercices militaires, doué de bravoure autant que de sens politique, à la fois froid et passionné, souple et violent, d'une activité infatigable et d'un vrai talent d'organisation, Abd-el-Kader était fait pour dominer. Les tribus de la province d'Oran, livrées à l'anarchie, avaient besoin d'un chef et se groupèrent autour de celui qu'elles considéraient comme « envoyé de Dieu ». En 1834, le général Desmichels, commandant d'Oran, le reconnut comme « prince des croyants » et lui fournit même des secours pour vaincre ses compétiteurs.

Cette politique ayant été désavouée, le général Trézel, qui succéda à Desmichels, attaqua Abd-el-Kader et se fit battre par lui sur la Macta (1835). L'année suivante, le général Bugeaud défit l'émir à la Sikkah, mais il conclut avec lui en 1837 l'imprudent traité de la *Tafna*, qui livrait au chef arabe les provinces d'Oran, de Titéri et d'Alger, sauf les villes du littoral et la plaine de la Métidja, qui restaient à la France.

Fier de ce succès diplomatique, qui le grandit énormément aux yeux des peuples arabes, Abd-el-Kader ne tarda pas à agir en souverain. Il se débarrassa bientôt de ses rivaux, vainquit ou écrasa les tribus récalcitrantes, divisa le pays en huit gouvernements et se créa une armée permanente au lieu de troupes temporaires. « Il avait 10 000 réguliers, dont 3 000 fantassins, 2 000 cavaliers et 240 artilleurs avec une vingtaine de pièces; des poudrières fonctionnaient à Mascara, Miliana, Médéa, Tagdempt, une manufacture d'armes était installée à Miliana, une fonderie de canons à Tlemcen. Sebdou, Saïda, Tagdempt, Boghar, Biskra, formaient de l'est à l'ouest une ligne de places qu'il avait construites ou réparées; c'étaient autant de forteresses pour mater les tribus, de magasins où s'amassaient les approvisionnements, de retraites en cas de guerre malheureuse. » (Maurice WAHL.)

Telle est l'organisation moyennant laquelle, après deux ans de paix, l'émir tiendra en échec pendant huit ans de nombreuses armées françaises.

Pendant ce temps, nos troupes atteignent Constantine, où dominait le bey Ahmed. Après un échec grave en 1836, la ville fut prise d'assaut en 1837, par le maréchal Valée; le général de Damrémont avait été tué la veille.

En octobre 1839, les hostilités recommencèrent avec Abd-el-Kader, qui prétendait renfermer les Français dans la Métidja. Ceux-ci en sortirent pour occuper en 1840 Cherchell, Médéa et Miliana, tandis que le capitaine Lelièvre, avec 123 hommes, défendait victorieusement, pendant quatre jours, le fortin de Mazagran attaqué par une nuée d'Arabes.

Impuissant à s'emparer des places fortes, Abd-el-Kader résolut de tenir la campagne et de harceler ses adversaires. Grâce à cette tactique, plus naturelle pour l'Arabe, la difficulté pour nous était moins de battre l'émir que de l'atteindre. Avec son armée de 10 000 hommes seulement, mais intrépides et montés à la légère, on le trouvait partout, sans pouvoir le surprendre nulle part. Aussi fallut-il, en 1841, au nouveau gouverneur, le général Bugeaud, 100 000 soldats, divisés en corps nombreux, pour traquer de toutes parts cet ennemi insaisissable. Bugeaud s'empare de Mascara (1841), de Tlemcen (1842), et soumet la vallée du Chéliff, où il fonde Orléansville. De son côté le duc d'Aumale surprend, au brillant fait d'armes de Taguin (1843), la *smala* ou camp d'Abd-el-Kader, et fait 3 000 prisonniers avec un riche butin.

Quant à Abd-el-Kader, pressé de toutes parts, il se réfugie au Maroc où il entraîne le chérif, Abd-er-Rhaman, dans la guerre sainte. Mais le bombardement de Tanger et de Mogador par l'escadre du prince de Joinville, et surtout la victoire de l'Isly (14 août 1844) remportée par Bugeaud sur l'armée marocaine, obligent bientôt le sultan à la paix de Tanger (1845), qui fixe notre frontière actuelle du côté de l'ouest. L'année suivante (1846) a lieu la soumission du Dahra insurgé par les instigations du marabout Bou-Maza, puis celle de l'Aurès, dont la principale ville, Biskra, nous appartenait déjà; en même temps

Abd-el-Kader, rentré en Algérie, est poursuivi de tribu en tribu, dont il se voit successivement abandonné et trahi, ainsi que du chérif marocain, qui lui refuse même l'hospitalité.

Aussi se rend-il le 23 décembre 1847 au colonel Lamoricière, sous la promesse de pouvoir se retirer librement à Alexandrie ou à Saint-Jean-d'Acre. Lamoricière le présenta au duc d'Aumale devenu gouverneur, qui ratifia la promesse faite. Mais le gouvernement de Louis-Philippe dirigea l'émir sur Toulon, puis l'interna à Pau et de là à Amboise, jusqu'en 1854. Alors Napoléon III lui permit d'aller habiter Damas, en Syrie, où, fidèle à sa promesse de ne pas retourner en Afrique, il termina ses jours en 1883.

6. L'Algérie est dès lors à nous dans la majeure partie du Tell et sur les plateaux; mais il faut encore faire respecter notre autorité par les populations sahariennes et kabyles, toujours prêtes à combattre pour leur indépendance à la voix des marabouts ou de leurs chefs nationaux.

C'est pourquoi une expédition est dirigée contre l'oasis de Zaatcha, en 1849. La ville, prise d'assaut, fut détruite et sa population anéantie; cette affaire nous coûta 1500 hommes, sans compter les victimes du choléra. En 1852, Laghouat, et en 1854, Tougourt, tombent à leur tour en notre pouvoir, après une résistance également opiniâtre. Ouargla fut reprise en 1860, et le général de Gallifet, avec une colonne légère montée sur des chameaux, surprit en 1872 El-Goléa, le point extrême de nos possessions, à 1100 kilomètres au sud d'Alger.

Dans les mêmes années on avait conduit diverses expéditions en Kabylie, dont nous possédions depuis longtemps les villes maritimes : Bougie, Djidjelli, Collo et Dellys. En 1844-47, Bugeaud avait soumis une partie du pays. Des insurrections presque annuelles furent réprimées jusqu'en 1857; enfin le général Randon dut employer 35000 hommes pour vaincre ces intrépides montagnards, mal armés, désunis, mais fiers et indomptables, résignés à subir les guerres les plus atroces.

Mac-Mahon leur infligea la sanglante défaite d'Icheriden, qui les réduisit (1857). Pour dompter ce pays, qui jamais n'avait connu de maîtres, il fallut construire le fort Napoléon, devenu aujourd'hui le fort National.

En 1864, d'autres insurrections durent être réprimées, notamment celle des Ouled-Sidi-Cheikh, dans le sud oranais, et celle des Flittas, dans l'Ouaransénis.

7. A la suite de nos revers en France de 1870-71, les Kabyles des provinces d'Oran et d'Alger se soulevèrent de nouveau, et ce soulèvement eut pour cause les mesures intempestives portées

par le gouvernement de la Défense nationale, notamment celle de la naturalisation en masse des Juifs algériens, détestés des Kabyles, auxquels ils enlèvent peu à peu toutes leurs propriétés (voir ETHNOGRAPHIE). Les Kabyles, défaits au combat du Djebel-Bou-Thaleb, payèrent des contributions de guerre considérables; leur autonomie municipale fut supprimée et une partie de leurs terres affectée à la colonisation.

Le soulèvement de l'Aurès (1879) n'eut pas de graves conséquences. Il nous en coûta bien davantage pour étouffer l'insurrection de 1881, laquelle n'était en réalité qu'une suite de la lutte permanente des Ouled-Sidi-Cheikh, mal domptés en 1870. C'est encore un marabout, Bou-Amama, qui, profitant du mécontentement des tribus, les excita à la révolte. De nombreuses colonnes délogèrent successivement les insurgés de leurs ksour et poursuivirent Amama jusqu'à Figuig.

En 1881, la mission du colonel Flatters, chargée d'étudier la création d'un chemin de fer transsaharien jusqu'au Soudan, fut massacrée dans le désert au sud-est d'El-Goléa, vers le 25° de latitude nord, par les Touaregs-Hoggar, aidés de la complicité des Chaamba qui formaient l'escorte de la mission. Ce massacre, qui n'a pu être vengé, a porté un rude coup à l'influence française dans la région du sud vers le Soudan. Toutefois 1882 vit l'occupation du Mzab et de Ghardaïa, qui nous assure la tranquillité relative du Sahara algérien au nord d'El-Goléa, et en 1885 le Maroc nous a cédé l'oasis de Figuig, trop longtemps refuge habituel des insoumis.

La conquête de la Tunisie en 1881 compléta notre colonie algérienne vers l'est et garantit sur ce point la tranquillité du pays.

Il n'en est pas de même à l'ouest, où la frontière marocaine, tracée arbitrairement par le traité de Tanger, coupe en deux des régions naturelles habitées par des mêmes tribus. Le cours de la Malouïa eût été plus rationnellement choisi. De plus, une partie des Riffains ou habitants du Riff (rivage) marocain ont dans ces derniers temps recherché la protection des Français. Si l'on ajoute les tentatives non avouées des Allemands pour s'établir sur la côte nord du Maroc, et les droits de l'Espagne sur la même région, on peut en inférer que bientôt des complications politiques modifieront la situation de cette sultanie si mal administrée, livrée à l'anarchie, au brigandage, et dont la ruine prochaine est prévue.

Tel est le résumé de cette conquête algérienne, « qui a coûté à la France, dit M. Élisée Reclus, six milliards de francs et plusieurs centaines de milliers d'hommes, soldats ou colons. »

§ II. Géographie physique.

8. Situation et bornes. — L'Algérie, avec la Tunisie, qui lui est aujourd'hui annexée, forme au nord de l'Afrique, une vaste contrée située à proximité de la France, dont elle est séparée par moins de 200 lieues de mer, et presque sous les mêmes méridiens.

Les bornes de l'Algérie sont au nord la Méditerranée, à l'ouest le Maroc, à l'est la Tunisie, au sud le désert de Sahara, où il n'y a de limite que celle de notre influence sur les tribus du désert. Cette limite peut se marquer en ce moment à la latitude d'El-Goléa.

9. Position astronomique. — L'Algérie s'étend en latitude septentrionale de 30° 30' (El-Goléa) à 37° 10' (cap Bougaroni), et en longitude de 4° 40' de longitude ouest du côté du Maroc, à 6° 30' de longitude est du côté de la Tunisie, à partir du méridien de Paris. En y comprenant la Tunisie, on atteint 37° 20' de latitude nord au cap Blanc, et le 9e degré de longitude est sur la limite du Tripoli.

Alger se trouve à peu près sous le méridien de Paris, exactement à 0° 44' de longitude est, et Tunis à 7° 50' de même longitude. Alger est en ligne droite à 660 kilomètres de Port-Vendres, 772 de Marseille, et 1400 de Paris.

10. Configuration. — Dans son ensemble, l'Algérie affecte la forme d'un *parallélogramme* de 1100 kilomètres de longueur de l'ouest à l'est, sur une largeur de 700 du nord au sud, en y comprenant le Sahara algérien, jusqu'à El-Goléa.

11. Superficie. — Ainsi envisagée, la superficie de l'Algérie est approximativement de 650 000 kilomètres carrés, dont la moitié pour le Sahara algérien.

Celle de la Tunisie étant de 120 000 kilomètres, dont la moitié également pour le désert Saharien, ces deux chiffres réunis donnent à nos possessions du nord africain près de 800 000 kilomètres carrés, une fois et demie la superficie de la France; mais la partie habitable pour les Européens est à peine le tiers de cette surface.

12. Le littoral algérien. — Le littoral algérien décrit dans son ensemble un arc très peu tendu, long de 1100 kilomètres environ, tournant sa convexité sur la mer et vers le

1*

nord, et relevant son extrémité orientale à une latitude de deux degrés au-dessus de l'extrémité occidentale.

Le littoral tunisien, plus mouvementé, tourne sa plus grande face vers l'orient.

L'Algérie étant une contrée généralement montueuse jusque sur le littoral, il en résulte que ses côtes sont d'ordinaire élevées, rocheuses, escarpées, inabordables en dehors des ports; ses baies peu profondes, mal fermées, non abritées et ensablées sont peu favorables à la navigation. Ce n'est qu'à plusieurs centaines de mètres du littoral que la profondeur de la Méditerranée atteint 10, 20 mètres et plus; mais elle dépasse bientôt 1 000 et même 2 500 mètres à 150 kilomètres de la côte d'Alger.

13. **Description des côtes.** — A 10 kilomètres est de l'embouchure de la Malouïa, fleuve marocain, le chétif torrent du Kis ou Adjeroud est la première borne physique qui sépare l'Algérie du Maroc. Le premier cap français est le *cap Milonia,* et le premier port, celui de Nemours; vient ensuite le *cap Noé,* où la côte prend la direction nord-est; on y remarque plusieurs îlots et caps volcaniques : l'*île Rachgoun,* en face de l'embouchure de la Tafna, le *cap Figalo* et les *îles Habibas.*

Le *cap Falcon* est suivi de la *baie d'Oran* ou rade de Mers-el-Kébir, entourée de collines de 600 mètres de hauteur, le meilleur abri de l'Algérie occidentale. Les *caps Ferrat* et *Carbon occidental* sont des saillies d'un large promontoire séparant la baie d'Oran de celle d'*Arzeu,* celle-ci plus large mais moins bien abritée, et au fond de laquelle se jette la Macta.

A 12 kilomètres de Mostaganem se voit l'embouchure du Chéliff, le plus grand fleuve algérien; puis le *cap Ivi,* d'où la côte élevée, mais peu échancrée, s'incline vers l'est jusqu'au *cap Ténès,* et de là se prolonge presque droite jusqu'à Cherchell. Elle est marquée faiblement par les pointes des contreforts du massif du Dahra et du petit Atlas algérien plongeant dans la mer.

A l'est de Cherchell, la côte s'infléchit un instant pour remonter ensuite jusqu'à la petite *baie de Sidi-Ferruch,* où l'armée française débarqua en 1830. Le promontoire de Sidi-Ferruch, terminé par les *caps K'nater, Caxine* et la pointe *Pescade,* marque à peu près le milieu de la côte algérienne; il abrite à l'ouest la magnifique baie semi-circulaire d'Alger, large de

20 kilomètres et profonde de 7; le *cap Matifou* en détermine la partie orientale.

La mer reçoit plus loin les eaux ensablées de l'Isser oriental, puis le Sébaou, près de Dellys, port médiocre, mais marché fréquenté. A partir de cette ville, jusqu'à l'oued Sahel, à l'embouchure duquel est Bougie, le littoral de la grande Kabylie est généralement très haut, sans abri et hérissé d'aiguilles; on y remarque les *caps Tedlès, Corbelin, Sigli*, puis le cap *Carbon oriental,* percé d'une voûte naturelle; la côte tourne ensuite au sud pour former la baie semi-elliptique de *Bougie,* fermée à l'est par le *cap Cavallo.* Plus au nord-est on trouve la *pointe de Djidjelli,* près de la ville de même nom; le Seba-Rous (les sept caps), plus connu sous le nom italien de *Bougaroni* (cap des Fourbes), large promontoire formant l'avancement le plus septentrional de la côte algérienne. A l'est s'ouvre le beau golfe portant le double nom de *Stora,* port déchu, et de *Philippeville,* port moderne; il se termine au *cap de Fer* (Râs Hadid), pointe très saillante de la chaîne de l'Edough, qui s'étend le long du littoral jusqu'au *cap de Garde.* Celui-ci, avec le *cap Rosa,* abrite imparfaitement la large *baie de Bône,* où se jette la Seybouse; à l'est du cap Rosa se dresse, sur un rocher isolé, la Calle, dont le port est fréquenté par les coralleurs. C'est à 18 kilomètres plus loin, au *cap Roux,* que se terminait, avant l'établissement de notre protectorat sur la Tunisie, l'Afrique française, laquelle s'étend aujourd'hui jusqu'à la Tripolitaine.

14. Orographie. — L'Algérie, de même que le Maroc et la Tunisie, est traversée de l'ouest à l'est, ou mieux du sud-ouest au nord-est, par le massif montagneux de l'*Atlas,* qui caractérise toute la région barbaresque. Dans son développement général, depuis l'Atlantique jusqu'au cap Bon, l'Atlas a 2 300 kilomètres de longueur, dont près de 1 000 sur le territoire algérien, 1 000 dans le Maroc et 300 dans la Tunisie.

C'est dans le Maroc que l'Atlas atteint sa plus grande élévation, 3 500 m. au mont Miltsin, ainsi que sa plus grande largeur, soit 500 km. De là il va en se rétrécissant et s'abaissant vers le nord-est pour finir au cap Bon. Il conserve 350 km. de largeur dans les provinces d'Oran et d'Alger, 250 dans celle de Constantine, et en moyenne 150 dans la Tunisie.

L'Atlas algérien n'est pas une simple chaîne de montagnes,

mais bien un énorme plateau élevé de 800 à 1 000 m. ne moyenne, et bordé de deux chaînes de montagnes dont les sommets dépassent le plateau de plus de 1 000 m.

Si, partant d'Alger ou de tout autre point de la côte, on veut se diriger vers l'intérieur, il faut franchir d'abord une série de collines et de montagnes littorales, hautes de 1 500 à 2 300 m., et constituant la première chaîne susdite : c'est le Tell. Il faut descendre ensuite sur le plateau formant cuvette, moins élevé de moitié que l'arête des montagnes ; au delà de ce plateau on doit franchir la seconde chaîne, appelée saharienne, pour redescendre le talus méridional conduisant à la plaine du Sahara, dont l'altitude moyenne est de 200 à 300 m.

Il était d'usage autrefois de désigner sous les noms de *petit Atlas* les collines littorales, de *moyen Atlas* la ligne faîtière de la première chaîne de montagnes, et de *grand Atlas* la chaîne saharienne ; mais une connaissance plus approfondie du relief algérien a fait réunir le petit et le moyen Atlas en une seule région montagneuse que l'on appelle l'*Atlas tellien* ou le Tell, dont la largeur croissante est de 100 km. dans la province d'Oran, 120 dans celle d'Alger, et 180 dans celle de Constantine.

Au delà du Tell est la zone des *Hauts-Plateaux,* ou le Plateau par excellence, ayant la forme d'un triangle très allongé dont la base, large de 180 km., s'appuie sur la frontière marocaine, et dont le sommet tronqué atteint la Tunisie en passant au sud de Constantine. Enfin la bordure méridionale du Grand-Plateau forme une seconde série de montagnes que l'on a désignée sous le nom de *chaîne Saharienne,* à cause du voisinage du grand désert, dont le massif algérien forme la limite septentrionale. Décrivons successivement les montagnes du Tell et celles du Sahara.

15. Atlas septentrional ou tellien. — La région tellienne a pour limite au nord la mer, au sud une ligne menée sensiblement à quelque distance des villes de Daya, Saïda, Tiaret, Boghar, Aumale, Sétif et Soukharras. C'est moins une chaîne de montagnes, comme on la définit habituellement, qu'un amas confus d'une vingtaine de groupes montagneux orientés dans toutes les directions, d'élévation et de nature géologique très différentes, séparés par des vallées profondes, creusés de gorges pittoresques, dont la description est très difficile et sur laquelle les auteurs varient complètement.

On distingue particulièrement dans la province d'Oran les massifs de Tlemcen et de Saïda; sur la ligne de faîte, les monts de Traras, du Tessala et de Mascara, vers la côte; — dans la province d'Alger, le puissant massif d'Ouaransénis, qu'on appelle aussi Ouarnsenis, la chaîne côtière du Dahra, le massif du Titéri et le Djurdjura; — dans la province de Constantine, la chaîne des Bibans, le massif de Sétif et de Constantine, les monts du Hodna et de la Medjerda.

Le *massif de Tlemcen,* ainsi nommé de la ville célèbre qui en occupe le centre, est circonscrit par la Mouila marocaine, la Tafna et le Sig supérieurs. Ses points culminants sont le Toumzaït ou le *Ras-Asfour,* « tête d'oiseau », 1635 m., sur la frontière du Maroc, le *Tnouchfi,* 1842 m., le *Nador de Tlemcen,* l'*Attar* et plusieurs autres ayant de 1500 à 1800 m. d'altitude.

On peut y rattacher sur la côte les monts *Traras* ou la montagne Carrée, 840 m., et le *Filhaoucen,* 1140 m., au nordouest de la Tafna, ainsi que les monts *Tessala,* 1020 m., qui dominent Sidi–Bel–Abbès, au nord-ouest du Sig.

Les principales *plaines* de cette région sont celles d'Oran, du Sig et de l'Habra.

Le *massif de Saïda* comprend la ligne de faîte séparant les bassins de l'Habra et de la Mina de celui du Chott-el-Chergui, qui fait partie du Grand–Plateau. Ses points culminants sont le Tendfelt ou *Daya,* 1288 m., à l'ouest, et le *Gaada,* 1500 m., à l'est de Saïda. Plus au nord, les *monts de Mascara* séparent l'Habra de l'oued Mina. Le chemin de fer qui, d'Arzeu et de Saïda, se dirige vers le Sahara traverse cette région. On trouve vers la côte la belle plaine du Sig.

Les *monts de l'Ouaransénis* forment un massif boisé parfaitement délimité par le Chéliff, qui le contourne à l'est et au nord, et par deux de ses affluents, le Nahr-Ouassel et l'oued Mina, qui l'enveloppent au sud et à l'ouest comme une sorte d'île géante. Son principal sommet, haut de 1984 m., dominant Orléansville au sud-est, est appelé *Ouaransénis,* « l'œil du monde », parce que, disent les Arabes, « il aperçoit tout, puisqu'on le voit de partout. » Plus au sud, le mont *Achéou* atteint 1804 m., et les monts du *Teniet-el-Haâd,* couverts de cèdres superbes, dominent la ville de Boghar et la grande courbe du Chéliff.

Le nom de *Dahra,* qui signifie « le Nord », est donné à la

chaîne située entre le Chéliff et la mer, au nord-ouest d'Orléansville ; haute de 876 m., fertile et assez peuplée, elle se
prolonge vers Miliana par les monts de *Zakkar*, dont les sommets sont doublés en élévation. C'est à ces chaînes littorales
que l'on appliquait proprement le nom de *petit Atlas*.

Le *massif de Blida et de Médéa*, dans l'ancienne province du
Titéri, comprend les hautes montagnes situées entre le Chéliff
et l'Isser, et dominant au sud les collines d'Alger et la plaine
de la Métidja. Le point culminant est le *Sidi-Abd-el-Kader*,
1 640 m., qui couronne le *Beni-Salah* sur la rive droite de la
Chiffa, célèbre par ses gorges ; en face, sur la rive gauche, se
trouve le *Mouzaïa*, 1 603 m., fameux par le col de la Mouzaïa,
1 043 m., où le duc d'Orléans livra un combat à Abd-el-Kader
en 1840. Au nord de ce massif s'étend la plaine de la Métidja,
bordée vers la mer et à l'ouest d'Alger par les collines dites du
Sahel ou de « la Côte ». Le Mazafran le coupe en deux parties : le
Sahel d'Alger à l'est et le Sahel de Koléa à l'ouest. Hautes de
300 à 400 m., ces collines sont couvertes de cultures et se
confondent avec la plaine fertile de la Métidja.

Le *Djurdjura* ou *Djerdjera*, le *mons Ferratus* des Romains,
l'Adrar-bou-Dfel, « le mont neigeux » des Kabyles, est le
massif le plus intéressant peut-être de l'Algérie, tant par l'histoire de ses héroïques habitants que par son élévation, ses sites
grandioses et sauvages, qui rappellent les Alpes.

Parfaitement circonscrit entre la mer, le cours de l'Isser à
l'ouest et celui de l'oued Sahel à l'est, son point culminant est le
Lalla-Khédidja, 2 308 m., qui porte sur l'un de ses versants le
tombeau de la femme vénérée, ou de la déesse mythologique
dont il a pris le nom. Sa crête neigeuse, dominant la vallée du
Sahel, est visible au loin sur mer, ainsi que d'Alger, distant
de 100 kilomètres ; ses pentes abruptes sont couvertes de chênes
et de pins. Le massif est coupé en deux par le Sébaou, et la
partie septentrionale forme la chaîne côtière du *Tamgoût*, haute
de 1 270 m. et située entre Dellys et Bône.

Au sud du Djurdjura et de la vallée du Sahel, et sur la ligne
de partage des eaux, se trouve une série de monts appelés des
Bibans ou des *Portes-de-Fer*, à cause d'un défilé franchi en 1839
par l'armée française. Elle comprend le *Dira*, 1 812 m., au sud-
ouest d'Aumale, et l'*Ouén-Nougha*, 1 836 m., à l'est de cette ville,

Le *massif de Sétif et de Constantine* comprend plusieurs chaînes situées entre l'oued Sellam et la Seybouse. La haute plaine de Sétif et de la Medjana a 1 000 m. d'altitude; les pics avoisinant Sétif atteignent 1 896 m. au mont *Takoucht;* le petit et le grand *Babor,* 1 970 m., se dressent dans la petite Kabylie ; l'*Edough* est sur la côte à l'ouest de Bône, et le djebel *Sidi-Mécid,* 1 906 m., domine la vallée du Rummel, qui baigne le pied du rocher sur lequel est bâtie Constantine, à 550 m. d'altitude.

Au sud de Sétif, les monts du *Hodna,* 1 862 m., dominent le Chott-el-Hodna, et les *monts de Batna,* 2 100 m., inclinant vers l'ouest, se rattachent à la chaîne saharienne.

Le *massif de la Medjerda* comprend les montagnes qui enferment la vallée du fleuve tunisien, la Medjerda, savoir : au nord, le djebel *Khroumir,* rendu célèbre par la campagne de 1881, et situé en grande partie sur le territoire de la Tunisie ; à l'ouest, les monts qui entourent Soukharras, 1 400 m., et au sud une série de montagnes qui, d'une part, vont en s'abaissant vers les plaines littorales de la Tunisie, et de l'autre relient la région tellienne à la région saharienne par les massifs de Tébessa et du djebel Aurès.

16. **Atlas méridional ou saharien.** — L'Atlas saharien, beaucoup moins compliqué et d'ailleurs moins bien connu, est moins intéressant que la région tellienne. Il est aussi moins large en étendue et généralement moins élevé que le précédent, surtout si l'on considère sa hauteur relative. En effet, sa base est établie non au niveau de la mer, mais au niveau de la plaine du Sahara, et celle-ci atteint déjà, au pied de l'Atlas, une altitude assez considérable.

On voit par là que la chaîne saharienne ne méritait nullement le titre de grand Atlas qui lui avait été donné, bien que son point culminant, le Chélia de l'Aurès, dépasse de 20 m. celui du Djurdjura.

Contrairement aux montagnes telliennes rayonnant en tous sens, les montagnes sahariennes affectent la forme de chaînons parallèles orientés du sud-ouest au nord-est. Ordinairement nus, sans forêts, souvent sans herbages, ces chaînons ressemblent au désert qu'ils bordent, surtout ceux de la partie occidentale.

Les divisions principales de l'Atlas saharien sont les montagnes des Ksour et du Ksel, le djebel Amour, le Bou-Kahil et surtout l'Aurès.

Les *montagnes des Ksour* doivent leur nom aux petits villages arabes bâtis dans leurs ravins, là où un peu d'eau de source permet de vivre. On remarque les djebels *Mektar* et *Aïssa,* sur la frontière marocaine, et le djebel *Chegga* plus à l'est.

Le *massif du Ksel* entoure Géryville et alimente les sources de l'oued Seggeur, rivière saharienne. Il atteint environ 2 000 m. de hauteur et est en partie couvert d'alfa.

Le *djebel Amour,* auquel se rattache le Ksel, est le plus important massif du sud de la province d'Oran. Haut de 2 000 m. environ au mont *Touïlet,* il comprend plusieurs chaînes de roches nues et divergentes, d'où descendent les sources peu abondantes du Chéliff vers le nord, du Zergoum et du Djeddi vers le sud et l'est.

Du djebel Amour à l'Aurès, les chaînes sont plus éparses, moins élevées, et ne forment pas de massifs importants. Au sud de la province d'Alger, on distingue le djebel *Senalba,* 1 570 m., qui domine Djelfa, et le djebel *Bou-Kahil,* 1 500 m., qui dresse ses escarpements à la limite du Sahara, et se rattache à l'est aux monts du *Zab,* situés dans la province de Constantine.

Le *massif du djebel Aurès* ou Aôurès est le plus élevé et le plus vaste peut-être de l'Algérie, car il couvre une superficie de 1 000 km. carrés, et s'élève à 2 328 m. au mont *Chélia,* dont le sommet est souvent couvert de neige. Il est limité à l'ouest par la route de Batna à Biskra, et à l'est par les vallées de l'oued El-Abiad, tributaire du chott Melrhir, et de l'oued Meskiana, affluent de la Medjerda. Profondément raviné dans sa partie sud-ouest, ses croupes sont souvent boisées, ses vallées, assez fertiles, sont habitables, ce qui a fait classer l'Aurès par les Arabes dans la région du Tell. C'est l'*Aurasias mons* des Romains, célèbre aussi par la résistance des Maures contre les Vandales et les Grecs.

Les monts dits des *Nememcha,* du nom d'une tribu arabe, continuent l'Aurès jusqu'à la frontière tunisienne. Ils comprennent le djebel *Cherchar,* sur la rive gauche de l'Abiad, le djebel *Mahmel,* 1 828 m., vers le centre, et les monts qui dominent le plateau de Tébessa. Ils se relient à l'est aux djebels tunisiens qui forment le bassin de la Medjerda.

17. Hydrographie. — Si les pluies étaient assez abondantes sur le territoire de l'Algérie pour alimenter constamment les cours d'eau, on pourrait, à l'ordinaire, y déterminer une ligne de partage des eaux séparant deux grands versants : au nord, le versant du littoral de la Méditerranée ; au sud, le versant saharien, dont les eaux s'écouleraient dans le golfe de Gabès.

Mais il n'en est pas ainsi. La rareté et le peu d'abondance des pluies, l'évaporation rapide sous un climat de feu, sont cause de l'aridité de l'Algérie et de la pénurie de ses cours d'eau, dont la plupart se dessèchent bien longtemps avant d'arriver à la mer, ou s'épuisent dans des lacs plus ou moins temporaires et sans écoulement. Il en résulte que l'on distingue en Algérie trois divisions hydrographiques :

1º Le versant méditerranéen, au nord de l'Atlas tellien ;

2º L'ensemble des bassins fermés des Chotts qui occupent le plateau central entre les deux Atlas ;

3º Le versant saharien, dont les eaux tendent vers le chott Melrhir et la Méditerranée par le golfe de Gabès.

18. Versant méditerranéen ou *septentrional*. — Ce versant correspond en général à la région tellienne, et, sauf en un point, il a pour ligne de partage la dorsale de l'Atlas tellien, savoir : les monts de Daya, de Saïda, le plateau de Sersou, les monts Dira ou massif d'Aumale, les Bibans et les monts du massif d'Aïn-Beïda. Cette ceinture est coupée par la vallée du Chéliff, qui, par exception, vient de l'Atlas saharien.

Les cours d'eau de ce versant sont la Malouïa, le Kis, la Tafna, la Macta, le Chéliff, le Mazafran, l'Harrach, l'Isser oriental, le Sébaou, le Sahel, le Rummel, le Saf-Saf, la Seybouse et la Medjerda. — Notons que presque tous les fleuves africains changent plusieurs fois de noms dans leurs cours.

La *Malouïa* est un fleuve marocain ; mais il intéresse la géographie de l'Algérie, car il reçoit à droite plusieurs affluents qui descendent du plateau algérien. Son embouchure n'est qu'à 10 km. de la frontière.

Le *Kis* ou Adjeroud forme la limite extrême entre l'empire du Maroc et l'Algérie.

La *Tafna*, 170 km., qui a donné son nom au traité de 1837, naît sur le plateau de Sebdou, qu'elle laisse à gauche; elle reçoit la *Mouila*, dans laquelle se jette l'*Isly*, célèbre par la bataille de 1844, où le maréchal Bugeaud défit l'armée marocaine; puis se grossit de l'*Isser occidental*, arrose dans son cours inférieur une plaine très fertile et débouche dans la mer en face de l'île Rachgoun.

La *Sebkha d'Oran* est un lac salé, d'une superficie de 32 000 hectares, situé à 10 km. sud de cette ville; il est peu profond, et on se propose de le dessécher.

La *Macta*, plus exactement l'ouâd El-Mocta, « la rivière du Gué », n'a que 5 km. de cours; mais elle est formée, au milieu de vastes marécages, par la réunion du Sig, 215 km., et de l'Habra, 235 km. Le Sig, passe à Sidi-Bel-Abbès, sous le nom de de Mékerra, puis à Saint-Denis-du-Sig.

L'*Habra*, Ouâd-el-Hammam, « rivière des Bains chauds », prend ce nom en se grossissant de plusieurs affluents dans la vallée des Trois-Rivières; mais sous d'autres appellations il vient des hauts Plateaux à travers des gorges pittoresques et des plaines fertiles. La Compagnie franco-algérienne y a construit un barrage colossal, formant un réservoir de 14 millions de mètres cubes d'eau, destiné à l'irrigation.

Le *Chéliff*, 650 km., l'*Asar* des Romains, est le plus grand cours d'eau de l'Algérie. Il a sa source et son embouchure dans la province d'Oran; mais la plus grande partie de son parcours appartient à la province d'Alger. Il se forme de deux branches: la plus longue, le *Chéliff des steppes*, 270 km., naît dans le djebel Amour à plus de 1 000 m. d'altitude, et passe à Taguin, où fut prise la smala d'Abd-el-Kader; la plus abondante, le *Nahr-Ouassel*, 170 km., « le Fleuve naissant », jaillit aux environs de Tiaret dans un endroit nommé « les Soixante-dix sources ». — Ces deux branches se réunissent, par 685 m. d'altitude, sur un plateau marécageux pour former le Chéliff proprement dit, qui passe d'abord près de Boghar, où il entre dans le Tell par de très belles gorges boisées; puis, se recourbant vers l'ouest, il coule entre l'Ouaransénis et la chaîne du Dahra, dans une vallée bordée d'escarpements; laissant à droite Miliana, il passe à Orléansville, traverse une plaine bien cultivée où il se grossit à gauche de l'oued *Sly*, ou Isly oriental, du

Riou et de la *Mina* ; il se jette enfin dans la Méditerranée à 12 km. nord-est de Mostaganem. — Le Chéliff roule des eaux boueuses et rares ; il est souvent à sec ; son cours est de près de 700 k., ce qui l'égale presque à la Seine ; on l'a comparé à la Loire pour sa direction générale et pour les irrégularités du débit de ses eaux.

La *Mina*, 200 km., le principal affluent du Chéliff, prend sa source au sud de Tiaret, coule à l'ouest et forme la belle cascade de Hourara, haute de 42 m. ; elle irrigue les champs de coton de Relizane.

Le *Mazafran*, « rivière aux Eaux jaunes », arrose la plaine occidentale de la Métidja ; il est formé de trois torrents, dont le le plus abondant, la *Chiffa*, descend du djebel Mouzaïa ; il coupe la chaîne du Sahel, passe au pied de Koléa et finit à 8 km. au sud-ouest de Sidi-Ferruch.

L'*Harrach* divise en deux la partie centrale de la Métidja, passe à la Maison-Carrée, et se jette au sud-est de la baie d'Alger, à 9 km. de cette ville.

L'*Isser oriental*, 200 km., formé de plusieurs torrents, descend du beau plateau des Béni-Séliman, entre Médéa et Aumale ; il coule dans les profondes gorges de Palestro, en formant la frontière occidentale de la grande Kabylie ; son bassin inférieur est très propre à la colonisation.

Le *Sébaou*, 100 km., traverse de l'ouest à l'est la partie la plus peuplée de la Kabylie ; il laisse à gauche le fort National et Tizi-Ouzou, et finit à 6 km. ouest de Dellys.

Le *Sahel*, 210 km., naît dans le djebel Dira, passe à Aumale, longe au sud et à l'est le Djurdjura, reçoit l'oued Mahrir, qui a raversé les fameux Bibans ou Portes-de-Fer, puis le Bou-Sellam, coule dans des plaines fertiles et des défilés pittoresques, et tombe dans le golfe de Bougie, à 3 km. de cette ville. Le Bou-Sellam, « rivière de l'Echelle », plus long et plus fort que le Sahel supérieur, descend du plateau de Sétif.

L'*Oued-el-Kébir*, « la Grande Rivière », ou le *Rummel* « rivière des Sables », qui change huit ou dix fois de nom, descend d'un massif de 1 500 m. d'altitude peu éloigné de Sétif ; il traverse d'abord de larges plaines, reçoit le *Bou-Merzoug*, « rivière Abondante », et s'enfonce dans les gorges profondes qui entourent la ville de Constantine, située sur un rocher escarpé, dans une position formidable ; puis, en recevant l'Endja, le Rummel prend le nom d'Oued-el-Kébir et va se jeter dans la mer à 32 k. à l'est de Djidjelli.

Notons ici que ces changements d'appellation d'un même fleuve dans les diverses sections de son cours, de même que le qualificatif de « Grande Rivière » donné à plusieurs cours d'eau souvent peu considérables et voisins l'un de l'autre, témoignent de l'état d'isolement dans lequel vivent les tribus riveraines, se croyant chacune dans un monde à part, et ignorant ce qui se passe à quelque distance. Cette remarque s'applique non seulement à l'Algérie, mais à toute l'Afrique, aux autres parties du monde et souvent même à l'Europe.

Le *Saf-Saf,* « rivière des Peupliers », est un petit cours d'eau de 100 km., par la vallée inférieure duquel descend le chemin de fer de Constantine à Philippeville. Entre le cap de Fer et Bône s'étend le lac *Fetzara,* malsain et sans profondeur, dont on a entrepris le desséchement pour le mettre en culture.

La *Seybouse*, 230 km., le *Rubricatus* des anciens, est formée de plusieurs ruisseaux venant des monts de la Medjerda. L'un d'eux, l'ouèd *Bou-Hamdan* coule dans la magnifique vallée d'Hammam-Meskhoutine, dont les sources thermales atteignent la température de 90 degrés. La Seybouse arrose de ses abondantes eaux la riche plaine de Guelma ; elle s'achève à 1 km. de Bône, près des ruines d'Hippone, immortalisée par l'épiscopat de saint Augustin.

La *Medjerda*, fleuve tunisien, l'ancien *Bagradas,* prend sa source au Ras-el-Alia, sur le plateau de Soukharras, coule de l'ouest à l'est, reçoit en Tunisie par sa rive droite le Mellègue, dont un affluent, le *Meskiana,* vient des confins de l'Aurès ; elle va finir au nord de la baie de Tunis.

19. **Bassins des chotts.** — Les eaux pluviales des hauts Plateaux et du Sahara, trop peu abondantes pour former des fleuves permanents, s'infiltrent dans les sables de leur lit ou se terminent dans des lacs peu profonds et plus ou moins temporaires. Ces lacs sont désignés, selon les contrées, sous les différents noms de *Chott, Zahrès, Sebkha* et *Guérah ;* la plus connue de ces désignations est celle de « chott », et l'on réserve le nom de « sebkha » aux chotts d'eau salée.

Les principaux de ces lacs sont les deux grands Chotts du plateau oranais, les deux Zahrès du plateau algérien, le Hodna et les Guérahs du plateau de Constantine, enfin le grand chott Melrhir du Sahara.

Les grands *Chotts* du plateau oranais, n'ayant pas de noms propres, sont désignés par le nom commun auquel on ajoute deux qualificatifs qui désignent leur orientation, savoir : le *Chott-el-Gharbi* ou « l'occidental », et le *Chott-el-Chergui* ou « l'oriental ». — Chacun de ces chotts est double ; le plus occidental se divise en Chott-Méhaïa, qui se trouve sur le territoire marocain, et en Chott-Hamyane, qui est algérien ; un faible détroit rattache seul ces deux parties et marque la frontière politique. Le Chott-Hamyane doit son nom à la contrée et reçoit au sud l'oued *Remada*.

Le Chott-el-Chergui est le plus étendu (150 km. de longueur) et le plus élevé (1 000 m. d'altitude) des plateaux algériens ; mais il est divisé en deux sections par un isthme que le chemin de fer de Saïda à Mécheria traverse, ainsi que la pointe de la section occidentale. Ce chott reçoit au nord les oueds *Guesmir*, *Hammam* et *Fallette ;* au sud, l'oued *Cherrafa*, qui baigne Géryville, et l'oued *Naceur,* venant des confins du djebel Amour. Les rives de ces deux chotts oranais sont formées d'escarpements rocheux ; ils reçoivent peu d'eau et sont coupés de fondrières dangereuses alternant avec des gués de terrain ferme très praticables.

Les deux chotts *Zahrès* ou Zaghez se trouvent sur le plateau algérien ; l'un, le *Zahrès-Gharbi* ou occidental, est à 860 m. d'altitude ; l'autre, le *Zahrès-Chergui* ou oriental, à 770 m. Ce sont deux sebkhas mises à sec en été, et n'ayant pas de tributaire considérable. Au nord des Zahrès, les étangs marécageux de *Kséria* appartiennent au bassin du Chéliff.

Le chott *el-Hodna* ou *Saïda,* « le lac Heureux », occupe le fond des plateaux constantinais à 400 m. seulement d'altitude. Très peu profonde, souvent à sec, cette sebkha reçoit cependant au nord les oueds *Chellal* et *Ksab*, et au sud les oueds *Meluh, Chaïr* et *Bou-Saâda,* celui-ci baignant le bordj de ce nom. Son bassin forme une plaine fertile qui fut bien-cultivée et très populeuse sous les Romains, notamment la belle vallée du Chaïr, descendant du massif de Bou-Kahil.

Les *Guérahs.* A l'est du Hodna, le plateau de Constantine porte une série de chotts d'eau douce alignés du nord-ouest au sud-est entre Sétif et Aïn-Beïda : ce sont les « Guérahs », terme générique analogue à Chott. Le principal, comme le premier, est le guérah *el-Tharf*, au sud-est, suivi du guérah *el-Guellif*, « lac du Limon », et du guérah *Ank-Djemel*, « gorge du Chameau ». Plus au nord, le chott *Mrouri* est longé par le chemin de fer de Constantine à Batna, et le chott *Beïda* se trouve dans la plaine de la Medjana, au sud-est de Sétif.

20. **Le bassin du Sahara.** — Moins encore que les hauts Plateaux, la plaine du Sahara n'a d'eau courante en permanence. Les nombreux oueds qui sillonnent le flanc méridional de la haute chaîne saharienne, de même que ceux de la partie basse, sont habituellement à sec, du moins à leur surface, sinon dans leur profondeur, d'où l'on peut faire jaillir l'eau souterraine par des puits artésiens.

Quel que soit le peu d'importance de ces oueds, nous signalerons les principaux en procédant de l'ouest à l'est.

Dans la province d'Oran, on remarque les sources de l'oued *Sousfana*, qui baigne Figuig et se dirige vers le Touat; puis l'oued *en-Namous*, « rivière des Moustiques », qui longe la frontière; l'*el-Kébir*, qui descend également des Ksour; le *Seggeur* et le *Zergoun*, venant du Ksel et de l'Amour. Ils traversent la plaine de Habilat pour aboutir à la région d'el-Areg ou des Dunes sablonneuses.

Au pied de l'Atlas central coule, de l'ouest vers l'est, l'*oued Djeddi*, « rivière du Chevreau ». Il descend du djebel Amour, passe à Laghouat, reçoit de nombreux tributaires à gauche, entre autres le *Biskra*, venu de l'Aurès en arrosant Biskra; il va finir dans le chott Melrhir, qu'il n'atteint toutefois qu'à l'époque des grandes eaux. Long de 500 km., le Djeddi en parcourt malheureusement 400 dans les sables, ce qui le rend impropre non seulement à la navigation, mais encore à l'irrigation.

Le *chott Melrhir* ou *Melghir* est le plus remarquable de l'Algérie. Ainsi que les chotts tunisiens Rharsa et Djérid, il occupe le fond d'une vaste dépression saharienne orientée de l'ouest à l'est, aboutissant au golfe de Gabès, et que l'on a projeté de transformer en une *Mer Saharienne*, comme nous le dirons au chapitre de la Tunisie. Le chott Melrhir est composé de plusieurs flaques d'eau saumâtre portant divers noms : chotts *Melr-*

hir au nord, *Merouan* au sud-ouest, *Achichina* à l'est ; de formes très irrégulières, ces mares sont découpées par des bancs de terrain ferme alternant avec des fondrières dangereuses. Le bassin du chott Melrhir présente une surface blanche, unie et miroitante, saupoudrée de cristaux de sel de magnésie ; son étendue est actuellement d'environ 3 000 km²., mais elle serait portée au double si sa cuvette naturelle était inondée.

L'*Igharghar*, « l'Eau courante », est le nom improprement donné à une longue et très large vallée de fleuve desséché, qui descend du plateau du Hoggar au Sahara central, sous le 23° de latitude, et se dirige du sud au nord pour venir déboucher dans le chott Melrhir. Il traverse plusieurs « hamâda », plateaux arides, et des régions de dunes sablonneuses en recevant de nombreux oueds tributaires, notamment l'oued *Mya ;* il fertilise ensuite les oasis de Temacin et de Tougourt, puis forme un chapelet de lacs dans l'oued Rhir, qui communique avec le chott Melrhir.

Sans l'aridité saharienne, l'Igharghar pourrait ainsi former un fleuve magnifique, comparable au Rhin, de 1 000 km. de longueur, sans compter les 250 km. de dépression qui le prolongeraient jusqu'au golfe de Gabès. — Quant à l'oued Mya, pompeusement appelé « rivière des Cent affluents », il vient du Touat, passe à l'est d'el-Goléa, traverse la région des Chaamba, arrête ses rares eaux à Ouargla, mais continue sa vallée jusqu'à la dépression de Tougourt ; il y rejoint l'Igharghar, après avoir reçu à gauche le *M'zab,* venant de Ghardaïa , et la *Nesa,* née au pied de l'Atlas, non loin de Laghouat.

21. **Climat et productions.** — Le *Tell,* avec ses montagnes et ses vallées cultivées, son climat tempéré ; le *Plateau,* avec ses steppes solitaires, son climat excessif, brûlant ou glacial ; le *Sahara,* avec ses plaines sablonneuses, ses montagnes calcinées, ses oasis charmantes et son climat torride, sont les trois régions physiques primordiales de notre grande colonie algérienne.

Chacune d'elles a son climat caractéristique, ses productions spéciales, d'où résultent pour l'homme de grandes différences dans les mœurs et le caractère.

22. **Le Tell**, du latin *tellus,* signifie pour les Arabes colline, petite montagne, région cultivable, comme le *tellus* si-

gnifiait pour les Romains la terre nourricière : c'était l'un des greniers de Rome.

Nous avons dit que le Tell désigne toute la zone montagneuse du littoral, coupée de petites plaines, de vallées et de ravins, susceptible d'être cultivée et de nourrir une population nombreuse, sédentaire, industrieuse et commerçante, par conséquent riche, civilisée, apte aux sciences et aux arts.

Son climat est *marin* ou méditerranéen, c'est-à-dire généralement tempéré comme celui de l'Europe méridionale ou du midi de la France. Plus chaud, plus humide sur le littoral, il est plus sec, plus froid dans les montagnes, où il varie naturellement selon les sites et leur orientation.

La température moyenne est de 18° à 20° ; les extrêmes sont — 5° et + 30°. La quantité de pluie annuelle est de 80 centim. à Alger ; elle est plus forte de moitié à l'est (Bougie) et moins forte à l'ouest (Oran).

On distingue deux saisons : un hiver pluvieux, où les pluies tombent par orages, ce qui est cause du caractère torrentiel des rivières ; un été desséché par le simoun, et où des mois entiers se passent sans pluie. La neige est rare, sauf sur les hautes cimes de l'Atlas, dans le Djurdjura et l'Aurès.

Les tremblements de terre, assez fréquents en Algérie, ont plus ou moins ruiné Oran à la fin du siècle dernier, Mascara en 1819, Blida en 1825, Djidjelli en 1856, Mouzaïaville et ses environs en 1867.

Les productions agricoles du Tell sont toutes celles de l'Europe méridionale : céréales, légumineuses, tabac, lin, vigne, olivier, oranger, figuier. Les forêts de chêne vert, de chêne-liège, de pin d'Alep, de cèdre, couvrent beaucoup de montagnes. On y a acclimaté l'eucalyptus. — Le bétail est assez nombreux. Parmi les bêtes fauves, le lion, la panthère deviennent rares ; mais l'hyène et le chacal sont communs ; les sauterelles sont un des fléaux de l'Algérie.

23. **Les hauts Plateaux** sont caractérisés non seulement par leur élévation qui atteint 500 à 1 000 m., surtout dans la partie occidentale, mais encore par le nivellement de leur surface, l'uniformité d'aspect, l'absence de cultures et de forêts, qui sont remplacées par les broussailles et par des steppes immenses, vastes herbages secs composés de grami-

nées et de légumineuses, que les troupeaux nomades du Sahara viennent brouter pendant l'été.

L'alfa, graminée textile assez élevée et ondulant sous la brise, y occupe des espaces tellement considérables, qu'on a qualifiés ceux-ci de « mer d'alfa ». Les lacs salés, les lits desséchés de maigres cours d'eau, des flaques marécageuses persistantes, des touffes de térébinthes, de jujubiers sauvages, les pâturages verts ou roux selon les saisons, ajoutent à cette caractéristique des steppes algériennes. Toutefois, pour achever le tableau, il faut y joindre un *climat extrême* ou *continental* : torride en été, où la température monte à 40°; glacial en hiver, où elle s'abaisse à — 6°; en outre, des pluies rares et peu abondantes, 40 centim., le sirocco ou *simoun*, vent d'une violence et d'une chaleur extrêmes qui rendent le séjour peu agréable. Aussi, bien qu'il renferme de bonnes terres à blé, surtout dans le bassin du Hodna, le Plateau n'est-il en général qu'une région de pacage qui pourrait nourrir plus de 20 millions de moutons. Le gibier : gazelles, lièvres, perdrix, y est nombreux et d'une chair excellente.

24. **Le Sahara** n'est pas moins bien caractérisé que les deux régions précédentes. La plaine y domine, mais la plaine aride et brûlée, une vraie terre africaine, tantôt uniforme et nivelée dans ses parties sablonneuses, tantôt hérissée de dunes ou monticules de sable, çà et là interrompue par des collines élevées et de véritables chaînes de montagnes, car le plateau montagneux du Hoggar présente des sommets de plus de 2 000 mètres de hauteur.

Le Sahara est donc moins monotone, moins uniforme qu'on ne l'avait dépeint sans le connaître suffisamment; ce n'est pas partout cette mer de sable mouvant que le vent soulève pour engloutir les caravanes; il n'est pas sûr non plus que ce soit un fond de mer mis à sec par soulèvement, car les phénomènes atmosphériques actuels suffiraient pour en expliquer l'origine; c'est plutôt un sol accidenté qui a pu être fertile jadis, mais stérilisé par la rareté des pluies, jointe à un climat torride, à des vents desséchants, peut-être aussi à l'incurie des habitants, à la dent des chèvres et des moutons, qui en auraient détruit les forêts et les gazons, de manière à le réduire à l'état de squelette par la disparition du manteau végétal qui le couvrait primitivement.

Le Sahara présente sur un fond de sable des montagnes ravinées, des collines, des mamelons, des *gours* ou masses de roches persistantes, des *hamáda* ou plateaux à surface durcie, des dunes ou *areg*, amoncelées par les vents d'est, entremêlées de ravins et d'oueds sans eau ; les villes, les bourgades, les villages fortifiés ou ksour, sont là où les *aïn*, sources naturelles, et les puits artificiels ont fait jaillir l'eau souterraine.

Trois mots arabes caractérisent les trois principales circonstances du désert dans ses parties : « *Fiafi*, c'est l'oasis où la vie s'est retirée autour des sources et des pluies, sous les palmiers et les arbres fruitiers, à l'abri du soleil et du simoun (vent du sud) : c'est l'habitation des Berbères et des Arabes sédentaires.

« *Kifar*, c'est la plaine sablonneuse et vide, qui, fécondée, un moment par les pluies d'hiver, se couvre d'herbes au printemps, et où les tribus nomades, quittant l'oasis, viennent alors faire paître leurs troupeaux.

« *Falat*, c'est l'immensité stérile et nue, la mer de sable dont les vagues éternelles, agitées aujourd'hui par le simoun, seront demain amoncelées et immobiles, et que sillonnent lentement ces flottes appelées caravanes. » (Général DAUMAS.)

La température moyenne du Sahara est de 23° (à Laghouat); mais le thermomètre monte jusqu'à 50° en été, pendant le jour, pour descendre parfois la nuit suivante à moins de zéro. — Les pluies rares tombent en averses qui corrodent les montagnes déjà dénudées.

Le simoun, « vent empoisonné » du sud-est, qui devient le « sirocco » en Espagne, est un vent brûlant, desséchant.

Outre le dattier qui crée les oasis, le désert produit le henné et le tabac.

On y trouve la gazelle, le fénec, petit renard blanc, l'autruche, ainsi que le chameau, animal domestique.

§ III. — Géographie politique.

25. Ethnographie. — La population de l'Algérie est, en 1886, de près de 4 000 000 d'individus de toutes nationa-

lités, répandus sur une superficie minimum de 350 000 kilomètres carrés (d'après les états officiels), ou maximum d'environ 650 000 km², en y comprenant le désert jusqu'à El-Goléa.

La densité moyenne serait ainsi de 10 ou de 6 habitants seulement par km² (comme en Russie et en Scandinavie); elle
monte à 40, si l'on ne prend que le territoire civil, et elle descend à 5 pour le territoire militaire. Le Sahara, pris à part,
en compterait à peine 2.

La population algérienne appartient généralement à la *race
blanche*, mais de familles assez variées; elle se compose de
deux éléments bien distincts : les *indigènes*, au nombre de
3 300 000, et les *Européens*, au nombre de 430 000, dont la
moitié sont Français.

Les indigènes comprennent les Berbères, famille ethnographique spéciale; les Arabes et les Juifs, de la famille sémite;
les Turcs (famille scythique); les Nègres (race noire).

Les *Berbères* ou *Kabyles*, plus exactement *Kébaïl*, « les con-
fédérés, » au nombre d'environ 1 700 000, sont les premiers
habitants du pays, refoulés dans les montagnes du Dahra, du
Sahel, de la Kabylie, de l'Ouaransénis et de l'Aurès. On
compte parmi eux les Zibanais, les Beni-M'zab et les Touaregs,
qui habitent le désert.

Les *Arabes* (1 400 000), venus d'Asie, comprennent les
Maures ou Arabes sédentaires, dans le Tell et dans les villes,
et les *Bédouins,* ou Arabes nomades, dont les principales tribus
sont les Djafra, les Flittas, les Hachem, dans la province
d'Oran ; les Oulad-sidi-ech-Cheikh, les Chaamba, dans le
Sahara oranais; les Oulad-Naïd, dans le Sahara algérien;
les Oulad-Kebba, les Nememcha, dans la province de Constantine.

Les *Juifs* indigènes, au nombre de plus de 50 000, s'occupent du négoce et habitent les villes. Ils sont naturalisés
français depuis 1871.

Les *Turcs*, anciens dominateurs, sont peu nombreux, et l'on
nomme *Koulouglis* (20 000) leurs descendants nés de femmes
arabes.

Les *Nègres* se trouvent dans les villes comme domestiques,
et dans les oasis sahariennes comme esclaves plus ou moins
affranchis par la loi de 1848.

Parmi les *Européens,* nous avons dit que la moitié sont Français, soit 220 000 ; les autres sont des Espagnols, pour un quart, soit 120 000; des Italiens, 30 000; des Anglo-Maltais, 15 000; des Allemands, 4 000; des Anglais, 2 000.

Les Européens, surtout les Français, habitent principalement les villes et remplissent les postes administratifs.

Les Espagnols sont surtout nombreux dans la province d'Oran, les Italiens dans celle de Constantine.

Au point de vue de la *religion,* les Européens appartiennent presque tous au culte catholique.

Les indigènes sont *mahométans* du rite d'El-Maléki, secte des Sunnites dont le chef est le sultan de Constantinople.

Le français est la *langue officielle,* mais il n'exclut pas l'usage des langues étrangères et indigènes. L'arabe est la plus répandue.

Telle est, d'une manière concise, la situation ethnographique de notre France africaine. Tels sont les éléments de ce peuple qui déjà forme « la nation algérienne », où l'élément français et catholique domine, non par le nombre, mais par le caractère, par la position sociale, par l'influence, et dont la prépondérance s'établira probablement dans l'avenir sur toute l'Afrique septentrionale et occidentale.

26. **Administration.** L'Algérie ne constitue pas un État ayant son gouvernement propre, son autonomie; elle fait partie de la France, qui a conquis son territoire, et de la nation française, qui cherche à s'assimiler la population indigène algérienne.

Elle est administrée au nom du gouvernement français par un *gouverneur général civil,* assisté d'un *conseil de gouvernement.* Celui-ci est composé des chefs des principaux services de la colonie : armée, justice, finances, enseignement, postes, douanes, et de cinq conseillers généraux de chacun des départements.

L'Algérie forme trois provinces, dont chacune est divisée en un *territoire civil* ou département, et un *territoire militaire,* qui est la province proprement dite.

Le territoire civil, tout entier dans le Tell, ne dépasse guère 5 millions d'hectares avec 1 600 000 habitants, mais il s'agrandit peu à peu aux dépens du territoire militaire, qui comprend près de 35 millions d'hectares avec 2 000 000 d'habitants.

Il y a trois départements correspondant aux trois provinces. Les chefs-lieux sont Alger, Oran et Constantine.

L'administration des départements algériens est à peu près la même qu'en France. Le préfet est assisté d'un conseil de préfecture, et d'un conseil général. Celui-ci se compose de membres français élus et de six assesseurs indigènes nommés par le gouverneur général.

27. Les départements se subdivisent en arrondissements, administrés par un sous-préfet. Les chefs-lieux d'arrondissement sont :

ALGER, préfecture ; *Médéa, Miliana, Orléansville, Tizi-Ouzou,* sous-préfectures ;

ORAN, préfecture ; *Mascara, Mostaganem, Sidi-bel-Abbès, Tlemcen,* sous-préfectures ;

CONSTANTINE, préfecture ; *Batna, Bône, Bougie, Guelma, Philippeville, Sétif,* sous-préfectures.

Les arrondissements se divisent en *cantons,* ayant comme en France un objet purement judiciaire, et en *districts,* qui sont régis par des commissaires civils. Enfin les *communes* sont, ou bien de *plein exercice,* c'est-à-dire assimilées aux communes de la métropole, ou bien *mixtes :* ce sont celles où domine l'élément indigène.

Chaque province ou territoire militaire est commandée par un général de division résidant au chef-lieu. A la tête de chaque subdivision est un général de brigade.

Les chefs-lieux de subdivisions militaires sont : ALGER, *Fort-National, Médéa* et *Miliana ;* — ORAN, *Mascara* et *Tlemcen ;* — CONSTANTINE, *Batna, Bône* et *Sétif.*

Le territoire militaire comprend des communes *mixtes,* des communes subdivisionnaires et des communes *indigènes.* (douars et tribus, il y en a seize) ; à mesure que se développe la colonisation, il est démembré au profit du territoire civil.

Chez les indigènes, la base de la constitution sociale est le *douar* (village), réunion de tentes et de *gourbis* (huttes). En se groupant, les douars forment successivement des *ferkas* (communes obéissant à un cheik) ; — des *tribus,* commandées par un caïd (on en compte plus de mille) ; — des *aghaliks,* soumis à un agha, chef de la milice, et à un cadi, juge civil et religieux, — et enfin des *khalifas,* qui sont sous les ordres d'un khalife, « lieutenant du Prophète. »

28. L'Algérie forme la 19ᵉ *région de corps d'armée*, dont l'état-major est à Alger. L'armée d'occupation compte environ 50.000 hommes. — Outre les soldats venus de France et qui y retournent, il y a des corps spéciaux fixés en Algérie : chasseurs d'Afrique, zouaves (Français), spahis, zéphirs, turcos (indigènes mêlés de Français); en outre, des goums ou cavaliers indigènes.

L'administration de la *justice* est analogue à celle de la France, sauf pour les indigènes du territoire civil, qui sont jugés par des tribunaux musulmans appelés *cadis,* ou par des assemblées dites *djemaa.* Il y a onze tribunaux de première instance, trois cours d'assises et une cour d'appel (Alger).

L'Algérie forme une académie (Alger), et l'organisation de l'instruction publique est semblable à celle de la France. Il y a en outre des écoles arabes.

Il y a trois diocèses catholiques, dont un archevêché (Alger) et deux évêchés (Oran et Constantine), avec 320 paroisses ou vicariats.

En outre on compte deux consistoires protestants et trois consistoires israélites.

29. **Villes et localités.** — Dans la revue qui va suivre des principales localités du pays, nous procéderons, en règle générale, de l'ouest à l'est, en les groupant autour des chefs-lieux de provinces : Oran, Alger, Constantine.

Quant aux chiffres de population indiqués pour chaque localité, il est bon de prévenir qu'ils se rapportent à la *commune* de plein exercice, dont le territoire est généralement très étendu, tandis que le bourg chef-lieu est souvent peu considérable. Ainsi, Blida n'est qu'une ville de 9 000 habitants, et on lui en donne 20 000 en y comprenant toute la commune. Boghar n'a que 400 habitants, mais la commune indigène de Boghar en a 34 000.

PROVINCE D'ORAN

30. **Oran** †, ville de 70 000 h., est bâtie en amphithéâtre au fond d'une baie grande, mais peu profonde. Défendue par une série de forts dont quelques-uns furent construits par les Espagnols, elle forme, avec Mers-el-Kébir, la meilleure

station maritime, la position militaire la plus importante et en
même temps la première ville de commerce de l'Algérie. Elle
exporte surtout les alfas, les céréales, les minerais et les produits industriels de tout l'ouest.

Mers-el-Kébir, 2 000 h., dont on vient de parler, est situé
à six km. d'Oran; son nom arabe signifie le « Grand Marché,
le Grand Port », c'est le *Portus divinus* des Romains. Aujour-
d'hui, comme autrefois, Mers-el-Kébir est le véritable port
d'Oran.

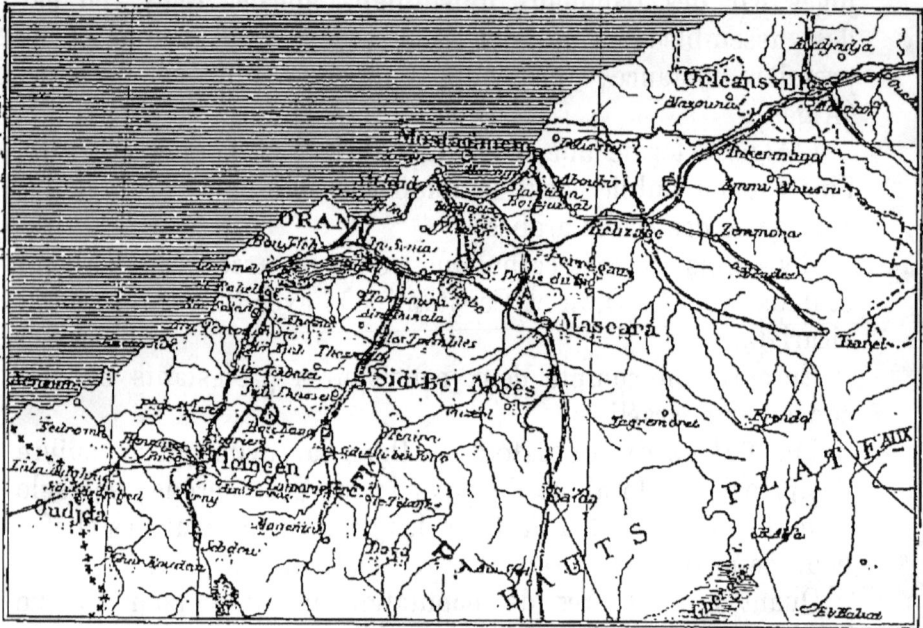

Province d'Oran.

Aïn-el-Turk, 600 h., voisin du port précédent, est un bon
mouillage éclairé par le phare du cap Falcon.

Beni-Saf, 3 300 h., non loin de l'embouchure de la Tafna
et de l'île Rachgoun, est un port créé récemment par la compagnie qui exploite les minerais de fer dans les environs.

Nemours, 1 100 h., ville maritime modernisée, fut d'abord
l'*Ad Fratres,* « les Frères, » des Romains, ainsi nommée
de deux rochers de la crique; puis le *Djemaa-Ghazouat* des
Arabes, ou la « mosquée des Pirates », dont on voit les ruines
sur un rocher voisin. C'est la ville maritime la plus rapprochée

du Maroc (34 km.). Dans l'intérieur, à dix km. sud-ouest, la
koubba de *Sidi-Brahim* rappelle deux faits historiques : en 1845,
350 chasseurs et 60 hussards luttèrent héroïquement contre
Abd-el-Kader et se firent tous tuer, sauf 14 ; en revanche, en
1847, l'émir y rendit son épée au général Lamoricière.

Nédroma, 3 300 h., la *Cabanna* des Romains, est une ville
arabe qui fabrique des *guedra*, grandes marmites en terre
rouge en usage dans tout l'Ouest.

Lalla-Maghrnia ou *Maghnia*, « la Sainte Femme, » 600 h.,
près de la Mouila, est un poste fortifié et un grand marché sur la
frontière marocaine. Son nom vient d'une koubba dédiée à une
femme vénérée des Arabes.

Aïn-Temouchent, « la fontaine du Chacal, » 5 000 h., est
un marché arabe très prospère. Aux environs on exploite
divers minerais, ainsi que les magnifiques carrières de marbre
onyx translucide d'Aïn-Tekbalek.

Tlemcen, « la ville aux Mille sources, » « la Grenade africaine, » la *Pomaria* des Romains, la *Bab-el-Gharb*, « porte
du Couchant » des Arabes, compte 25 000 h. Elle est assise,
dans une des plus belles positions du monde, sur un plateau
de 800 m. d'altitude, entouré des rochers à pic du Lalla-
Séti. C'est une ville forte avec un mur d'enceinte percé de
sept portes. La campagne est magnifique, très bien arrosée,
couverte d'arbres fruitiers de toute espèce, notamment d'oliviers dont les fruits fournissent une huile excellente. Il y a des
minoteries, des huileries, des chantiers d'alfa, et il s'y tient
un marché très considérable avec le Maroc.

Sidi-bel-Abbès, 13 000 h., l'une des plus riches et des plus
florissantes villes de l'Algérie, est toute moderne, malgré son
appellation arabe, qui lui vient d'une koubba des Beni-Amer ;
fondée en 1843 sur les bords de la Mékerra, ses rues sont
larges, coupées à angle droit et ombragées par des platanes
de haute venue ; des eaux vives coulent le long des trottoirs.

Sebdou, « la Lisière, » 350 h., sur la Tafna, dans un site
pittoresque et très boisé, à 958 m. d'altitude, est un poste
militaire et un marché important.

Daya, 125 h., à 1275 m., dans le djebel Marahoun, sur
la rive droite du Sig, est un autre poste de guerre.

Saïda, « la Fortunée, » 600 h., à 862 m., est un troisième poste militaire fondé en 1854; il commande le débouché de la région des chotts. C'est la station centrale du chemin de fer d'Arzeu à Mécheria.

Mascara, El-Ma'asker, « le Camp permanent, » 12000 h., occupe une position importante au-dessus de la fertile plaine d'Eghris. Ancienne capitale d'Abd-el-Kader, prise par les Français en 1841, elle a conservé son cachet militaire. On y fabrique des burnous et du vin blanc déjà renommé.

Saint-Denis-du-Sig, 10000 h., fondée en 1845, est un centre agricole important de la plaine du Sig; un double barrage de la rivière assure l'irrigation et la fertilité de cette région. Aux environs, un orphelinat agricole considérable est installé dans la ferme de l'*Union du Sig,* où les phalanstériens firent en 1846 les essais infructueux de leurs utopies. En 1881, à *Perrégaux,* au croisement des deux chemins de fer, la rupture de la grande digue de l'Habra, qui a 40 m. de haut sur 478 de long, causa de grands désastres.

Arzeu, le *Portus Magnus* des Romains, 4000 h., est une ville maritime avec une rade excellente, où l'on embarque pour l'Europe l'alfa provenant des hauts Plateaux; elle fait aussi le commerce de céréales et de bœufs. On y admire les beaux sites de la montagne des Lions, qui couvre la presqu'île du cap Carbon.

Mostaganem, 11500 h., bâtie sur un petit plateau de 85 m. d'altitude, à un km. de la mer, fut occupée par les Français en 1833; elle n'a pas de port, ni même de bon mouillage. Autour d'elle on compte vingt villages en pleine prospérité, et à quatre km. sud on admire les charmants paysages de la vallée des Jardins.

Mazagran, 300 h., sur une colline à trois km. sud de Mostaganem, a été immortalisé par le siège héroïque que soutint, en 1840, la compagnie du capitaine Lelièvre contre une nuée d'Arabes. Une colonne rappelle ce glorieux fait d'armes.

Relizane, 6000 h., est une ville de fondation toute récente déjà très prospère. Son territoire est propre à toutes les cultures, surtout à celle du coton, dont les vastes champs sont arrosés par les eaux de la Mina.

Tagdempt, près de Tiaret, dans l'Ouaransénis, fut pendant cinq ans la place de guerre, l'arsenal et la capitale d'Abd-el-Kader; les Français la ruinèrent en 1843.

Tiaret, « la Résidence, » 4 000 h., poste militaire créé la même année, à 1 090 m. d'altitude, est en même temps un marché considérable entre le Tell et le Sahara.

Géryville, 900 h., est un poste militaire avancé au sud du plateau oranais. Bâti en 1852 dans une gorge du djebel Ksel, à 1 300 m. d'altitude, il commande le Sahara algérien occidental. De nombreux mégalithes couvrent les hauteurs environnantes.

El-Abiod-Sidi-Cheikh, 2 000 h., à 400 km. sud d'Oran, est un lieu de pèlerinage fréquenté par les Sahariens à la koubba du marabout Sidi-Abder-Rahman, qui vivait au xviiᵉ siècle. En 1881, cette koubba fut détruite par le colonel Négrier et les ossements vénérés transportés à Géryville; mais on les rendit aux Arabes deux ans après.

Tiout, 800 h., doit être signalée à cause du voisinage de l'importante oasis de Figuig, ci-devant nid marocain de rôdeurs qui souvent inquiétaient nos frontières.

Figuig, que nous a cédé le Maroc en 1886, est une oasis d'une dizaine de ksour, entourée de murs et peuplée de 10 000 h. Elle est située sur l'oued Sousfana, dont la vallée pourrait être choisie pour le passage d'un chemin de fer transsaharien.

PROVINCE D'ALGER

31. **Alger** †, ville de 75 000 h., est la capitale de l'Algérie, à laquelle elle a donné son nom. Elle est assise presque en face de Marseille, à une distance de 772 km., au milieu même de la côte algérienne, au fond d'une baie demi-circulaire de 20 km. d'ouverture. Elle est bâtie en amphithéâtre au pied et sur le penchant d'une colline escarpée faisant partie du massif de la Bouzaréah, dans le Sahel, qui atteint plus loin 407 m. d'altitude.

Alger est entourée d'une enceinte bastionnée et protégée par plusieurs forts; elle est divisée en ville basse ou européenne et en ville haute ou arabe; celle-ci est dominée par la kasbah, citadelle bombardée en 1830, et par le fort de l'Empereur.

Le port d'Alger, grand de 90 hectares, est en communication presque journalière avec Marseille et d'autres ports d'Europe. La ville renferme toutes les branches de l'industrie

européenne; les indigènes font des broderies sur cuir en or
et en argent pour selles mauresques, portefeuilles, pantoufles;
des ceintures de soie brochées d'or. Il y a des fabriques de lainages, des teintureries, des brasseries et des tanneries.

Fondée en 935 par les Arabes, sur un groupe d'îlots (*El-
Djezaïr* signifie les îlots), près des ruines de l'*Icosium* romaine,
Alger devint au XVIᵉ siècle, sous les Barberousse, un grand
centre de piraterie. Inutilement bombardée sous Louis XIV

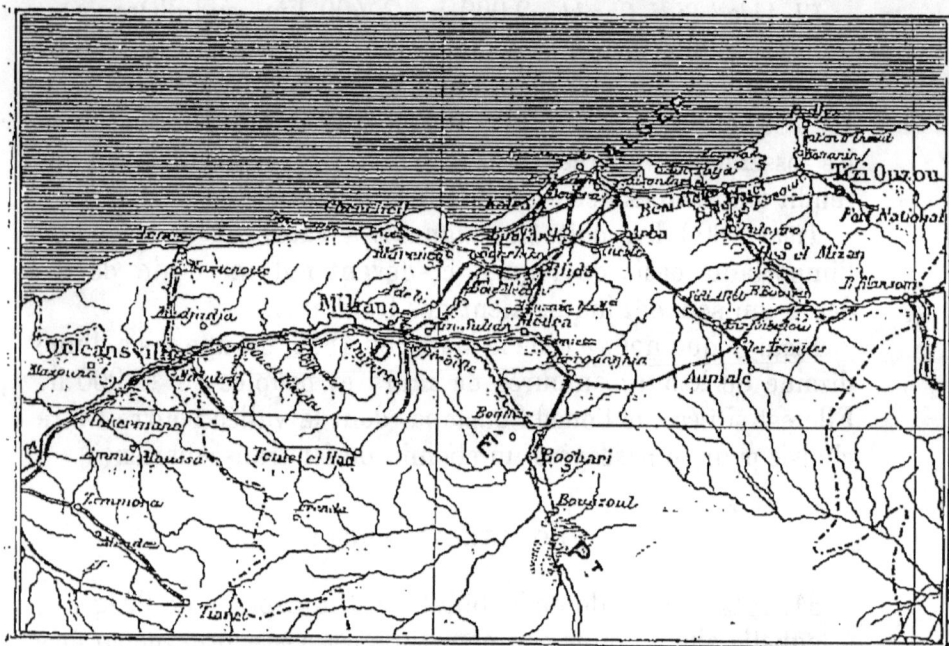

Province d'Alger.

par Duquesne en 1683 et 1684, ce n'est que depuis la conquête
française qu'Alger a cessé d'être la terreur de la Méditerranée.

Mustapha, 15 000 h., à deux km. d'Alger, dont elle est un
faubourg, est une commune prospère divisée en plusieurs sections : *Mustapha inférieur*, qui possède un hôpital civil, de
vastes casernes, un jardin d'essai très remarquable, et *Mustapha supérieur*, qui, entouré de riches et riantes villas, possède
une école normale de jeunes gens.

Sidi-Ferruch, 250 h., donne son nom à une petite presqu'île
célèbre par le débarquement des Français en 1830. A trois km.
de là est le plateau de *Staouéli*, 700 h., où les troupes du dey

furent défaites le 19 juin de la même année. Le gouvernement a concédé en 1843 ce champ de bataille aux religieux trappistes, qui l'ont transformé en une ferme modèle de 1200 hectares, et une colonie pénitentiaire.

Koléa ou *Coléa,* 6 000 h., est proche de la mer sur les collines du Sahel occidental et sur la rive gauche du Mazafran. Autrefois « ville sainte », sa mosquée est transformée en un hôpital militaire. Ses environs sont de véritables jardins.

Le tombeau de la Chrétienne. A mi-chemin entre Koléa et Cherchell, dans la commune de Marengo, auprès du village de Montebello et des ruines phéniciennes de Tipaza, la colline la plus élevée du Sahel porte un antique monument très curieux : le tombeau dit de la Chrétienne, en arabe *Koubba* ou *Kabor-er-Roumia,* sur lequel les archéologues ont beaucoup discuté. Malgré son nom vulgaire, cet énorme édifice ne renferme point la dépouille mortelle d'une servante du Christ; c'est plutôt la sépulture d'anciens rois de Mauritanie. On suppose qu'il fut bâti par Juba II sur le modèle du *Medracen,* le tombeau des rois numides qui s'élève dans la province de Constantine.

Le tombeau de la Chrétienne est un édifice conique de 32 m. de haut, dont le soubassement carré a 63 m. sur chaque face ; le périmètre de la base du monument est orné de 60 demi-colonnes ioniques engagées ; il est partagé en quatre parties égales par quatre portes décoratives d'une hauteur de 6 m. 20 centim. Au-dessus commence une série de 33 degrés hauts chacun de 58 centim. qui, en rétrécissant graduellement leur plan circulaire, donnent à l'édifice l'apparence d'un cône tronqué. L'intérieur de ce monument est disposé en caveaux reliés par des couloirs et des galeries mesurant 170 m. de longueur totale.

Cherchell, 8 000 h., l'*Iol* des Carthaginois, la *Julia Cæsarea* des Romains, devint sous Juba le Jeune la capitale de la Mauritanie césarienne. Aussi y trouve-t-on des ruines d'hippodromes, de théâtres et d'aqueducs romains; ce n'est aujourd'hui qu'un port assez médiocre.

Tenez, 5 000 h., *Cartennæ colonia,* petite ville fortifiée avec un port; c'est l'entrepôt naturel de la région du Dahra et d'Orléansville.

Orléansville, 8 000 h., est une jolie petite cité moderne bâtie à 140 m. d'altitude sur la rive gauche du Chéliff, et sur l'emplacement du *Castellum Tingitanum* des Romains; c'est un marché de blé et de laines, mais le climat y est peu agréable pour les Européens.

Miliana, la *Malliana* romaine, 7 000 h., est une cité militaire bâtie à 740 m. sur le flanc méridional du Zakkar et dominant la rive droite du Chéliff. En 1840, une garnison française de 1 200 hommes, bloquée par Abd-el-Kader, y périt presque entièrement de privations et de maladie. Ses environs abondent en vignobles et en fruits renommés, en mines de fer, de plomb et en carrières de marbre. Plus loin, *Affreville* lui sert de station de chemin de fer, tandis qu'au nord-est se trouve l'établissement thermal de *Hammam Rirha*, le plus fréquenté de l'Algérie.

Teniet-el-Haâd, 3 000 h., est un marché arabe et un poste militaire commandant le massif de l'Ouaransénis.

Boghar, 2 000 h., à 970 m., le *Castellum mauritanum* des Romains, l'un des arsenaux d'Abd-el-Kader, est encore une place forte qui surplombe de 400 m. le défilé du Chéliff moyen. Un grand marché se tient au village de Boghari, 2 000 h., sur la rive droite du fleuve.

Médéa, 14 000 h., à 920 m. sur une croupe du mont Nador, est l'ancienne capitale du beylik de Titéri. Son climat est sain et son territoire fertile en blé, asperges et vins déjà renommés.

Au nord de cette ville se trouve le djebel *Mouzaïa*, surmonté de la koubba d'un saint musulman qui, d'après la légende, « fendit d'un coup de hache le défilé, où il fit naître la Chiffa pour arroser le pays. » Ce djebel donne son nom au col ou *ténia de la Mouzaïa*, célèbre par de sanglants combats en 1840-41; au village de *Mouzaïa-les-Mines*, qui possède des gisements de cuivre sur le versant sud, et à la commune de *Mouzaïa-Ville*, 1 700 habitants, sur le versant nord, non loin de Blida.

Blida, 20 000 h., ville modernisée, gracieusement assise au milieu de sites délicieux, dans un pays fertile surtout en oranges et mandarines, est un point stratégique et commercial très important; de plus elle a des minoteries et des distilleries

considérables. A douze km. sud on admire les superbes gorges
de la Chiffa, immense déchirure de l'Atlas entre les monts de
Mouzaïa et des Beni-Salah.

Boufarik, 7 000 h., dans une position jadis fort insalubre au
milieu de la magnifique plaine de la Métidja, possède un
marché agricole très fréquenté. Dans la même plaine, beaucoup de villages agricoles florissants portent des noms français bien connus. De l'ouest à l'est, signalons Marengo et
Montebello, déjà cités, Joinville, station de Blida, Montpensier,
Rovigo, Alma, Saint-Pierre et Saint-Paul, près de Fondouk, etc.

Dellys, 3 600 h., le *Rusucurrus* des Carthaginois, n'a qu'un
port médiocre sur la côte de Kabylie; elle possède l'école des
arts et métiers pour l'Algérie.

Tizi-Ouzou, 2 500 h., en arabe *Fedj-el-Guendoul,* « le col
des Genêts épineux, » fut le point le plus avancé de l'occupation romaine et turque dans le Djurdjura. Depuis 1858, c'est
un poste militaire français, en même temps qu'une ville
florissante.

Le *Fort-National,* 1 000 h., primitivement Fort-Napoléon, est
une place de guerre construite en 1857, à 916 m. au centre
de la Kabylie. C'est « une épine plantée dans l'œil de la
grande Kabylie », disent les indigènes, qui tentèrent de s'en
emparer en 1871.

Au pied du Fort-National, *Aït-Lhassen,* 4 000 h., est le
plus grand village de la Kabylie et des Beni-Yennsi, qui sont les
plus industrieux des Kabyles; ils fabriquent de beaux bijoux et
des fusils à crosse incrustée de corail.

Palestro, 3 000 h., sur l'Isser oriental, rappelle ici, non une
victoire comme en Italie, mais un désastre pendant l'insurrection de 1871. En aval de ce bourg, l'Isser s'enfonce dans une
gorge où il n'y a place que pour lui : la route d'Alger à Constantine, qui suit la rivière, a été conquise à la mine dans la
dureté du roc, immense paroi crayeuse d'où glissent des cascades. Çà et là, sur les corniches, dans les fissures et les
brisures, des herbes s'accrochent, et aussi des broussailles et
des arbustes où les singes dégringolent quand ils viennent
boire au courant de l'Isser. De ce défilé superbe la rivière
passe dans une vallée féconde, pleine de colonies nouvelles.

Aumale, 6 000 h., est une ville de guerre fondée en 1846, à 850 m. au pied du djebel Dira, sur l'emplacement de l'*Auzia* romaine; elle garde la sortie de la grande Kabylie vers le plateau algérien.

Bou-Saada, « le lieu du Bonheur, » compte 5 000 h.; elle commande le sud du même plateau et forme le centre commercial de la région de l'Hodna.

Laghouat ou *El-Aghouat*, 5 000 h., sur l'oued Djeddi, à 777 m., est devenu depuis 1852 le chef-lieu du Sahara algérien; son marché, aujourd'hui très fréquenté, a ruiné celui de *Tadjemout*, dont les habitants fabriquent des burnous et des haïks renommés, et celui d'*Aïn-Madhy*, la métropole religieuse de l'ordre des Tidjâniya.

En plein désert, *Ghardaïa*, 10 000 h., est la cité principale de la tribu des Béni-Mzab ou Mozabites, dont les oasis comptent 180 000 palmiers entourés de magnifiques jardins.

Ouargla, 2 000 h., dans la vallée de l'oued Mya, est un centre d'oasis qui contiennent 300 000 dattiers et sont peuplées de nègres laborieux. Mais beaucoup de leurs puits ont été détruits par les Mozabites, et le marché d'Ouargla est en décadence.

Enfin *El-Goléa*, 1 600 h., est à la limite méridionale de l'influence française, c'est-à-dire à plus de 700 km. d'Alger. Visitée en 1873 par le colonel de Gallifet, elle nous paye un tribut, mais n'a pas de garnison française. C'est une oasis de 16 000 palmiers des Chaamba, pillards ou convoyeurs qui parcourent toute la contrée au sud d'Ouargla, jusque vers le Soudan. C'est aussi à 400 km. environ au sud-est d'El-Goléa et d'Ouargla qu'eut lieu, en 1881, le massacre, par les Touaregs, de la mission française commandée par le colonel Flatters, et dont nous avons parlé dans la notice historique.

PROVINCE DE CONSTANTINE

32. **Constantine** †, 45 000 h., est une place très forte, autrefois imprenable. Assise sur un promontoire rocheux de 600 m. d'altitude moyenne, elle est entourée presque entièrement par un abîme profond de 60 à 200 m., au fond duquel

le Rummel roule ses eaux jaunâtres en passant sous quatre voûtes naturelles et en formant de belles cascades.

Constantine répond à l'antique *Cirta*, la capitale de la Numidie, dont il reste de belles antiquités, entre autres un pont romain, un arc de triomphe et le palais du bey. C'est là que régnèrent Massinissa et Jugurtha. Ruinée en 311, cette ville fut rebâtie par Constantin, dont elle porte le nom. Les Fran-

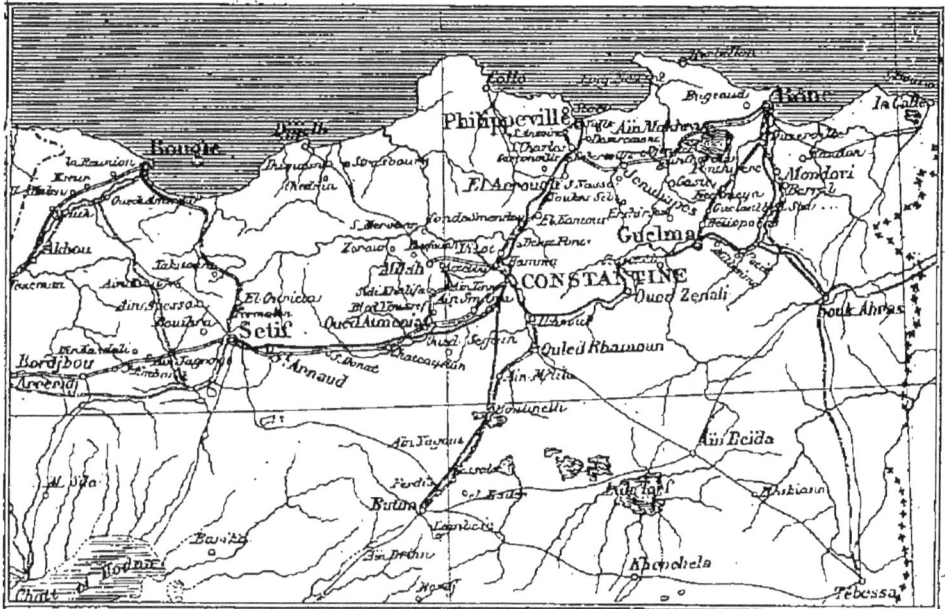

Province de Constantine.

çais la prirent d'assaut en 1837; ils l'avaient vainement assiégée l'année précédente.

Les industries européennes qu'on y remarque sont la minoterie et la fabrication des pâtes alimentaires; l'industrie indigène consiste surtout dans la tannerie, la cordonnerie et la fabrication des burnous. Cette ville, le principal marché aux grains de l'Afrique française, a pour port d'embarquement Philippeville.

Sétif, 10 000 h., à 1 085 m. d'altitude, est une ville stratégique et commerçante qui garde l'entrée de la Kabylie; elle fut fondée par les Français en 1837, sur l'emplacement de la *Sitifis* romaine, capitale de la Mauritanie sitifienne. Ses environs, qui sont fertiles en céréales, furent incendiés en 1871 par les Kabyles insurgés.

Msila, 4 000 h., dans le Hodna, au sud-ouest de Sétif, fabrique de la sellerie, des haïks et des burnous.

Bordj-bou-Arreridj, 2 000 h., à l'ouest de Sétif, dans la haute et fertile plaine de la Medjana, commande le défilé des *Portes de Fer* ou Bibans, dont les gorges, célèbres par leur profondeur, furent franchies en 1839 par le duc d'Orléans. Ses environs sont peut-être l'endroit du monde le plus riche en menhirs, que l'on appelle Es-Snam ou les Idoles; on en compte par milliers, et l'un d'eux a 16 m. de hauteur sur 11 d'épaisseur.

Reprenons au nord le long de la côte de la province de Constantine.

Bougie, 10000 h., au fond occidental du golfe de même nom, à trois kilomètres nord de l'embouchure du Sahel, possède un bon port bien abrité par la presqu'île du mont Gouraya et fait un commerce assez important. Cette cité kabyle est entourée d'un nombre considérable d'orangers, de grenadiers et de figuiers. Elle a donné son nom à une sorte de chandelle qu'elle fabrique depuis longtemps.

Bougie, de *Bedjaïa,* nom d'une tribu, la *Saldæ* des Romains, fut la capitale d'un royaume vandale, puis berbère, et eut peut-être alors 50000 habitants.

Djidjelli, 5000 h., l'*Igilgili* des Carthaginois, qui creusèrent dans le roc les tombeaux que l'on y voit encore, devint colonie romaine, puis ville épiscopale chrétienne. Nid de corsaires au commencement de ce siècle, française depuis 1839, elle a été détruite le 22 août 1856 par un tremblement de terre : son port est peu abrité et d'un accès difficile.

Collo, 1300 h., le *Collops magnus* des Romains, est située au sud-est du large massif des Sébarou-Bougiarone; son port de pêche est petit, mais sûr; ses environs possèdent des minières importantes et de vastes forêts.

Philippeville, 20000 h., fut construite en 1838 par le maréchal Valée au bord de la mer, sur l'emplacement de la *Rusicada* romaine. Son port artificiel, d'entrée périlleuse, sert d'entrepôt pour une grande partie du commerce avec Constantine et la province. — A quatre kilomètres nord-ouest de Philippeville se trouve la crique de *Stora* (3 000 h.), qui a été longtemps l'unique port de la baie ; quoique peu sûr, c'est encore là que les navires se réfugient par les gros temps.

Bône, 25 000 h., voisine des ruines de l'ancienne Hippone, est l'*Annaba* ou « ville des Jujubiers » des Kabyles ; elle est située au pied de l'Edough, à un kilomètre nord de l'embouchure de la Seybouse, sur la côte occidentale d'une large baie, avec un port amélioré par de récents travaux ; son territoire est riche en oliviers, en forêts et en mines de fer ; elle fait un commerce actif surtout en tabac, en corail et en grains. Elle est entourée d'un mur crénelé et défendue par le fort Génois, qui couronne le cap de Garde.

La Calle, 6 000 h., se dresse sur un rocher isolé relié au continent par une plage de sable ; c'est le centre des pêcheries de corail si importantes depuis François Ier. A l'ouest de la Calle se voit la tour du *Bastion de France* ou vieille Calle, construite en 1561, près du canal qui déverse le trop-plein du lac Mélah.

Guelma, 6 000 h., la *Calama* des Romains, est une petite ville prospère, située sur un plateau fertile et boisé, à deux km. sud de la Seybouse. C'est un des plus importants marchés de bestiaux, principalement de bœufs exportés en France. On y trouve des ruines romaines.

A quinze km. ouest de Guelma, sur les ruines de l'antique *Aquæ Tibilitanæ*, se voient les célèbres sources thermales d'*Hammam-Meskoutine*, dont le nom signifie les Bains enchantés ou maudits. Ces sources, d'une température de 80 à 95 degrés et donnant plus de 80 000 litres d'eau par heure, sont situées au milieu de sites pittoresques.

Soukarras ou *Souk-Ahras*, « Marché aux nippes, » 4 350 h., bâtie sur l'emplacement de l'ancienne Thagaste, patrie de saint Augustin, est située sur le chemin de fer de Constantine à Tunis ; son commerce est très prospère, et elle a de beaux vignobles.

Tébessa, 3 000 h., près de la frontière tunisienne, est bâtie à 1 088 m. au milieu des nombreuses ruines de l'ancienne *Theveste*. On y remarque l'arc de triomphe dédié à Septime-Sévère, le temple de Minerve, aujourd'hui église catholique, et les débris d'une basilique. La plupart de cës maisons sont construites en pierres romaines, et la monnaie romaine y avait encore cours à l'arrivée des Français en 1842.

Batna, 6 000 h., dont le nom arabe signifie « bivouac », est une position militaire importante au pied du massif de l'Aurès, à 1 020 m. d'altitude ; c'est aussi un centre d'échanges entre le Tell et le Sahara. Elle a des rues larges, bordées de platanes, un jardin public, un musée archéologique, et, à cinq km. nord-ouest, une belle forêt de cèdres.

Lambèse, 1 000 h., est un village et une maison centrale de correction établis à dix kilomètres sud-est de Batna, au milieu de remarquables ruines de l'ancienne *Lambessa* où *Lambæsis*, la capitale militaire de la Numidie romaine.

Le *Medracen*, le *Kobor Madrous* ou tombeau de Madrous des Arabes, est un monument analogue au tombeau de la Chrétienne dont on a parlé plus haut ; mais il est plus ancien et de moindre proportions. Il se trouve à gauche de la voie ferrée de Constantine à Batna, sur un plateau mamelonné, triste et nu, non loin du lac salé de Djendeli. Sa ressemblance avec ·le monument de la Chrétienne nous dispense de le décrire. On le considère comme ayant été bâti pour servir de tombeau à Massinissa, roi des Numides, et à ses descendants.

El-Kantara, 2 200 h., sur l'oued Biskra et dans une gorge s'ouvrant vers le désert.

Biskra, 7 000 h., l'*Ad Piscinam* des Romains, « la Reine » du pays des Ziban ou du Zab, est un poste militaire avec une redoute appelée fort Saint-Germain, au pied méridional de l'Aurès ; son marché est très prospère ; elle fabrique des burnous, des haïks et de beaux tapis. L'oasis de Biskra renferme 130 000 dattiers, qui ont là plus qu'ailleurs ce qu'ils demandent : les pieds dans l'eau et la tête dans le feu ; ses 5 000 oliviers datent, dit-on, des Romains.

Dans la villa Landon, tout près de Biskra, s'épanouissent toutes les merveilles de la végétation tropicale : ficus, bananiers, bambous, cocotiers, caféiers, cannes à sucre, eucalyptus, etc. etc. On y admire en toutes saisons les fleurs les plus belles et les plus rares.

Le Zab renferme d'autres oasis, notamment celle de *Zaatcha*, dont les habitants révoltés furent exterminés par les Français, en 1849, après un siège héroïque ; et celle de *Sidi-Okba*, célèbre par son pèlerinage au tombeau de Sidi-Okba, le fondateur musulman de Kairouan, qui fut tué en 682 par les Berbères.

Tougourt, 6 000 h., chef-lieu de l'oued Rhir et ancienne capitale des Rouara, ville de briques séchées au soleil, est située dans un groupe d'oasis renfermant 160 000 palmiers; 200 puits artésiens y prennent les eaux de l'Igharghar souterrain.

A l'est de Tougourt, l'oued *Souf*, peuplé de Berbères Souafa, est un autre groupe d'oasis, moins bien arrosé et aussi brûlant que le précédent. Au delà est la région d'El-Areg ou des dunes, que parcourent les maraudeurs Chaamba; c'est le désert dans ce qu'il a de plus aride, c'est aussi actuellement la limite naturelle de nos possessions algériennes et tunisiennes tout à la fois.

§. IV. Géographie économique.

33. **Agriculture.** — L'Algérie est essentiellement propre à l'agriculture. La nature argilo-calcaire ou limoneuse de ses plaines et de ses vallées; le sol accidenté du Tell, qui donne dans chaque canton, parfois dans chaque commune, des terrains appropriés aux plantes des pays froids, chauds ou tempérés ; sa température, relativement chaude; des pluies suffisantes, et surtout son climat varié, permettent d'obtenir en Algérie toutes les cultures non seulement de l'Europe indistinctement, mais encore celles de l'Asie, de l'Amérique, de l'Australie, à part celles qui demandent un climat tropical et des pluies régulières.

Aux produits si variés du Tell, où 3 000 000 d'hectares sont cultivés, il faut ajouter les ressources spéciales du Sahara et même celles des hauts Plateaux, dont on commence une exploitation très productive.

Environ deux cents puits artésiens français, creusés dans la plaine du Hodna et dans les bas-fonds sahariens, ont multiplié les oasis et les champs fertilisés par l'irrigation au moyen d'eau jaillissante.

34. **Végétaux.** — Les *céréales* sont le principal produit de l'Algérie, aujourd'hui comme du temps où celle-ci était l'un

des greniers de Rome. On y récolte plus de 25 000 000 d'hectolitres de grains de toute espèce.

L'*orge,* préférée pour les chevaux au lieu de l'avoine, qui
serait trop échauffante, est alimentaire même pour l'homme;
elle s'exporte surtout pour les pays à bière; son produit tient
le premier rang, avec 10 millions d'hectolitres.

Vient ensuite le *blé dur,* avec lequel on fabrique le cous-
coussou (5 millions d'hectolitres); puis le blé tendre (1 million d'hectolitres), importé d'Europe et plus délicat. Le maïs,
exigeant un sol humide, est assez peu cultivé : on le remplace
par le *sorgho.*

Les *légumineuses :* fèves, lentilles, pois chiches et autres,
sont très cultivées par les indigènes. La pomme de terre et
surtout les légumes des jardins de la plaine d'Alger s'exportent
comme primeurs pour Paris et la France.

La *vigne* est en grand progrès aujourd'hui dans les districts
d'Alger, Médéa, Miliana, Oran, Bône, pour la fabrication du
vin, dont l'usage est interdit par Mahomet : aussi les indigènes
ne la cultivaient-ils que pour le raisin. On compte 45 000 hectares de vignobles produisant 800 000 hectolitres de vin.

L'*olivier* prospère surtout dans la Kabylie et dans les environs de Tlemcen; l'oranger, le citronnier, à Blida; le *figuier*
est très commun. Le *dattier* des oasis, qui veut être cultivé
« le pied dans l'eau et la tête dans le feu », donne à lui seul
la moitié de la nourriture du désert, outre que son bois sert
à la charpente, ses fibres au tissage des nattes et son fruit à
la fabrication du vin dit de palmier. Un hectare de dattiers
rapporte, dit-on, vingt fois plus qu'un hectare de céréales.

Parmi les *plantes industrielles,* le *tabac* est en progrès, d'autant plus que sa culture n'est pas soumise à la régie comme en
France. Le *lin* est aussi très usité. Le *coton* croît très bien dans
les plaines du Sig et de l'Habra, mais il ne peut actuellement
soutenir la concurrence étrangère; en revanche l'alfa, ou *spita
tenacissima,* sorte de graminée haute d'un mètre, croissant en
abondance sur les plateaux, est en ce moment exploité en grand
pour la fabrication du papier, des cordages, tresses, sacs, ta-
pisseries et tissus résistants. L'alfa, le sparte et le diss,
autres graminées textiles, couvrent plus de 10 millions d'hectares;
les pousses tendres sont mangées par le bétail des nomades.

Les *forêts*, bois et broussailles ont une étendue de 2 500 000 hectares et couvrent généralement une partie de chacun des massifs montagneux de l'Atlas tellien, particulièrement l'Aurès. Les principales essences sont le chêne-liège (275 000 hectares), plus abondant en Algérie que partout ailleurs; le chêne vert, le chêne zéen et le pin d'Alep; en moindre quantité, le cèdre, le thuya et autres essences diverses. — Il est juste de mentionner encore l'*eucalyptus*, importé d'Australie et que l'on plante dans les endroits marécageux que l'on veut assainir.

35. **Animaux.** — Le bétail, l'une des grandes richesses de l'Agérie, compte plus de 11 000 000 de têtes, dont les dix-neuf vingtièmes appartiennent aux indigènes et vivent aux pâturages. Les espèces sont généralement rustiques et de taille médiocre.

Les *bêtes à cornes* (1 200 000) sont petites, mais sobres et robustes; les bœufs servent au labour. Les *moutons* sont grands, solides, mais ne donnent qu'une laine commune; au nombre de 7 000 000, ils errent dans les steppes et les plaines du sud, qui pourraient en nourrir trois fois plus. Les *chèvres*, relativement nombreuses (2 500 000), comptent pour un tiers dans les troupeaux et nuisent trop souvent aux forêts et broussailles; elles donnent surtout le lait; on a introduit la chèvre d'Angora à long poil. Les *porcs*, maudits par le Prophète, commencent seulement à trouver droit de cité depuis l'occupation française.

Les *chevaux* algériens sont peu nombreux (150 000); ils appartiennent aux races barbe et arabe, dont la réputation, pour cette dernière surtout, est universelle et méritée : rien n'égale pour la course la jument arabe, petite, de membrure fine, souple et vigoureuse, d'une sobriété, d'un courage et d'une douceur extraordinaires. On compte 350 000 ânes et mulets.

Les *chameaux*, ces « vaisseaux du désert », de l'espèce à une bosse appelée dromadaire, sont au nombre de 220 000 ; ils rendent toutes sortes de services comme bêtes de somme, à lait et à viande. Le chameau de charge porte en moyenne 150 kilogrammes, et le chameau coureur ou méhari fait jusqu'à 30 lieues par jour.

La *volaille* est assez nombreuse. On essaye l'élevage de l'autruche et du ver à soie; les abeilles de la Kabylie donnent de bons produits.

Parmi les *animaux sauvages*, le lion et la panthère deviennent très rares; l'hyène et surtout le chacal se trouvent nombreux jusque dans le Tell; le renard fenec, les antilopes, les gazelles et les autruches sont principalement dans le Sahara.

36. Industrie. — L'Algérie est moins industrielle qu'agricole, ce qui s'explique par le défaut de bras et par la facilité d'obtenir d'Europe les produits manufacturés : on se contente donc d'exploiter les matières premières que l'on destine à l'exportation.

Sauf le combustible, qui paraît être rare, l'Algérie est riche en mines de toute espèce. Le *fer* y abonde. On exploite du fer magnétique très propre à la fabrication de l'acier dans le massif de Bône, surtout à Mokta-el-Hadid, aux mines d'Aïn-Mokra, de Boû-Hamra, etc.; de l'hématite rouge à Çouma près de Boufarik, à Gouraya dans le Zakkar-Gharbi, dans la montagne des Beni-Saf et près d'Oran.

Le *plomb argentifère* s'exploite à Gar-Rouban et au djebel Filhaoucen, près de Lalla-Maghnia, à Kef-oum-Teboul, près de la Calle, et au cap Cavallo, près de Djidjelli; le *cuivre*, à Mouzaïa-les-Mines, à Aïn-Barbar (Constantine), et à Ghiloum-Djin, près de Batna; l'*antimoine* et le *zinc*, près de Guelma; le *mercure*, à Taghil et près de Philippeville.

Le *sel* est extrêmement abondant et s'extrait de diverses manières : des eaux marines dans la saline d'Arzeu et la sebkha d'Oran, des mines de sel gemme de Guerab, près d'Aïn-Témouchent, des lacs salés ou chotts des hauts Plateaux et du rocher de sel d'Outaïa (Batna).

Il faut citer encore le *marbre* onyx d'Aïn-Tekbalek, sur l'Isser occidental; le marbre blanc et statuaire de Filfila, près Philippeville; l'*argile plastique* de la Kabylie; les *eaux minérales* d'Aïn-Merdja (Tafna), les bains de la Reine, près d'Oran; les *hammam* (bains) Melouan, de la vallée de l'Harrach, et Meskoutine, près de Guelma.

Les principaux produits fabriqués sont : l'*huile d'olive*, à Tlemcen, Bône, Guelma, Philippeville; les *farines*, à Constantine, Aumale, Blida, Alger; les *pâtes* alimentaires, les *cuirs* maroquinés, à Constantine et à Tlemcen; les *tapis*, à Mascara, à Constantine; les *lainages* à Biskra, les *couteaux* et les *armes* en Kabylie, les *bijoux* à Alger, les *vêtements* brodés par les femmes des tribus du désert.

37. Commerce. — Le commerce intérieur de province à province est relativement peu considérable, car chaque province a des produits similaires; le trafic se fait essentiellement entre le pays et l'extérieur.

Il ne dispose d'aucun canal, d'aucune rivière navigable. En 1830, il n'existait aucune autre route que les sentiers de caravane; mais l'administration française a depuis lors créé 12 000 km. de chemins, dont 3 000 km. de *routes nationales* classées, desservies par des voitures publiques. Non seulement elles relient entre elles les villes du Tell, mais une route va d'Alger à Laghouat, une autre de Constantine à Biskra, et une troisième de Constantine à Tébessa vers l'intérieur du pays.

Les *chemins de fer* se construisent activement; 2 000 km. de lignes sont exploitées. Une ligne longitudinale met en communication directe Oran avec Alger, Constantine et Tunis (sauf une interruption momentanée en Kabylie). Des lignes transversales ou perpendiculaires à la côte vont d'Oran à Sidi-Bel-Abbès, d'Arzeu à Saïda et Mécheria sur le plateau (pour l'exploitation de l'alfa), de Philippeville à Constantine et Batna, de Bône à Guelma et Tébessa.

Des *lignes télégraphiques*, 10 000 km., relient toutes les villes du Tell et s'avancent jusqu'aux confins du Sahara. Le réseau algérien est raccordé avec le réseau français par les câbles sous-marins d'Alger et de Bône à Marseille.

38. Le *commerce extérieur* de l'Algérie comprend le trafic par mer avec l'Europe d'une part, et par terre avec les contrées limitrophes d'autre part. Il est peu considérable avec le Maroc et la Tunisie, dont les produits sont analogues, de même qu'avec le Sahara, dont les caravanes se sont détournées vers le Maroc et le Tripoli depuis notre occupation. Ce commerce par terre consiste en *importation* de peaux, laines, dattes, gommes, plumes d'autruches et plantes médicinales, que nous troquons contre du numéraire, du sucre, du savon, des tissus, des armes, des articles de quincaillerie et de mercerie.

Le commerce extérieur par mer est, au contraire, en progrès

très appréciable. D'une valeur de 8 millions en 1830, il montait en 1850 à 94 millions, dont 73 à l'importation et 21 à l'exportation; en 1870, à 300 millions, dont 175 à l'importation et 125 à l'exportation; en 1884, il a atteint 485 millions, dont 342 à l'importation et 143 à l'exportation.

Les pays avec lesquels l'Algérie fait le plus d'échanges sont, pour l'importation : la France, pour les 4/5; l'Angleterre, pour 1/8; l'Espagne, pour 1/12; puis la Norvège, l'Italie, les Pays-Bas, la Belgique et les États barbaresques.

L'*importation* consiste en tissus, surtout de coton et de laine, vêtements et autres objets manufacturés; puis viennent les vins, le sucre, le café, la houille, la fonte et divers objets en fer.

L'*exportation* consiste en produits agricoles : céréales et farines, légumes de primeurs pour Paris, bestiaux, peaux, laines, poissons de mer, graines oléagineuses et huile, liège et bouchons, alfa et divers textiles, minerais de fer et autres, marbre et sel.

Le trafic extérieur se fait presque entièrement par les *ports* d'Alger et d'Oran (chacun pour 35 0/0), de Philippeville (16 0/0), et de Bône (10 0/0). Viennent ensuite, par ordre d'importance, les ports d'Arzeu, Mostaganem, Bougie, Nemours, Beni-Saf, la Calle, Dellys, Djidjelli et Cherchell. — Ils sont surtout en relation avec Marseille et les autres ports français.

Le mouvement des ports algériens est de 4 millions de tonnes, transportées par 9 000 navires, entrés ou sortis, naviguant pour les deux tiers sous pavillon français, pour un quart sous pavillon anglais, les autres sous pavillons espagnol, italien, norvégien, etc.

La marine marchande spéciale de la colonie jauge 40 000 tonneaux.

Alger communique presque chaque jour par vapeur avec Marseille, soit directement, soit en faisant escale à Port-Vendres ou à Cette. Oran et Philippeville sont aussi en relation régulière principalement avec Marseille.

Ces ports sont desservis par les paquebots des trois compagnies : Transatlantique, Touach et Messageries maritimes.

39. ÉTYMOLOGIES DES MOTS ARABES ET BERBÈRES

USITÉS DANS LA GÉOGRAPHIE DU NORD DE L'AFRIQUE [1]

ABD, au pluriel, *abid,* serviteur. Ex.: Abd-Allah, serviteur de Dieu.

ABIAD, *abiod,* au féminin *beidà,* blanc. Ex.: Oued-el-Abiod, la rivière blanche.

ASSIF, *hassi, haci,* B., puits.

ADRAR, pluriel *idraren,* B., montagne.

AGADIR, pluriel *igadiren,* B., rocher, forteresse.

AHMAR, fém. *hamra,* rouge.

AÏN, pluriel *aïoun,* eau, source, fontaine. Ex.: Aïn-Témouchent, source aux chacals.

AÏT, B., descendance, famille, synonyme de *beni* et *oulad,* en Arabe. Ex.: Aït-Lhassen.

AKHDAR, fém. *khadra,* vert.

AKBA, montée, coteau.

AKBOU, *koubba,* coupole, mausolée.

AKHAL, noir.

AKSA, lointain. Ex.: Maghreb-el-Aksa, l'occident lointain (le Maroc).

ALMA, B., prairie.

AMAN, B., eau, source; en arabe, grâce, pardon.

ARAB, *arb, arbi,* les Arabes.

ARBA, le mercredi ou 4e jour: Souk-el-Arba, marché du mercredi.

AREG, *arig,* sing. *arga,* dunes de sable.

ASFAR, fém. *safra, sefra,* jaune.

AZIB, B., cabane, ferme.

AZRAG, *azreg,* fém. *zerga,* bleu.

AZROU, B., roche.

BAB, pluriel, *bibân, abouad,* porte, entrée.

BAGDAD, plaine nue.

BAHAR, *bahr,* mer, lac, marais.

BÉIDA, blanche.

BELAD, *blad, beled, bled,* terre, pays, champs: Beled-el-Djérid, le pays des Palmes; Bled-es-Soudan, pays des Noirs; Bled-el-Anaba, ville ou pays des Jujubiers (Bône); Blida, la petite ville.

BEN, pluriel *beni,* fils, tribus berbères: Beni-Mansour, fils du Victorieux.

BIR, pluriel *biar, abiar, abar,* puits.

BOGHAR, *bou-ghar,* caverne.

BORDJ, corruption du latin *burgus,* bourg, château ou fort.

BOU, *abou,* père: Bordj-bou-el-Arreridj, château ou père au plumet; signifie aussi la position, la possession: Bou-farik, l'endroit du blé hâtif; Oued-bou-merzoug, rivière de la fertilité.

CHAABA, *chabet, chab,* ravin, gorge.

CHAÏR, orge: Oued-chaïr, vallée de l'orge.

CHAREB, *cherb,* crête.

CHEBKA, *cherbket,* filet de pêcheur, réseau de montagnes.

CHEIK, chef, vénérable.

CHERCHAR, cascade.

CHERGUI, pl. *cheraga,* oriental: Chott-el-Chergui, le chott de l'est.

CHIFFA, rivière.

CHOTT, *schott,* pl. *chtout, chotout,* rivage, et par extension, lac salin qui se dessèche en été: Chott-el-Djérid, le lac des Palmes.

DAHRA, nord opposé à *guebla,* sud.

DAR, pl. *diar, diour,* maison, station.

DAYA, *dhaya,* prairie humide, bas-fond, mare.

DHAR, *dahr,* dos, versant, cime.

DIRA, comme Adrar.

DJEBEL, montagne: Djebel-Cheggn, monts des crevasses.

---

[1] Cette liste est dressée d'après Malte Brun, le général Parmentier, M. Duveyrier, M. Cherbonneau (*Revue de Géographie*) et M. Élisée Reclus (*l'Afrique septentrionale*). On y adopte ordinairement l'orthographe des documents officiels sur l'Algérie; mais il est bon d'observer que l'on n'est pas d'accord sur la manière de transcrire les sons arabes par des lettres françaises et que de nombreuses variations locales existent. Pour être bref, nous ne donnons ici que les définitions, vec des exemples pour quelques noms seulement: la lecture des chapitres de Algérie et de la Tunisie fournit l'occasion d'y trouver des applications nombreuses. La lettre B marque les mots d'origine berbère.

DJEDI, sable : Oued-Djedi, rivière du sable.

DJEMA, *djemmaa*, réunion, conseil, et par extension, mosquée (lieu de la réunion) et vendredi (jour de réunion dans la mosquée); école.

DJEMEL, chameau, joli.

DJEZIRA, pl. *djezaïr*, île, presqu'île : Al-Djezaïr, les îlots (Alger).

DJOUN, baie, golfe.

DJURDJURA, *jurjura*, glouglou, cascade?

DOUAR, groupe de tentes, village.

DRAA, *dra*, bras, colline allongée : Dra-el-Mizan, bras de la balance.

DRINN, graminée à grain comestible.

EGHRIS, *egris*, plaine, de *ghéris*, troupeaux.

EL, article *le, la*. L se change en *n, r, t, s*, lorsque le mot suivant commence par ces lettres. Ex.: Abd-er-Rhaman.

FAHS, campagne, champ.

FEDJ, pl. *fedjoudj*, passage, col.

FOGARA, puits à galerie ou canal souterrain.

FONDOUK, caravansérail, auberge. Village près d'Alger.

FOUM, bouche, entrée, défilé.

G. La lettre G, dans les mots berbères surtout, est gutturale et se remplace souvent par R. Ex.: Rhir pour Ghir, Rhadamès pour Ghadamès.

GALAA, *kalau*, forteresse : Coléa.

GARA, pl. *gour*, butte dans la plaine.

GARAA, *guérah*, bas-fond, étang.

GHAR, pl. *ghirân*, grotte, caverne : Boghar.

GHARBI, *rharbi*, occidental : Chott-el-Gharbi.

GHARIA, forteresse.

GHÉDIR, *r'dir*, trou plein d'eau.

GHOURD, dune : Ghourd-es-Sba, la dune du Lion.

GOUM, contingent de cavaliers pour une expédition.

GUEBLI, méridional.

GUERN, *korn*, pointe, pic.

GUETAR, source lente.

HAAD, dimanche : Teniet-el-Haad.

HADJAR, pierre, roche.

HADJ, pl. *hadjadj*, pèlerin de la Mecque.

HAÏK, ample vêtement.

HALLOUF, sanglier.

HAMADA, plateau rocailleux et désert, causse.

HAMMA, source thermale; *hammam*, pl. *hammamat*, bain, source, thermes : Hammam-Meskoutine, bain des Maudits.

HANOUT, pl. *haounit*, les tombeaux.

HAOUCH, ferme.

HARROUCH, broussaille.

HASSI, pl. *hassian*, puits dans le sable.

HODNA, la brassée, ce qui est contenu dans le bras, plateau encaissé.

ICH, *yich*, B., corne, cime.

IDELÈS, le diss, sorte de graminée : Dellys?

IN, B., c'est la prép. dans : In Salah, le pays de Salah.

KALAA, forteresse.

KAHIL, noirâtre.

KANTARA, *gantra*, pluriel *guentra*, pont.

KASBAH, *kasbat*, citadelle.

KOBOR, tombeau.

KÉBIR, grand : Oued-el-Kébir.

KÉDIM, ancien.

KEF, *kaf*, pl. *kifân*, rocher.

KHALIFA, *calife*, lieutenant, suppléant.

KHAMIS, le 5º jour de la semaine, jeudi.

KHANG, *kheneg*, gorge, col.

KHARBA, *kherba*, *kroub*, masure.

KNATIR, arcades ou aqueduc.

KHOU, pl. *khouan*, frère, confrères.

KOUBBA, coupole, tombeau élevé à un marabout.

KSAR, pl. *ksour*, château, bourg fortifié, plus ordinairement village entouré de murs.

LALLA ou *lellâ*, B., dame vénérée, sainte.

MA, pl. *miah*, *amia*, eau.

MABROUK, béni.

MACTA, *mockta*, carrière, tranchée, gué.

MADER, B., plaine, confluent.

MAFRAG, séparation.

MAGHREB, *mogreb*, occident, à l'ouest de l'Égypte, pour les Arabes.

MAGROUM, carrefour des chemins.

MAHALLA, campement.

MAÏZ, pl. *maza*, chèvre.

MALÉH, *melah*, *milh*, sel, salé.

MANSOUR, fém. *mansoura*, victorieux.

MARABOUT, *merbout,* sing. *mérabtine,* dévoué, lié à quelqu'un, sacré.

MARSA, *mersa, mers,* port, havre, ancrage.

MASCAR, *maascar,* le camp : Mascara.

MATMOR, silo, grenier.

MECHERA, chemin de l'abreuvoir, gué.

MECHOUAR, salle du conseil.

MECHTA, quartier d'hiver.

MEDINA, *medinet,* pl. *modon,* ville, et aussi terrier, clapier.

MEDJAZ, gué, passage.

MEHARI, pl. *mehara,* chameau de selle.

MELGHIR, spongieux.

MERDJ, pl. *moroudj,* pré marécageux, herbage.

MERZOUG, *messaouad, mimoun,* prospère, heureux.

MEZAR, lieu de pèlerinage.

MIA, *miyâ,* cent : Oued-Mia, rivière aux cent bras.

MILIANI, abondante, remplie.

MITIDJA, la Couronnée, l'Entourée (de montagnes?).

MOUZAÏA, enflée, gonflée.

MSID, endroit giboyeux.

MSILA, le torrent.

NAAM, autruche.

NADOR, tour de guet, vigie.

NAR, cours d'eau.

NAKHLA, pl. *nakhal,* palmier, palmeraie.

NAMOUS, moustiques.

NEBKA, colline de sable, dune.

NEZZA, *nza,* tumulus, endroit d'un crime.

OGLA, réunion de plusieurs puits.

OUAD, *oued, ouadi,* pl. *ouidan,* rivière, torrent, par extension, lit à sec ou dépression, vallée, fosse.

OULED, *oulad, oualad,* les fils de...

OULDJA, champ du labour.

OUM, *oumm,* mère; en topographie, lieu, même sens que *bou.*

OURTI, B., de *hortus,* jardin.

OUSTH, centre, milieu.

OUTA, *outaya,* la grande plaine.

RAS, *ras,* pl. *rous,* tête, cap, chef : Seba-Rous, sept caps.

RIF, pl. *riouf,* rivage, lieux cultivés.

REG, sol ferme, plat.

REMEL, *roumel,* sable.

ROUM, *roumi,* fém. *roumia,* les Romains, et par extension, les chrétiens.

SAADA, *sada,* fém. *saïda,* bonheur.

SAFRA, fém. de *asfar,* jaune.

SAFSAF, saule, tremble.

SAGUIA, canal d'irrigation.

SAHARA, plaine vaste et improductive.

SAHEL, rive, littoral.

SEBKHA, dépression du lac salé.

SENN, dent, cime aiguë.

SERA, *serra,* cime, crête.

SERIR, *seghir,* petit.

SIDI, *si,* seigneur, sieur.

SIF, sabre, crête de dune.

SMALA, réunion de la famille, des serviteurs et des troupeaux.

SOUK, marché et bazar.

SOUF, B., même sens que *oued.*

SOUMINA, minaret, tour.

SOUR, rempart, mur d'enceinte.

SUNNITE, de *sunna,* tradition.

TABIA, clos, enclos.

TADRART, B., montagne.

TALA, source, fontaine.

TALEB, pl. *tolba,* lettré.

TARF, extrémité, promontoire.

TAYEB, fém. *taïba,* bon.

TELL, *tel,* de *tellus,* colline, terre productive, par opposition à la plaine déserte.

TENIA, *teniet,* col, défilé.

TESSALA, broussailles.

TIT, B., source.

TIZI, B., col : Tizi-Ouzou, col des genêts.

TRIK, chemin, route.

TOUTA, mûrier.

ZAOUÏA, école, centre religieux.

ZEMLA, dune allongée.

ZERIBA, de *zerb,* haie.

ZERZOUR, étourneau.

CHAPITRE II

TUNISIE

§ I. — Notice historique.

40. Nous ne pourrions mieux résumer l'histoire ancienne de la Tunisie qu'en empruntant les lignes ci-après, dues à Mgr Lavigerie, actuellement cardinal-archevêque d'Alger et de Carthage.

« Ce petit royaume de Tunis, dit le savant prélat, appartenait, dès l'origine, à l'ensemble des contrées de l'Afrique du Nord connues sous la dénomination générale de Libye. C'est le nom que leur donnent nos saints Livres, et après eux Hérodote, le père de l'histoire profane. Les Libyens ou *Laabim* étaient, d'après la Genèse, les descendants de Cham.

« Une race préhistorique a laissé des traces de son passage en Tunisie dans les monuments mégalithiques qui se retrouvent, du reste, en grand nombre dans toutes les régions qui s'étendent depuis la Cyrénaïque jusqu'au détroit de Gibraltar.

« D'après les traditions locales recueillies par Salluste, des armées confuses de Perses et de Mèdes se jetèrent plus tard sur le pays, après avoir traversé le nord de l'Arabie et celui de l'Égypte, où les habitants ne leur permirent pas de s'établir. Poussées par l'entraînement de la conquête jusqu'au delà du détroit de Gibraltar, mais arrêtées par les belliqueuses populations des Gaules, elles revinrent sur leurs pas et s'établirent définitivement dans l'Afrique du Nord, entraînant sans doute avec elles une partie des populations qu'elles avaient d'abord vaincues. C'est ce qui explique, avec l'usage des Carthaginois de lever partout des légions de mercenaires, et avec l'invasion ultérieure des Vandales, la présence parmi nos populations africaines de types nombreux des races du nord.

« D'autres peuplades, chassées de la Palestine et de la Syrie,

suivirent la même route, qui fut pendant des siècles celle des
grandes migrations de l'Asie occidentale, et se mêlèrent aux
premiers vainqueurs. Enfin, chose peut-être trop peu remarquée
et qui explique néanmoins quelques faits des temps postérieurs
et même de l'époque contemporaine, des troupes nombreuses
d'Israélites vinrent, toujours en suivant la même voie, à

Carte de la Tunisie.

l'époque des désastres de la Judée, habiter un certain nombre
des points de l'Afrique, où elles formaient des tribus séparées.
Elles ont en partie subsisté jusqu'à nos jours. La ville de
Tunis compte en ce moment 35 000 juifs indigènes. Il s'en
trouve, assure-t-on, plus de cent mille dans la Tunisie, où leur
influence s'accroît chaque jour, comme en Algérie, par la puissance de l'or.

« Pendant que l'intérieur se trouvait ainsi occupé par des
tribus, les unes sédentaires, les autres nomades, selon leurs
diverses origines, le littoral devenait le siège de comptoirs

puissants, formés par Tyr et les villes maritimes de ces mêmes régions de l'Asie d'où étaient venues autrefois les populations de l'intérieur. C'est ce que mettent chaque jour davantage en lumière les études poursuivies avec persévérance depuis notre occupation algérienne. Cela explique aussi comment les nombreux comptoirs phéniciens de la Tunisie : Leptis, Abrotonum, Meninx, Cercinna, Thénœ, Thapsus, Adrumète, Aspis, Neapolis, Nepheris, Tunis, Utique et enfin le plus célèbre de tous, Carthage, ont si facilement trouvé à établir autour d'eux leurs relations commerciales et à se créer des alliés.

« L'histoire politique de Carthage est trop connue pour qu'il soit besoin de la rappeler à nos lecteurs.

« Ils savent qu'elle s'assujettit, par son commerce et ses alliances, toutes les côtes et la plus grande partie de la Tunisie actuelle. Inutile de rappeler comment cette république, qui dominait par son admirable situation maritime le reste de l'Afrique et les îles de la Méditerranée, excita la jalousie et les craintes de Rome ; comment celle-ci livra à sa rivale le duel gigantesque où elle faillit périr, et qui se termina par les victoires de Scipion et la ruine de la patrie d'Annibal.

« Je remarquerai seulement que ce long travail des siècles avait un but providentiel, et que l'Afrique du Nord se trouva ainsi réunie au monde romain au moment précis où celui-ci allait recevoir l'Évangile et le répandre par les envoyés de Pierre et de ses successeurs.

« Il faudrait maintenant, avant de parler de nos souvenirs chrétiens, dire ce qu'elle était au point de vue religieux et moral lorsque l'Évangile y fut prêché. C'est là, en effet, un des aperçus qui peuvent et doivent intéresser le plus des lecteurs chrétiens, car il n'est autre chose que la constatation du travail de Dieu pour ramener à lui les âmes et les nations perdues. Mais ici encore je ne puis, vous le comprenez, qu'indiquer les sommets des choses.

« Tertullien montre, dans les écrits substantiels et forts où il flagelle les erreurs et les vices de son temps, que l'état des croyances et celui des mœurs étaient, à Carthage, comme la résultante des éléments divers que chacune des invasions successives dont j'ai parlé avait portés avec elle.

« Il y constate tout d'abord l'idée de Dieu, qu'il a, le premier, appelé éloquemment le cri d'une âme naturellement chrétienne. On la retrouve jusque dans les monuments mégalithiques des plus anciens habitants de nos contrées.

« Tyr porta naturellement et maintint à Carthage ses supers
titions et ses dieux. C'étaient ceux-là même dont il est parlé,
sous des noms divers, dans les saints Livres, à propos de
Phéniciens : Baal ou Moloch, le Saturne des Romains, Astart´
ou Tanith, la déesse ou Vénus céleste. Mais rien de cruel
comme le culte rendu à ces divinités. On immolait à Saturne,
et peut-être aussi à Tanith, des victimes humaines et surtout
des enfants. « C'était en le sachant et de sang-froid, dit Plu-
tarque, que les Carthaginois immolaient leurs propres enfants.
Ceux qui n'en avaient pas achetaient les enfants des pauvres
et les égorgeaient comme de tendres agneaux ; la mère assis-
tait au sacrifice sans jeter une larme ni pousser un soupir ; le
moindre signe d'attendrissement lui faisait perdre le prix du
sacrifice, et elle ne sauvait pas son enfant. Cependant autour
de la statue était placée une foule nombreuse de musiciens
qui jouaient de la flûte et d'autres instruments, pour empêcher
qu'on entendît les cris de ces malheureuses créatures. »

« Rome, après sa conquête, apporta tous ses dieux avec leurs
infamies, qui firent revivre celles de Baal et d'Astarté sous les
noms de Saturne et de Vénus. Telle était la situation religieuse de la région de Carthage au premier siècle de notre ère.

« Une tradition, conservée par de graves écrivains des premiers siècles, veut que saint Pierre lui-même soit venu visiter
l'Afrique et y porter les prémices de la foi. Nous l'apprenons
de Flavius Dexter, évêque de Barcelone, contemporain de
saint Jérôme, qui en a fait l'éloge et auquel il a dédié son
livre *De viris illustribus*. On lit dans sa chronique : « Année
« de Jésus-Christ, 50. Pierre, en qualité de vicaire du Christ,
« se rendit en Espagne... *De là il partit pour l'Afrique et*
« *l'Égypte.* »

« Les ménologes grecs y font venir la Samaritaine, en compagnie de son fils Joseph ; ils auraient habité Carthage, y prê-
chant le Christ.

« Quoi qu'il en soit de ces traditions, il est certain que, dès
le milieu du second siècle, il se tint à Carthage un concile où
se trouvaient réunis jusqu'à soixante-dix évêques. »

41. Mgr Lavigerie passe en revue l'histoire de l'établissement
du christianisme à travers les persécutions des empereurs
romains d'abord, puis des Vandales ariens (v° siècle) et des
Arabes musulmans (vii° siècle). Ensuite il fait à ce propos une
énumération des lieux et des faits historiques qui intéressent
non seulement la religion, mais qui sont, pour ainsi dire, les

antécédents de l'occupation française de cette partie de l'Afrique. C'est pourquoi nous la reproduisons, tout en abrégeant les détails :

« Ce court résumé de tant de foi, de catastrophes, d'héroïsme, suffit à montrer combien notre terre tunisienne doit être vénérable au monde chrétien. Je l'ai déjà dit, je le répète, Carthage et le territoire qui va dépendre d'elle sont comme un immense reliquaire, longtemps oublié et profané sans doute, mais où tout garde le souvenir, la poussière, le sang des serviteurs de Dieu, et qu'il est de notre devoir de remettre en honneur. Les chrétiens d'Europe qui viennent en Tunisie, et jusqu'à nos officiers et nos soldats, le comprennent déjà pour Carthage et ne peuvent contempler sans émotion, du haut de Byrsa, l'ancienne acropole, notre Saint-Louis actuel, les ruines qui les entourent et qui toutes rappellent les noms, les vertus, le martyre des saints.

« Et déjà, à Byrsa même, où étaient le palais du proconsul, son prétoire, les prisons publiques, quels souvenirs touchants et incomparables ! C'est là que, avant la fin du second siècle, furent enfermés et comparurent ces martyrs Scillitains qui, les premiers, firent entendre à leurs juges sur la terre d'Afrique le langage de la liberté des âmes. C'est là encore que saint Cyprien comparut une première fois au même tribunal, et fit entendre ces belles paroles : « Je suis chrétien et évêque ; « je ne connais point d'autres dieux que le seul vrai Dieu, qui a « créé le ciel, la terre et la mer, et tout ce qu'ils renferment. » C'est là que Perpétue et Félicité furent enfermées avec leurs compagnons, se montrant au-dessus des faiblesses de la nature.

« Non loin de Byrsa, voici l'amphithéâtre où les chrétiens étaient livrés aux bêtes, où saint Augustin s'assit tout brûlant de cette passion du sang et des spectacles dont il parle dans ses *Confessions*. Sur la voie des Mappales est le lieu de la sépulture de saint Cyprien. A quelques jets de pierre, en se rapprochant de la ville, les anciens cimetières chrétiens, ces *areæ* dont parle Tertullien, où les fidèles célébraient leur culte au temps des persécutions. Près des anciens remparts on voit la place où s'étaient réunis les quatre cents évêques catholiques qu'Hunéric avait mandés à Carthage sous prétexte de discuter de la foi avec ses ariens, et qu'il envoya tous en un même jour en exil, après en avoir fait écraser plusieurs sous les pieds de ses chevaux. Dans l'intérieur de la cité, et presque toutes ensevelies dans le sol, les ruines des basiliques où se tinrent tant de conciles, lumières du monde chrétien. Enfin, près de la place Neuve, au haut des grands escaliers conduisant des quais aux plus beaux quartiers de Carthage, l'emplacement des Thermes de Gargilius, où Augustin, Possidius, Alype, soutinrent victorieusement la foi catholique contre les donatistes, sous la présidence du tribun Marcellin, qui devait payer, de son sang son courage et sa droiture.

« Mais je ne parle que de Carthage, alors qu'un si grand nombre d'autres églises réclameraient leur place dans ce tableau.

« Il faut savoir, et ce chiffre montre l'immensité de l'œuvre de réparation qui nous est confiée, qu'il n'y avait pas moins de *trois cent cinquante-trois évêchés,* dont les noms sont encore connus dans la seule Tunisie actuelle.

« *Tabarka,* la première qui se rencontre sur le rivage de la mer, en dehors des limites actuelles de l'Algérie, rappelle les trois martyrs dont Victor de Vite a raconté les luttes et la mort bienheureuse.

« *Hippone-Zaryte,* la Bizerte actuelle, a sa sainte Restitute, dont la légende ressemble à celle de plusieurs saints d'Afrique.

« *Utique* et sa masse blanche, *Massa candida :* cette masse de trois cents martyrs dont les corps furent plongés dans la chaux vive, blancs par leur innocence autant que par leur sépulcre, comme le dit saint Augustin dans le discours qu'il a consacré à leur mémoire.

« *Tunis,* avec sa sainte Olive, la vierge palermitaine, ravie de force à sa patrie et martyrisée sous les tyrans qui ne purent ébranler sa foi.

« *Maxula,* la Rhadès actuelle, célèbre par les héros auxquels les martyrologes ont donné son nom, *martyres Maxulitani,* par corruption *Massylitani.*

« *Kourba,* la Curubis antique, illustre par l'exil de saint Cyprien, et où il eut la vision fameuse qui lui annonçait son martyre.

« *Hadrumète,* la Soussé actuelle, que l'on peut vraiment appeler, elle aussi, la terre des saints. C'est de là que sortirent saint Mavilus, saint Vérule, saint Victorien avec vingt-deux autres martyrs, et les plus illustres de tous, saint Boniface et sainte Thècle.

« *Ruspe* et *l'île de Cercina,* où saint Fulgence, accablé d'années et de fatigues, voulut se retirer dans la solitude et où il avait construit un monastère pour se préparer au dernier combat, ce combat où il ne demandait à Dieu que deux choses : « la patience en ce monde durant les souffrances de son agonie et la miséricorde dans l'autre. »

« *Gafsa,* le poste le plus avancé qui soit aujourd'hui occupé par nos troupes, patrie des six martyrs Boniface, Rogatus, Libérat, Rusticus, Septimus et Maxime.

« *Thuburbo,* la Tebourba actuelle, avec ses martyrs nombreux, et surtout son saint Servus, qui souffrit un martyre inouï, impossible à décrire.

« *Sicca,* le Kef actuel, patrie d'Arnobe, où, par l'ordre d'Hunéric, fut réunie la troupe généreuse des 4 966 martyrs qui furent chassés dans les déserts au milieu des nomades, dans des conditions de cruauté d'une part, d'héroïsme de l'autre, qui ne sauraient être assez célébrées.

« Que de noms néanmoins j'aurais à citer encore ! *Uzalès,* près d'Utique, et ses deux martyrs Félix et Gennadius; *Thimisa,* avec saint Félix; *Theudalès,* avec son saint évêque Habetdeus, durant la persécution vandale; *Membressa,* avec ses quarante-trois martyrs, parmi lesquels Ammon, puis Émilien, Didyme, Pœmus et Lassa; *Vaga,* la Béja actuelle et les martyrs qui portent son nom; *Culcitanum,* avec sa nombreuse troupe de confesseurs de la foi et son intrépide sainte Victoire; *Abbenza,* et son évêque, saint Valérien, victime de la persécution de Genséric; *Thimida-Regia,* avec les saints de son nom; *Carpi* et ses nombreux martyrs mis à mort par les donatistes; *Perada,* et son évêque, saint Germain, et trois héroïques femmes, les saintes Dionysia, Dativa et Léontia; *Vita* et son évêque saint Papinien; *Sufès,* la Sbiba actuelle, avec ses soixante martyrs; *Neple,* la Nefta moderne, avec saint Lactus, son évêque; *Tambaica,* avec ses deux frères que la foi unit dans un même triomphe.

« Mais c'est assez parler des temps anciens du christianisme. Dans les longs jours de mort qui suivirent l'invasion musulmane, que de noms nous aurions à mentionner, depuis ceux des disciples de saint François jusqu'aux fils de saint Vincent de Paul et aux religieux de la Trinité et de la Merci !

« Enfin, dans des temps plus rapprochés de nous, comment oublier deux figures chères au monde, plus chères encore à la France, saint Louis et saint Vincent de Paul: le premier, sanctifiant par sa mort les ruines de Carthage, en 1270; le second, illustrant par sa captivité et le miracle de sa charité la ville musulmane de Tunis? Saint Louis adressant à Dieu

cette parole : « Qui me donnera de, voir la foi chrétienne
« prêchée à Tunis! » saint Vincent de Paul convertissant un
renégat et le ramenant en France avec lui comme un trophée. »
(Mgr LAVIGERIE).

42. Saint Vincent de Paul lui-même, dans une lettre à M. de
Commet, avocat au présidial d'Acqs (aujourd'hui Dax), raconte
sa prise par les corsaires et sa captivité à Tunis. Ce récit peint
bien les mœurs de cette époque du xviie siècle et mériterait
d'être rapporté ici, si la place ne nous faisait défaut.

« La captivité de saint Vincent de Paul à Tunis avait duré
près de deux ans, du 26 ou 27 juillet 1605 au 28 juin 1607. De
retour en France, il n'oublia jamais la contrée où il avait gémi
comme esclave, et, au milieu des grandes et immortelles œuvres
qu'il entreprit plus tard pour le soulagement de l'humanité souf-
frante, il songea également à secourir de toutes ses forces les
malheureux chrétiens qui étaient captifs en Tunisie...

« En retour d'un pareil bienfait, et afin d'honorer une pareille mémoire, Mgr Lavigerie a choisi cet apôtre par excellence
de la charité pour en faire le patron de la cathédrale provisoire
qu'il a fondée à Tunis, et celui de cette ville elle-même où,
pauvre esclave, cet humble enfant des Landes avait jadis porté
des fers, et où les chrétiens l'invoquent maintenant comme leur
céleste protecteur. » (Victor GUÉRIN.)

43. Reprenons la suite des événements jusqu'à la conquête
française.

Après les Carthaginois, les Romains, les Vandales, les Byzantins, la Tunisie tombe au pouvoir des Arabes, et Okba établit
sa capitale à Kairouan (670). Plusieurs dynasties musulmanes se
succèdent et toutes font la guerre aux chrétiens. En 1270, saint
Louis vint attaquer Tunis, devenue la capitale du royaume ; il
campe sur les ruines de Carthage et y meurt de la peste : mais
ce qui nous paraît pour lors un désastre est plutôt le premier
germe de l'influence française dans le pays, car les Arabes eux-
mêmes ont toujours eu notre saint roi en vénération, tellement
que lors de l'érection de sa statue sur le plateau de Byrsa, en
1841, les indigènes ont voulu la traîner eux-mêmes jusqu'au
sommet de la colline.

En 1390, Charles VI, aidé des Génois, fit contre Tunis une
expédition qui échoua. En 1535, Charles-Quint s'en empara;
mais bientôt Barberousse la reprit et la soumit, ainsi qu'Alger,
aux Turcs, les derniers possesseurs avant nous. En 1685, nous
obtenons du bey Mohammed un traité connu sous le nom de

Capitulation, en vertu duquel les sujets chrétiens peuvent recourir à la protection des consuls français. En 1770, Louis XV fait punir certains actes de piraterie par le bombardement de Bizerte, Porto-Farina et Monastir. En 1816, le bey Mahmoud abolit l'esclavage des chrétiens. En 1871, la Porte ottomane accorde l'émancipation au bey de Tunis, lequel toutefois doit recevoir l'investiture du sultan et frapper monnaie en son nom. Deux ans après, 1873, le bey Mohammed-Sadok signe un traité qui met la Tunisie sous le protectorat anglais; c'en était fait de notre influence dans ce pays sans le désistement de l'Angleterre, pendant que l'affaire des Khroumirs nous donnait occasion de nous en emparer.

En effet, en 1881, par suite de quelques faits de maraudage des Khroumirs qui infestaient la frontière algérienne, des démêlés s'engagèrent entre la France et le bey. Celui-ci ne voulant ou ne pouvant réprimer les méfaits imputés à ses sujets, une expédition française, sous les ordres du général Forgemol, pénètre dans le pays khroumir, puis se porte sur Tunis, dont le bey, après en avoir appelé en vain aux grandes puissances, doit signer le traité du Bardo, qui met son pays sous le protectorat de la France (12 mai 1881). Toutefois les Arabes des tribus se soulevèrent pour leur indépendance, et il fallut les bombardements de Sousse, de Sfakès, la prise de Kairouan et de Gafsa pour les soumettre. L'Europe, y compris l'Angleterre elle-même, accepta les faits accomplis : la Turquie et l'Italie seules protestèrent vainement.

Par le traité du Bardo, la France garantit au bey de Tunis l'intégrité de son territoire et de ses droits de souverain, tandis que le bey s'engage à n'avoir de relations avec les autres puissances que par l'intermédiaire diplomatique de la république française.

§ II. Géographie physique.

44. Situation. — La Tunisie est bornée au nord et à l'est par la Méditerranée, au sud par le désert tripolitain, et à l'ouest par l'Algérie.

Littoral. — Le littoral de la Tunisie est plus mouvementé, plus échancré que celui de l'Algérie. La baie de Bizerte et les trois larges golfes de Tunis, de Hammamet et de Gabès, joints à la presqu'île de Dakhéla, aux îles Kerkennah et Djerba, le caractérisent plus avantageusement.

Du cap Roux algérien aux caps *Ras-el-Keroun* et Ras-el-Abiad ou *cap Blanc,* le littoral élevé, rocheux, bordé d'écueils, est la continuation de la côte algérienne.

On y remarque l'*île de Tabarka,* surmontée d'un fort, les *îles Fratelli* ou des Frères, et, plus au large, les *îles Galite.*

Le cap Blanc abrite l'excellent port de Bizerte, dont la baie communique par un étroit goulet avec le *lac de Bizerte,* enfermé dans les montagnes. On projette d'en faire un port militaire qui serait un second Toulon français.

Plus à l'est, entre le *cap Sidi-Ali* ou Farina, d'une part, le *cap Bon,* d'autre part, et au sud des *îles Zembra,* s'ouvre le beau *golfe de Tunis*, large de 70 km. et profond de 50.

La Medjerda, le plus puissant cours d'eau de la Tunisie, s'y termine au nord dans la *lagune* de Porto-Farina. Le *cap Carthage,* qui conserve des ruines de l'ancienne rivale de Rome, marque un étranglement du golfe dont la partie avancée prend le nom de *rade de la Goulette.* Celle-ci reçoit la Méliana et communique par un étroit goulet ou chenal avec la lagune au fond de laquelle se trouve Tunis. Cette lagune n'est pas accessible aux grands navires, aussi la Goulette est-elle l'avant-port de Tunis, à laquelle elle est reliée par un chemin de fer.

Au sud-est de Tunis se dessine la *presqu'île* rectangulaire et montueuse de *Dakhéla,* terminée par le *cap Bon.* Au delà, la côte orientale est généralement basse, sablonneuse, et baigne dans une mer peu profonde dont les ensablements interdisent l'accès des ports aux grands navires. Le large *golfe d'Hammamet* renferme le port de même nom, celui de Sousse et celui de Monastir.

Du *cap Dimas* et du *cap Afrika* au *cap Kapoudiah*, la côte est semée d'écueils, puis redevient sablonneuse avec le port de Sfakès, qui fut pris par les Français en 1881, après un débarquement laborieux. Des *îles Kerkennah,* situées en face de Sfakès, à l'*île Djerba,* s'ouvre le *golfe de Gabès,* la *Syrta minor* des anciens, au fond duquel dort la petite ville de Gabès, l'ancienne Tacape, en attendant que le canal projeté par Roudaire établisse la communication avec la mer des chotts. La grande île Djerba, populeuse et fertile, ferme l'entrée d'une lagune formée par deux presqu'îles sablonneuses; viennent ensuite les deux *lagunes de Mellaha* et *de Biban,* au delà desquelles commence la côte inhospitalière de la Tripolitaine.

45. Orographie. — Qui connaît l'Algérie, son massif tellien, son plateau, son Sahara, ses chotts, ses oueds, rivières sans eau ou mal alimentées, connaît aussi la Tunisie, qui n'est que le prolongement oriental de la région algérienne.

Sur le littoral septentrional se trouve *le massif* devenu célèbre *des Khroumirs,* avec le *djebel Ghorra,* haut de 1 200 m. à la frontière, puis une série d'autres chaînons moins élevés qui achèvent l'*Atlas tellien* et viennent mourir au cap Blanc et au cap Farina. Ils déversent leurs eaux dans la mer au nord, ou dans la Medjerda au sud.

Sur la droite de ce fleuve et à la limite du plateau s'étend une chaîne montagneuse saharienne plus importante qui se détache de *l'Aurès* algérien. Le massif du *Madjer* atteint 1 445 m. au *mont Mékhila* ou Halouk, et 1 204 m. au *mont Berberou*. Le *djebel Zilk,* haut de 1 363 m., est au nord de Kairouan, et un sommet de 1 343 m. domine la ville de Zaghouan. Cette chaîne se continue par les *collines du Dakhéla* et va finir l'Atlas saharien au cap Bon.

Au sud-est de Kairouan, des groupes de collines rocheuses et sablonneuses se trouvent épars au milieu des oueds et des chotts qui caractérisent le Sahara tunisien.

46. Hydrographie. — La Tunisie ne présente qu'un versant principal, incliné vers l'est. Il est arrosé par le Tin, la Medjerda, la Méliana, l'Etboul et l'oued Lébem.

Le *Tin* baigne Mateur et finit dans le lac Ichkel.

La *Medjerda,* seul fleuve tunisien digne de ce nom, appartient par ses sources à l'Algérie : elle descend du massif de Soukharras, passe au sud du massif des Khroumirs, où elle baigne Ghardimaou et Souk-el-Klanis, stations du chemin de fer ; elle reçoit par sa rive droite l'oued *Mellègue,* affluent algérien, puis l'oued *Kaled* ou « fleuve Jaune » (oued Safran), et l'oued *Siliana,* venant du plateau tunisien; après avoir baigné Testour, elle tourne au nord-est en traversant une belle plaine où elle arrose Medjez-el-Bab, Tebourba, Fondouck et les ruines d'Utique; puis elle se divise en deux branches pour finir dans la lagune de Porto-Farina, après un cours de 300 km. dont 240 dans la Tunisie.

L'*oued Mellégue*, affluent de la Medjerda, est plus long
(280 km.) que la partie supérieure du fleuve. Il naît dans le
massif des Nememcha, aux confins de l'Aurès, sous le nom
d'oued *Meskiana;* puis il parcourt une région pleine de ruines
antiques, y reçoit l'*Aïn-Safra*, et baigne à droite le plateau qui
porte la ville sainte du Kef.

La *Méliana* coule du sud-ouest au nord-est, comme la Medjerda, et se jette dans la baie de la Goulette.

47. Les chotts et leurs bassins. — La Tunisie est riche
en chotts ou lacs, mais la plupart sont salés et presque sans
eau.

Il faut citer du nord au sud la guérah *Ichkel*, voisine du lac
maritime de Bizerte; la sebkha *Sedjoum,* au sud-ouest de Tunis
et en face de la lagune de cette ville; la baie *Djériba*, qui reçoit
l'Etboul; la *Kelbia*, où débouche l'oued Marguélil, qui passe à
Kairouan; la sebkha *Sidi-el-Hani*, plus étendue, au sud-est de
la même ville, et servant de débouché aux oueds *Mansour* et
Fekka; puis le *Guerrara* et le *Mansouna,* sans tributaires; enfin
les grands chotts Rharsa et Djérid.

Le chott *Rharsa* est la continuation du chott algérien Melrhir; il reçoit en Tunisie l'oued *Tariaouri,* qui passe à Gafsa.

Le *Djérid* est le plus grand lac de toute l'Afrique septentrionale; son niveau est inférieur à celui de la Méditerranée, et il
est compris dans le projet de la mer saharienne du capitaine
Roudaire, dont nous parlerons ci-après.

48. Régions physiques. — Comme en Algérie, on peut
distinguer en Tunisie le Tell, le Plateau et le Sahara; mais les
deux premières divisions se confondent en une seule région, le
Tell, moins élevée, quoique montagneuse et accidentée; d'un
climat chaud, mais supportable, elle est susceptible de rede-
venir productive et peuplée comme elle l'était du temps des
Carthaginois et des Romains.

Le Sahara tunisien participe aux caractères du grand désert
quant à son climat torride, à la sécheresse et à la stérilité de
son sol; toutefois la proximité de la mer et un accès plus facile
permettent d'espérer dans l'avenir un progrès relatif.

Le *climat* et les *productions* naturelles de la Tunisie sont analogues à ce que nous connaissons de l'Algérie. Il est donc inutile
d'insister ici sur ce point.

49. La mer des Chotts.— C'est la dépression occupée par les chotts Melrhir, Rharsa et Djérid, dont le niveau paraît être inférieur de 10 à 27 m. à celui de l'Océan, que le capitaine Roudaire a proposé de transformer en une mer dite des chotts ou « mer saharienne ». On y amènerait l'eau de la Méditerranée par un canal de 20 km., creusé depuis le fond du golfe de Gabès jusqu'à la pointe du chott el-Fedjedj, partie orientale du grand chott Djérid. En y comprenant les chotts eux-mêmes, la mer saharienne n'aurait pas l'immense étendue qu'on lui supposait d'abord, lorsqu'on croyait qu'une grande partie du Sahara était inondable ; elle atteindrait à peine 12 à 15 000 km²., soit l'étendue de deux départements français avec une longueur de 70 lieues ; la nappe d'eau ainsi formée aurait eu, croyait-on, une influence salutaire sur le climat de la région, outre qu'elle aurait facilité l'accès des districts méridionaux de notre grande colonie africaine.

Mais, par suite d'une étude plus approfondie, une commission officielle a déclaré que l'exécution de ce projet serait aussi peu pratique que sans résultat avantageux. Non seulement les dépenses, évaluées à plus d'un milliard, seraient hors de proportion avec les revenus, mais l'inondation causerait la ruine des oasis aujourd'hui existantes, et convertirait en marécages insalubres des régions actuellement fertiles et habitées.

Quoi qu'il en soit, ce projet de mer saharienne, bien que patronné par M. de Lesseps, est ajourné pour un temps illimité, ce qui n'a pas empêché l'illustre ingénieur de proposer la création d'un Port-Roudaire près de Gabès, en souvenir du promoteur de l'idée, mort il y a quelque temps, et le creusement de nombreux puits pour multiplier les oasis dans la région des chotts.

§. III. Géographie politique.

50. Ethnographie. — La population de la Tunisie, longtemps évaluée à 2 millions et plus, atteint à peine 1 500 000 habitants, et ce chiffre est probablement encore trop élevé eu égard à celui de l'Algérie.

La superficie est d'environ 120000 kilomètres carrés, ce qui donnerait une densité de population de 12 hab. par km².

Les Tunisiens sont surtout des *Berbères*, race dominante et primitive, mêlés à des *Arabes*, race conquérante ; celle-ci a imposé sa langue, sa civilisation et sa religion, c'est-à-dire le *mahométisme*.

Il y a au moins 75000 *israélites* dans les villes, dont 25000 à Tunis, et le rôle de cette race juive dans l'administration, les finances, l'accaparement des biens, est le même ici, paraît-il, qu'en Algérie. On compte en outre 30000 *catholiques* : Maltais, Français, Italiens ; 400 Grecs et 200 protestants anglais.

51. Gouvernement. — Bien que soumise à la France, la Tunisie reste une monarchie héréditaire ou *beylik*, que l'on désigne aussi indifféremment sous le nom de *régence*. Le souverain ou *bey* de Tunis est un prince de la famille de BEN ALI-TOURKI, originaire de Candie, qui occupe le trône depuis 1691 ; le bey actuel, est Sidi-Ali frère de Mohammed-el-Sadok, mort en 1882.

L'hérédité se fait d'après la loi turque, où la couronne passe à l'aîné de la famille, frère ou fils.

Le représentant du gouvernement français en Tunisie porte depuis 1885 le titre de *résident général* et relève du ministre des affaires étrangères. Il a sous ses ordres les commandants des troupes de terre et de mer, et tous les services administratifs concernant les Européens et les indigènes.

Toutefois les indigènes sont régis selon le mode ancien : ils forment 41 *tribus* groupées en 22 ouatans ou *caïdats*, gouvernés par des caïds, dont la fonction propre est de rendre justice, et 31 tribus nomades ou mixtes (sédentaires et nomades), à la tête desquelles sont aussi des caïds nommés par le bey. Sous les *caïds* sont les *khalifes* (lieutenants), et les *cheiks* ou maires des communes et villages. Le code civil pour eux est le *Coran*.

En conservant à la Tunisie son autonomie administrative, ses fonctionnaires nationaux, son budget, ses ressources propres, non seulement il résulte pour la métropole une économie considérable (évaluée à plus de 30 millions), mais on fait acte de bonne politique, et c'est de cette façon que l'Angleterre a pu créer de vastes et florissantes colonies qui ne sont nullement à

charge à la métropole. Sinon, à force de s'ingérer maladroite-
ment dans tous les détails d'une administration minutieuse et
jalouse, on froisse les intérêts locaux, les mœurs et habitudes
nationales, et on se crée mille difficultés qui ont été cause jusqu'ici du peu de développement de nos colonies.

Au point de vue *militaire*, la Tunisie forme *deux divisions* :
Tunis et *Sousse*, subdivisées en six brigades : Tunis, Aïn-Dra-
ham, El-Kef, Sousse, Gafsa, Gabès.

Nonobstant le peu de chrétiens, le pape Léon XIII a relevé le
siège archiépiscopal de Carthage, dont le titulaire est en même
temps archevêque d'Alger.

52. **Villes principales.** — A part Tunis, la régence ne
renferme pas de ville considérable, et l'on est d'ordinaire peu
fixé sur les chiffres de population. Souvent l'on attribue à une
bourgade la totalité des habitants de tout un canton; il en est
ainsi particulièrement dans les oasis lorsqu'elles renferment
plusieurs villages épars, mais régis par une même munici-
palité.

53. **Tunis,** grande ville de 130000 hab., le *Tunes* ou *Tu-
nesium* des anciens, doit son importance à la destruction de
Carthage par les Arabes au VIIᵉ siècle. Cette nouvelle capitale
de l'Afrique propre ou de la Tunisie actuelle est assise à quinze
kilomètres de la Méditerranée, au fond d'une vaste lagune
nommée *El-Bahira* ou *Boghaz*, qui communique avec la mer
par l'étroit canal de la Goulette. Adossée à une ceinture de
collines, entourée d'une enceinte bastionnée que domine une
kasbah ou citadelle, pourvue de palais, de mosquées, de mi-
narets, Tunis présente à distance un aspect pittoresque; mais,
comme dans toutes les villes orientales, des rues étroites, sales
et non pavées en rendent l'intérieur désagréable pour les Européens. Ceux-ci préfèrent habiter le nouveau « quartier franc »,
qui se forme au bas de la ville, autour des quais et des gares
de chemins de fer. Dans les environs, le *Bardo* est un immense
palais où le bey passait autrefois la belle saison.

Tunis est commerçante. Elle exporte dans tout l'Orient, des
armes blanches de luxe, des bijoux, des vêtements brodés,
des selles, des babouches, des tapis, des essences précieuses;
c'est le principal centre d'exportation de l'alfa et de l'huile
d'olive de la contrée.

Les quais sont reliés par un chemin de fer au port de la
.Goulette, situé au débouché de la lagune tunisienne.

La Goulette, en italien la Goletta, « la gorge, » est ainsi
nommée à cause de l'étroitesse du canal qui donne accès dans
la lagune. C'est une ville de 3000 hab., renfermant un arsenal, des chantiers, des bassins, de grands magasins et un phare
superbe. C'est aussi la principale forteresse du pays, qui fut
prise par Charles-Quint en 1535.

54. **Carthage.** — Les restes de l'opulente Carthage sont
situés à trois kilomètres nord de la Goulette. Fondée ou res-
taurée 860 ans avant Jésus-Christ, cette ville devint par la
ruine de Tyr la première puissance maritime du monde; plus
tard, détruite par les Romains, puis colonisée par Auguste, elle
jeta encore quelque éclat sous le christianisme, et devint la
capitale des Vandales en Afrique; mais elle tomba, vers la
fin du VIIᵉ siècle, sous les coups des Arabes pour ne plus se
relever.

55. **Kairouan,** 15000 hab., au milieu d'une vaste plaine
dont une partie est remplie de marais salés, est un grand
centre commercial et le rendez-vous général des caravanes du
Soudan. C'est une ville sainte des musulmans, dont l'entrée
était sévèrement interdite aux chrétiens; mais, en 1881, elle
dut ouvrir ses portes à l'armée française. Fondée en 670 par
les Arabes, elle fut longtemps la capitale de l'Afrique septentrionale; elle est remarquable par ses nombreuses mosquées.
Son industrie consiste dans la fabrication des tapis, des articles de sellerie brodée d'or, des babouches d'un travail admirable.

El-Kef, « le Rocher, » 5000 h., bâtie à 800 m. d'altitude,
sur un escarpement du bassin du Mellègue, est la principale
ville militaire et commerçante de la Tunisie occidentale. C'est
la Sicca venera romaine.

Au nord de la Medjerda il faut signaler Béja, 4000 h., la
Vacca antique, ville forte et marché de céréales; — Aïn-Dra-
ham, poste militaire récemment établi pour la surveillance des
tribus Khroumirs; — Tabarka, sur la côte inhospitalière des
Khroumirs, en face de l'îlot de même nom, avec une rade où
débarquèrent les Français en 1881; — Mateur, 3000 h., centre
agricole, au sud de Bizerte.

Bizerte, 5 000 h., est l'ancienne *Hippo-Zaritus* des Phéniciens, jadis puissante et célèbre par ses pirates. Ville la plus septentrionale de la Tunisie, elle est située au sud du cap Blanc, sur un goulet ensablé qui conduit de la mer à un lac intérieur, le *lac de Bizerte*. On projette d'y créer un vaste port militaire, un second Toulon, capable de tenir en échec la puissance de Malte.

Porto-Farina, sur une baie dont le goulet est obstrué par les alluvions de la Medjerda, a perdu son importance maritime d'autrefois, et n'a pas un millier d'habitants. Il en est de même de la célèbre *Utique*, dont il ne reste que l'emplacement sur la rive gauche de la Medjerda.

Au sud de la fertile et populeuse presqu'île de Dakhéla, *Hammamet*, 2 500 h., ville maritime, mais sans port, est appelée la « cité des Pigeons », à cause des innombrables oiseaux de ce genre qui nichent dans les montagnes voisines.

Sousse ou *Sousâ*, 8 000 h., n'a qu'une rade d'atterrissement d'assez difficile accès, mais qui sert de port à Kairouan à laquelle elle est reliée par un chemin de fer; elle se distingue par les millions d'oliviers de ses jardins et sa grande exportation d'huile pour Marseille. Ville forte d'origine phénicienne, c'est l'*Hadrumetum* des Romains; elle subit de nombreux sièges, et fut bombardée en 1881.

Monastir ou *Mistir*, 7 000 h., fut peut-être jadis un monastère chrétien, comme son nom semblerait l'indiquer. C'est un port fréquenté, quoique ensablé, et cette ville passe pour la plus propre de la Tunisie.

Mahadia, cité du « Mahdi ou du guide », 6 000 h., est assise sur un rocher en mer, non loin de l'ancienne *Thapsus* où César écrasa les Pompéiens. Ce fut la capitale des premiers califes fatimites et, au moyen âge, le port le plus fréquenté par les chrétiens, qui l'appelaient Africa. Elle s'adonne surtout à la pêche de la sardine.

A dix lieues au sud-ouest de Mahadia on va admirer, au village d'*El-Djem*, les ruines de *Thysdrus*, comprenant l'un des plus grands et des mieux conservés de tous les amphithéâtres élevés par les Romains. Cet énorme édifice occupe le sommet d'une colline de 185 m. d'altitude et s'aperçoit de trois lieues à la ronde; de forme elliptique, il mesure à l'intérieur

150 m. dans son grand axe. Il fut fondé probablement par Gordien l'Ancien, qui avait été proclamé empereur dans la ville de Thysdrus. Nul endroit n'était mieux choisi pour la célébration des fêtes; plusieurs fois aussi cette construction géante servit de forteresse, et la fameuse prêtresse Kahina s'y défendit contre les envahisseurs arabes en l'an 689. C'est encore dans l'amphithéâtre d'El-Djem que les chefs et les délégués des tribus méridionales de la Tunisie décidèrent, en 1881, le soulèvement général contre les Français.

Sfakès ou *Sfax*, l'ancienne *Taphrura*, est une jolie et industrieuse ville de 15 000 âmes, ayant une rade sûre quoique peu profonde. C'est, après Tunis, le principal centre du commerce de la régence avec l'Europe. Elle fut prise par les Français en 1881. — Les îles Kerkennah, en face de Sfakès, comptent 10 000 hab.

Gabès, l'ancienne *Ta-Capé*, est située au fond du golfe de ce nom. Ce n'est point une ville, mais un groupe de villages peuplés de 10 000 hab. disséminés au milieu de magnifiques jardins; c'est le débouché des produits de la riche plaine d'El-Arad.

Gafsa ou mieux *Capsa*, 4 000 hab., est située dans le Djérid ou pays des Palmes, sur un tributaire du chott Rharsa. Ville considérable sous les Numides et les Romains, elle est encore aujourd'hui une station importante des caravanes et une bonne position militaire, occupée par les Français depuis 1881.

Nefta et *Toseur*, situés entre les chotts Rharsa et Djérid, sont deux groupes de villages de 8 à 10 000 hab., situés dans deux des plus belles oasis du Sahara. Ce sont des centres politiques et religieux, en même temps que des marchés agricoles.

Kbilli et *Douz*, au sud du chott, sont des lieux d'échanges entre les Tunisiens et les Tripolitains.

56. L'île *Djerba* ou *Gerbi*, située dans le fond du golfe de Gabès, est la plus grande île africaine de la Méditerranée. Fertile et bien cultivée, elle compte 40 000 hab.

57. **Industrie et commerce.** — Comme tous les pays musulmans, la Tunisie ne possède ni agriculture ni industrie progressives. Toutefois le sol, quoique mal cultivé, produit l'*orge,* le froment, le dourah, dans le Tell. On cite l'*olive* de Sousse, l'indigo de Nefta, la pistache de Sfakès, le caroubier,

le jujubier, surtout les *dattes* renommées du *Beled-el-Djérid*. L'agriculture pastorale élève de beaux *chevaux* de race barbe, des *mulets* excellents, des chameaux, des bœufs de petite taille et des moutons à grosse queue.

Il y a des *mines* de différents métaux, mais inexploitées; le sel et la soude sont communs dans les chotts.

L'industrie se contente de la fabrication d'objets usuels, d'articles de ménage, auxquels il faut joindre les *armes* et les vêtements de luxe, les calottes rouges ou *fez*, les soieries et les tapis, les peaux maroquinées.

Le *commerce intérieur*, assez actif, ne dispose pas de routes carrossables, mais on commence à en tracer. Déjà un *chemin de fer* relie Tunis à l'Algérie par la vallée de la Medjerda; d'autres vont de Tunis à Carthage et à la Goulette. Une ligne est projetée qui réunira la capitale à Sousse, laquelle fut pendant la guerre reliée à Kairouan par un chemin de fer à voie étroite.

Des *lignes télégraphiques* (1 000 km.), exploitées par la France, traversent le pays, et un câble sous-marin en rattache le réseau à Alger par Bône et à la France par Malte, la Sardaigne et la Corse.

58. Le *commerce extérieur*, assez important, s'élève à plus de 80 millions de francs; il se fait d'une part avec le Sahara par *caravanes*, dont le rendez-vous principal est Kairouan; d'autre part, par mer avec l'Italie, Malte, la France.

Il exporte des céréales : blé et orge, de l'huile d'olive, des fruits : figues et dattes, de la soude, des peaux, du corail. Il importe pour le pays et pour l'intérieur de l'Afrique des cotonnades anglaises, des soieries françaises, des verroteries de Venise, des couteaux, de la poudre. — Le triste commerce des esclaves nègres pour les pays turcs est prohibé depuis assez longtemps.

Les principaux *ports* sont : *Tunis*, dont la position commerciale est excellente et qui fait les 5/6 du trafic; — Bizerte, Porto-Farina, Hammamet, Sousse, Sfakès, Gabès, que nous rangeons par ordre de position géographique. — Le mouvement des ports est de 300 000 tonnes seulement, et la marine marchande locale ne jauge que 3 000 tonnes. C'est peu pour un pays aussi avantageusement doté; mais il est permis de prévoir

pour la Tunisie, devenue française, un avenir plus prospère
que pour l'Algérie elle-même.

CHAPITRE III

SÉNÉGAL

§ I. Notice historique.

59. Le Sénégal est la plus ancienne de nos colonies.

A ce titre nous croyons intéressant d'emprunter à M. Gaffarel
quelques détails concernant les explorations des Normands français sur les côtes occidentales d'Afrique, à partir du XIVe siècle.

« En novembre 1364, les Dieppois équipèrent deux navires, du
port d'environ cent tonnes chacun, qui firent voile vers les Cana-
ries, arrivèrent vers Noël au cap Vert, et mouillèrent à *Rio-
Fresca*, devant la baie qui conserve encore le nom de *baie de
France*. Les noirs de la côte, auxquels les blancs étaient restés
jusqu'alors inconnus, accouraient pour les voir, mais ne voulaient
pas entrer dans les vaisseaux.

« Lorsque enfin ils s'aperçurent que nos compatriotes ne de-
mandaient qu'à ouvrir avec eux des relations amicales, et leur
montraient quantité d'objets inconnus qu'ils semblaient disposés
à échanger, peu à peu ils renoncèrent à leurs défiances, et appor-
tèrent de l'ivoire, de l'ambre gris et du poivre, qu'ils troquèrent
contre les bagatelles dieppoises dont la vue les avait tentés. Les
Dieppois, qui désiraient pousser plus avant, leur firent comprendre par signes qu'ils reviendraient l'année suivante, et les
engagèrent à amasser pour leur retour d'autres productions indigènes. Ils découvrirent ensuite le *cap Vert*, auquel ils donnèrent ce nom à cause de l'éternelle verdure qui l'ombrage, et
arrivèrent à *Boulaubel*, ou *Sierra-Leone*, comme le nommèrent
depuis les Portugais.

« Ils s'arrêtèrent ensuite à l'embouchure d'un fleuve, auprès
duquel ils trouvèrent un village d'indigènes qu'ils nommèrent le
Petit-Dieppe, à cause de la ressemblance du port et du village,
situé entre deux coteaux, avec le Dieppe français. Ils achevèrent
d'y charger leurs navires d'ivoire et de poivre, et, à la fin de

mai 1365, après six mois de voyage, ils étaient de retour en France avec une riche et précieuse cargaison.

« Les profits du voyage et l'espoir de les augmenter encore

Carte de la Sénégambie française.

excitèrent l'émulation des Normands. En septembre 1365, quelques marchands de Rouen s'associèrent avec ceux de Dieppe, et, au lieu de deux vaisseaux, en firent partir quatre. Les deux premiers avaient mission d'explorer les côtes depuis le cap Vert jusqu'au Petit-Dieppe, et d'y charger des marchandises. Les deux autres devaient pousser plus avant, et découvrir de nouveaux pays à explorer. Ce second voyage fut également heureux. Au bout de sept mois les deux premiers navires étaient de retour à Dieppe avec beaucoup de cuirs, de poivre et d'ivoire. Des deux autres navires chargés d'explorer de nouveaux pays, le premier s'arrêta sur la côte qu'on nomme aujourd'hui *côte du Poivre,* et dans un village appelé *Grand Sestre,* auquel les matelots donnèrent le nom de *Paris.* Ce navire ramassa si vite une telle quantité de cette précieuse denrée, qu'il ne voulut pas s'exposer à compromettre une aussi riche cargaison en poursuivant son voyage, et revint à Dieppe. Le quatrième navire longea la *côte des Dents* et arriva à celle *de l'Or.* L'or était en poudre. Les indigènes en ramassent encore de nos jours dans les cours d'eau qui descendent des monts Kongs.

« La nouvelle de ces découvertes, la facilité des échanges, la certitude de s'enrichir à peu de frais excitèrent les Dieppois. En peu de temps de véritables comptoirs, des *loges,* comme nous dirions aujourd'hui, s'élevèrent sur toute la côte de Guinée. Les indigènes, attirés vers nos compatriotes par la facilité de leurs mœurs, par leur entrain sympathique, par leur absence de morgue, apportaient en abondance à ces loges l'ivoire, la poudre d'or, le poivre, les plumes d'autruche, les peaux de bêtes féroces, que les Normands vendaient en France à des prix exorbitants. Peu à peu des relations régulières s'établissaient. Les indigènes apprenaient même notre langue, et accueillaient avec empressement tous ceux de nos compatriotes qui n'hésitaient pas à s'enfoncer dans l'intérieur du pays...

« En 1380, quelques armateurs de Dieppe et de Rouen, voyant que la concurrence diminuait leurs profits, résolurent un nouveau voyage d'exploration. En décembre, le navire qui portait le beau nom de la *Notre-Dame de Bon-Voyage,* était déjà sur la côte d'Or; neuf mois après il était de retour à Dieppe, chargé de poudre d'or. La voie était ouverte. Il ne restait qu'à s'y engager résolument.

« Le 28 septembre 1381, trois navires partaient de Dieppe pour le nouveau comptoir de la *Mine.* On a conservé leurs noms : *la Vierge, le Saint-Nicolas* et *l'Espérance. La Vierge* s'arrêta à la Mine. *Le Saint-Nicolas* s'avança plus au sud jusqu'au cap Corse, et *l'Espérance* ouvrit des loges à Fantin, Sabon, Tormentin et Akara. En juillet 1382, les trois navires étaient de retour en France, et les capitaines vantèrent tellement à leurs armateurs les richesses du pays et la douceur de ses habitants, que ceux-ci résolurent d'y fonder une véritable colonie, et d'en faire le centre de leurs opérations commerciales.

« En 1383, trois vaisseaux partirent donc pour la Mine. Ils portaient des matériaux de construction, des instruments de travail et des semences. Ces trois vaisseaux s'acquittèrent heureusement de leur mission, et quand ils revinrent en France dix mois après, plus richement chargés qu'ils ne l'avaient encore été, ils laissaient derrière eux une partie de leurs équipages. Ce fut le premier établissement de nos compatriotes sur ce continent, où depuis l'influence française n'a cessé et ne cessera pas, espérons-le, de grandir. La colonie de la Mine prit tout de suite de grandes proportions. De nombreux vaisseaux s'y rendirent ; il fallut bâtir pour les nouveaux arrivants une église et un fort.

« Cette prospérité ne fut pas de longue durée. Les terribles guerres des Armagnacs et des Bourguignons désolèrent notre pays, et les Anglais profitèrent de nos discordes pour envahir nos provinces.

« L'heure était mal choisie pour fonder une France africaine, alors que notre patrie était foulée par l'étranger, que la Normandie devenait un des principaux théâtres de la guerre, et que les Anglais, maîtres de Rouen, de Dieppe, de Honfleur et des autres ports, arrêtaient tout commerce. Nos armateurs normands essayèrent bien quelque temps de soutenir ces lointains comptoirs ; mais ce fut peine perdue : dès 1413, la Mine était abandonnée ; toutes nos autres loges l'étaient déjà depuis quelques années. Peu à peu on renonça aux voyages sur les côtes d'Afrique. Le souvenir même de ces aventureuses expéditions se perdit, surtout lorsqu'une autre nation, le Portugal, substitua son influence à la nôtre sur les tribus indigènes, et, plus jaloux de ses droits que nous ne l'avons jamais été des nôtres, non seulement chassa nos négociants des marchés dont ils avaient longtemps été les seuls maîtres, mais encore nous enleva, par-devant l'histoire et la postérité, la gloire de l'avoir précédée dans ces régions. » (P. Gaffarel.)

60. Quoi qu'il en soit de ces faits, trop éloignés de nous pour être certains, notre histoire au Sénégal ne remonte qu'à 1626, où une compagnie de marchands de Dieppe et de Rouen se forma pour créer ou pour soutenir les comptoirs français établis sur le littoral de la Guinée. Ces établissements passèrent en 1664 à la Compagnie des Indes orientales fondée par Colbert, plus tard à diverses associations commerciales et enfin à la *Compagnie des Indes occidentales,* qui seule eut quelque prospérité.

Gorée, Rufisque, Portudal et Joal, sur la côte au sud du cap Vert, furent enlevés à la Hollande en 1677, et le fort de Podor, sur le Sénégal, fut construit en 1743. Les Anglais occupèrent deux fois la colonie, de 1763 à 1783 et de 1809 à 1814.

Sous la Restauration, des essais de culture restèrent infructueux, et le progrès colonial ne commença qu'en 1854, avec l'administration vigoureuse et intelligente du commandant, plus tard général Faidherbe. Celui-ci dota Saint-Louis d'institutions libérales et financières, et d'écoles dirigées, soit par des laïques, soit par des congrégations religieuses; il créa des forts sur le Sénégal pour maintenir les indigènes et conclut avec ceux-ci des traités de paix.

En 1857, le terrible El-Hadji-Omar, le fanatique musulman fondateur de l'empire de Ségou-Sikoro, sur le Niger, menaça d'envahir la colonie et vint attaquer le fort de Médine, sur le cours moyen du Sénégal; après un siège de trois mois, soutenu héroïquement par le métis légendaire Paul Holl et une poignée de nos braves soldats, la place fut secourue par Faidherbe.

La puissance de la France en jeta un plus vif éclat, et son influence s'étendit par la soumission du royaume de Brakna, l'annexion du Dimar, du Toro et de toute la côte entre Saint-Louis et Dakar (1861). Bientôt après, les habitants de la Casamance, du Rio-Nunez et du Rio-Pongo devenaient nos tributaires.

Des explorations vers le Niger commencèrent avec MM. Mage et Quintin, qui pénétrèrent jusqu'à Ségou-Sikoro en 1866. M. Soleillet y arriva à son tour en 1878.

L'année suivante, les chambres votèrent des crédits pour le chemin de fer de jonction du Sénégal au Niger; mais une faible partie seulement de la ligne a pu être terminée en 1884, à cause surtout de l'insalubrité du climat, qui décima les travailleurs. Les 50 kilomètres exécutés ont coûté plus de 30 millions de francs, et cette dépense, hors de proportion avec le résultat probable, a fait ajourner l'achèvement du projet.

Le capitaine Galiéni construisit en 1879 le fort de Bafoulabé; l'année suivante il s'avança jusqu'au Niger et obtint d'Ahmadou, roi de Ségou, un traité de paix. Ce traité accorde aux Français le droit exclusif de fonder des comptoirs dans son royaume et établit notre protectorat « sur tout le haut Niger, depuis ses sources jusqu'à Tombouctou... », pour autant, bien entendu, qu'Ahmadou soit lui-même en réalité le souverain de toute cette région.

De son côté, le colonel Borgnis-Desbordes alla construire, en 1881, le fort et le camp retranché de Kita, à 1 250 km. de Saint-Louis; il eut à combattre Samory, puissant chef des Malinkés, et parvint en 1883 à Bamakou, où un fort fut construit pour marquer la prise de possession française de la région. Une canonnière à vapeur lancée sur le Niger y promène déjà le pavillon tricolore, que les riverains apprennent à connaître, et qui sous peu, espérons-le, parviendra jusqu'à Kabara, port de Tombouctou, le grand centre commercial et politique du Soudan occidental.

L'objectif de la politique française doit être de relier un jour la colonie du Sénégal à celle de l'Algérie, par l'établissement de rapports commerciaux, peut-être même par la construction d'un chemin de fer qui assurerait notre influence sur toute l'Afrique du nord-ouest. Si nous savons agir avec prudence et ténacité, en utilisant toutes les forces que donnent le commerce et la religion, par les négociants et les missionnaires, aussi bien qu'une diplomatie habile, peut-être qu'avant un demi-siècle l'influence française dominera sans conteste sur toutes les parties occidentales du Soudan et du Sahara. Jointes à l'Algérie et à la Tunisie, elles nous donneraient ainsi un empire colonial franco-africain aussi vaste que la moitié de l'Europe.

§ II. Géographie physique.

61. Situation. — La colonie française du Sénégal, ainsi appelée du fleuve principal qui l'arrose, est située dans l'Afrique occidentale, entre le Sahara au nord, le Soudan à l'est, la Guinée au sud et l'Atlantique à l'ouest.

Le *Sénégal* français proprement dit ne comprend que le littoral et le versant de gauche du fleuve, sur une superficie de 200 000 km²; mais avec ses dépendances, poussées aujourd'hui jusqu'au cap Blanco du Sahara au nord, la Mellacorée au sud et le Niger à l'est, notre *possession sénégalienne,* ou plutôt *sénégambienne,* comprend 12 degrés en latitude (du 9° au 21° en latitude nord) et 12 à 13 degrés en longitude (du 7° au 20° en longitude ouest de Paris), ce qui donne une superficie double de celle de la France, soit 1 000 000 de km².

En d'autres termes, toute la région appelée Sénégambie, à part quelques enclaves anglaises et portugaises, subissant notre influence exclusive, peut être considérée et étudiée comme colonie française.

62. Le littoral. — Le littoral présente un développement de plus de 1 300 km.; le cap Vert le divise en deux parties d'égale longueur, mais de caractères bien différents.

Du *cap Blanco* jusqu'à Saint-Louis, même jusqu'au *cap Vert,* c'est la côte saharienne, basse, bordée de dunes, d'étangs ou lagunes; elle est généralement droite, sans échancrure, sans port, sauf le chenal du Sénégal, d'un accès rendu très difficile par une double ligne de brisants et de bancs de sable qui borde tout le littoral.

Toutefois on remarque au nord, dans la partie saharienne, la *baie du Lévrier,* formée par la presqu'île aujourd'hui espagnole du cap Blanco ; puis *la baie* poissonneuse d'Arguin avec l'île de ce nom, la *baie Saint-Jean* et le *cap Timris.* Cette côte est inexploitée, si ce n'est par les pêcheurs canariens, et les anciens comptoirs français de Portendik et d'Arguin ont disparu.

Le cap Vert, *cabo Verde* des Portugais, le plus occidental du continent africain, termine une presqu'île remarquable par sa nature basaltique autant que par sa forme triangulaire. Cette presqu'île circonscrit la *baie de Gorée,* renfermant l'îlot également basaltique de même nom.

Du cap Vert au fleuve Mellacorée, la côte sénégambienne est fortement échancrée par une douzaine d'estuaires, larges, déchiquetés eux-mêmes, séparés par des presqu'îles et des caps nombreux. Bien qu'obstrués par des bancs de sable, ils donnent accès à la navigation dans des fleuves côtiers dont les principaux sont la Gambie et le Rio-Grande.

63. **Orographie.** — La Sénégambie renferme plus de plaines que de véritables montagnes.

La région montagneuse du sud-est se rattache au système dit des *monts Kongs,* qui couvrent l'intérieur de la Guinée septentrionale et dont le point central paraît être le *mont Loma,* 2 000 m., aux sources du Djoliba–Niger. Le massif du *Fouta-Djalon* et du *Taugue,* d'où descendent tous les fleuves de la région sénégambienne, paraît élevé de 3 000 à 4 000 m., d'autres disent 1 200 à 1 500 m.; parmi les sommets qui conservent des neiges permanentes, on signale les *monts Sérc, Colima* et *Pélat,* situés à l'ouest de Timbo, aux sources du Bafing et de la Falémé. Des chaînons rayonnants séparent les cours supérieurs du Niger, du Sénégal et de chacune des rivières dites du Sud.

Les *plaines,* plus ou moins fertiles et boisées, dominent sur le littoral et s'étendent sur la partie nord-ouest, entre les cours inférieurs de la Gambie et du Sénégal. Au nord de ce dernier fleuve jusqu'au Niger, c'est là plaine du *Sahara* avec ses déserts caractéristiques et ses rares oasis.

64. **Hydrographie.** — Les principaux fleuves de la Sénégambie sont le Sénégal et la Gambie, le Rio-Géba, le Rio-Grande, le Rio-Nunez, le Pongo, la Mellacorée et les deux Scarcies.

Des comptoirs français sont établis sur chacun de ces fleuves ou rivières maritimes, dont les embouchures sont des estuaires, sauf pour le Sénégal, qui se termine en une sorte de delta incomplet.

Le *Sénégal* est formé à Bafoulabé de deux grands affluents : le Bafing ou « rivière Noire », et le Bakoï ou « rivière Blanche ». Le *Bafing*, qui paraît être la branche principale, descend du Fouta-Djalon, passe près de Timbo, et parcourt une vallée bordée d'escarpements à l'ouest, plus plate à l'est. Le *Bakoï* naît au pays peu élevé de Manding, à quelques lieues seulement de Bamakou et du Niger; il coule vers le nord-ouest en recevant plusieurs affluents des pays du Jallonka, du Fouladougou, de Kita, et rejoint le Bafing à Bafoulabé.

En aval de ce confluent, le Sénégal forme dans le Bambouk une série de chutes dont la première est le saut de Guina, et la dernière, la chute du Felou, que l'on dit haute de 20 à 30 m. et large de plus de 400 m. Il ne devient navigable qu'à Médine ou plutôt à Kayes; plus bas, il reçoit à droite la Falémé, son principal affluent, qui sépare le Bambouk du Bondou et baigne Bakel, où il s'étend en une belle nappe de 600 mètres de largeur; puis, sur la limite du Fouta et du Toro, il traverse une vaste plaine où il baigne Matam, Saldé et Podor; il se divise en deux bras ou marigots qui enveloppent de longues îles boisées dont la principale est l'île de Morfil, cette « île de l'Ivoire » où les indigènes chassaient autrefois l'éléphant.

En aval de Podor, après avoir formé de nombreux méandres, le fleuve communique avec deux lacs, le *Cayor* au nord, et le *Guier* au sud, qu'il remplit de ses eaux dans la saison des pluies et qu'il draine, au contraire, au temps de la sécheresse. Dans la plaine marécageuse et boisée du Oualo il passe à Richardtoll et se divise de nouveau en nombreux marigots ou bras de deltas dont les plus septentrionaux, arrêtés aujourd'hui par la barre sablonneuse du littoral, courent vers le sud. Le bras principal, qui baigne l'île de Saint-Louis, atteint une lagune dirigée du nord au sud et s'en échappe à travers la dune par une coupure qui, variant de position, se trouve actuellement à 15 km. au sud de la capitale.

La longueur du Sénégal est évaluée à 1 600 km. depuis les sources du Bafing, et à 1 250 km. depuis Bafoulabé. Son altitude est de plus de 2 000 m. à sa source, de 143 m. au confluent, à Bafoulabé, et de 50 à Médine.

Navigable depuis Kayes, 1 000 km., au temps des grandes eaux, et depuis Podor, 250 km., en toute saison, le Sénégal est la voie commerciale naturelle entre la côte et le bassin du Niger. Malheureusement les barres sablonneuses de son embouchure, les chutes de sa partie supérieure, les variations irrégulières de son niveau, provoquées par les pluies de l'hivernage, nuisent à sa navigation, qui n'est praticable en tout temps qu'aux bâtiments calant moins d'un mètre.

Le *Saloum* n'est qu'une petite rivière, mais il se jette dans un estuaire très vaste rempli d'îles; il traverse le petit royaume de Saloum.

La *Gambie,* moins longue que le Sénégal, 900 km., a une embouchure en estuaire plus large, 5 à 10 km., et plus navigable. Elle descend du massif du Taugue, qu'elle contourne par le nord pour courir vers l'ouest; elle traverse une large et fertile vallée en arrosant divers comptoirs anglais, entre autres Albréda au nord et Sainte-Marie-de-Bathurst au sud de son embouchure.

La *Casamance* a peu d'étendue; elle baigne les postes français de Sedhiou et de Carabane.

Le *San-Domingo* ou *Cuchéo,* le *Rio-Géba* et le *Rio-Grande* (Grande-Rivière) forment des estuaires navigables sur les bords desquels les Portugais ont établi des factoreries; en face se trouvent les îles Bissagos, peuplées de métis portugais qui excellent dans le commerce et le cabotage.

Le *Rio-Nunez,* le *Rio-Pongo* et la *Mellacorée* traversent des régions fertiles qui renferment de nombreux comptoirs français.

Les deux rivières *Scarcies* sont sous le protectorat de l'Angleterre et marquent la limite de la florissante colonie nègre de Freetown, dont le chef-lieu de même nom se trouve à l'embouchure de la Rokelle.

Le *Niger,* fleuve du pays des Noirs, forme actuellement la limite orientale des possessions françaises du Sénégal. Né au massif du Loma, dans la chaîne des Kongs, à l'est du Fouta-Djalon, qui lui envoie des affluents encore peu connus, il se dirige vers le nord-est sous le nom de *Djoliba,* traverse le pays des Mandingues, y baigne le nouveau fort français de Bamakou, puis Ségou-Sikoro, la capitale du Ségou, et Sansandig. — Plus au nord il reçoit à droite de puissants affluents, se divise en plusieurs bras qui enferment de vastes îles dans le Bourgou, et traverse d'immenses marécages que l'on désigne parfois sous le nom de *lac Dibbie* ou Debou. Arrivé à Kabara, en face de Timbouctou, le grand marché soudanien, le Niger décrit vers l'est et le sud-est une courbe remarquable analogue à celle du Congo, mais en sens inverse, ce qui le ramène vers le golfe de Guinée, dont il semblait d'abord vouloir s'éloigner.

Le cours inférieur et le delta du Niger appartiennent aujourd'hui aux Anglais, comme son cours supérieur est destiné à devenir français. Ce fleuve immense, long de plus de 4500 km., sera ainsi l'artère principale du commerce et de la civilisation vers le Soudan occidental et le Sahara central.

65. Climat. — Contrée intertropicale, le Sénégal a le *climat torride,* surtout dans les déserts du nord, mais avec des atténuations considérables sur le littoral, dues à l'influence du courant froid marin qui suit la côte du nord au sud.

A Saint-Louis, les écarts de température varient de 20 à 28 degrés seulement, température moyenne; tandis qu'à Médine ou à Bakel le thermomètre monte de 25 degrés en hiver jusqu'à 65 degrés en été, même à l'ombre, lorsque souffle l'harmattan ou vent du nord-est venant du Sahara.

Il n'y a que deux saisons : l'*hivernage,* saison des pluies et des fièvres, qui est très funeste aux Européens et dure de juin à novembre; et la *saison sèche,* plus chaude, mais moins malsaine, qui dure de décembre à juin et compte à peine quelques jours de pluie en six mois.

Grâce à son altitude plus considérable, le massif montagneux du centre jouit d'un climat plus tempéré, dont la colonisation européenne profitera peut-être un jour.

3*

En hiver, des *tornades* ou vents tournoyants et nuageux, accompagnés de coups de tonnerre, souvent aussi d'averses abondantes, sévissent fréquemment sur le littoral, et des *raz de marée* dévastent la côte en mai et juin.

66. **Productions.** — Sans parler ici des produits commerciaux, le Sénégal abonde en végétaux et animaux qui atteignent souvent une grande taille. Qu'il nous suffise de citer, parmi les premiers, l'immense baobab, le tamarinier, l'acacia, le gommier, l'adansonia, le palmier, le bombar ou fromager, le chi ou arbre à beurre, de beaux bois de teinture et de construction; parmi les seconds, les singes, le lion, le léopard, l'éléphant, l'hippopotame, le crocodile, les perroquets, l'autruche, le marabout ou cigogne à sac. Les fourmis blanches ou termites et les moustiques sont les fléaux de la contrée.

L'or, l'argent, le fer, le cuivre existent, mais sont peu exploités. Le sel est assez commun.

§ III. Géographie politique.

67. **Ethnographie.** — La population coloniale ne comprend guère que 2 000 Européens et 200 000 noirs, administrés par nous et répandus sur un territoire vaguement évalué à 40 ou 50 000 km².; mais dans ces derniers temps plus de 2 000 000 de noirs et autres indigènes ont été placés sous notre protectorat et vivent soit sédentaires, soit nomades, sur une étendue de 3 à 400 000 km². Peu à peu notre influence s'établit sur le reste de la Sénégambie.

On distingue les Européens, les Maures et les Noirs. Parmi les *Européens,* il y a à peine 300 commerçants, la plupart Français, résidant à Saint-Louis ou à Gorée; les autres sont des employés civils et militaires qui ne séjournent qu'un temps plus ou moins long, à cause de l'insalubrité du climat.

Les *Maures,* de race berbère, musulmans et fanatiques, sont les *Trarza* et les *Douaïch,* qui parcourent en nomades le désert de la rive droite du fleuve, qu'ils n'ont que trop souvent traversé pour faire des razzias au milieu des peuplades noires de la rive gauche.

Parmi les *noirs* on classe les *Peuls,* les *Ouolofs,* les *Mandingues,* les *Toucouleurs,* etc.

Les *Peuls*, appelés aussi Foulahs, Foulbés ou Fellatahs, sont plutôt de race brune ou éthiopienne; industrieux et pasteurs, mahométans et conquérants, ils habitent le Fouta du bas Sénégal et le massif du Fouta-Djalon.

Les *Ouolofs*, Yolofs ou Djolofs sont de vrais nègres, au teint noir, nez épaté, lèvres épaisses, mais de belle stature; ils habitent la plaine au sud de Saint-Louis.

Les *Mandingues*, Mandings ou Malinkés, et leurs frères les *Bambaras*, sont intelligents, cultivateurs, aptes au négoce, mais fétichistes; ils peuplent les régions centrales et les bords du Niger.

On appelle *Toucouleurs* les tribus métisses de Peuls et de nègres; musulmans, rusés, fanatiques et turbulents, ils ont créé souvent de grands embarras à la colonisation du pays.

Les indigènes sont en général groupés en villages avec un chef élu, et en petites souverainetés ou royaumes. Il y a parmi eux des hommes libres et des esclaves. Les guerriers, qui sont en honneur, se partagent la dépouille des vaincus. On trouve même des anthropophages dans le sud-ouest.

68. Les principaux États ou royaumes du Sénégal sont: au nord, le *Cayor*, dont le chef porte le nom de Damel; le Oualo, le *Dimar*, le *Fouta*, le Bondou; à l'est, le *Bambouk*, le Jallonka, le Kita, le *Manding*; à l'ouest, le Baol, le Serère, le *Saloum*, le Chabou, le Narou, le Biafar, le *Fouta-Djalon*; ce dernier royaume, soumis à notre protectorat en 1883, a pour capitale Timbo, aux sources du Bafing.

69. **Administration.** — La colonie est administrée par un *gouverneur* résidant à Saint-Louis. Un préfet apostolique est le chef du culte catholique. — Il n'y a que trois communes organisées, qui sont en même temps des paroisses: Saint-Louis, Gorée-Dakar et Rufisque; elles sont administrées comme celles de France. — La colonie élit un conseil général et nomme un député au parlement français.

Ci-devant divisé en deux arrondissements dits de Saint-Louis et de Gorée, le Sénégal comprend aujourd'hui *quatre arrondissements* ou parties diversement administrées, savoir: ceux de Saint-Louis, du Haut-Fleuve, de Dakar et des Rivières du Sud.

Signalons les villes ou les principaux centres de population de la colonie.

L'arrondissement de SAINT-LOUIS, placé sous les ordres directs du gouverneur, comprend les cercles de Saint-Louis, Dagana, Podor et Saldé, sur le bas Sénégal.

Saint-Louis, 20 000 h., chef-lieu de la colonie et résidence du gouverneur, est bâti sur un îlot sablonneux du fleuve Sénégal, à quinze km. de son embouchure, mais à 500 m. à peine de la mer, dont il n'est n'est séparé que par le petit bras du fleuve et une langue de terre appelée côte de Barbarie. Saint-Louis a été fondée en 1626 par la Compagnie

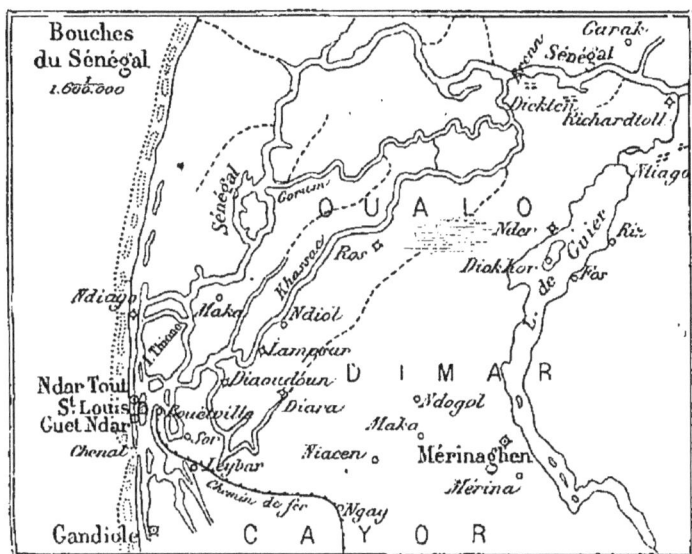

Saint-Louis et le delta du Sénégal.

française patronnée par le cardinal de Richelieu. Longtemps composée de simples cases de paille, presque entièrement remplacées par des maisons à galeries et à terrasses bordant des rues bien alignées et bien entretenues, la ville de Saint-Louis possède aujourd'hui quelques beaux édifices publics; un pont de bateaux, long de 650 m., traverse le grand bras du fleuve pour atteindre à Bouëtville la gare du chemin de fer de Dakar; deux autres ponts sont jetés à Oé, sur le petit bras, pour rattacher les deux faubourgs de Guet-Ndar (en ouolof Parc de Saint-Louis) et de Ndar-Tout (Petit-Saint-Louis), bâtis sur la langue sablonneuse de Barbarie et peuplés principalement de pêcheurs.

Saint-Louis fait un commerce actif par le fleuve, et l'extension de la colonie vers le Niger lui ménage un avenir florissant, surtout si l'on exécute le projet d'un avant-port en face de la ville pour éviter le détour de l'embouchure. Malgré les difficultés de la barre, les navires y viennent débarquer, bord à quai, les marchandises européennes et en remportent les gommes, les arachides, les peaux et les cuirs entreposés par les maisons de commerce.

La banlieue de Saint-Louis contient les villages de *Gandiole*, *Ndiago*, *Mérinaghen*, *Richardtoll,* etc. ; une vingtaine de forts sont établis sur la route de Dakar et sur le bas fleuve.

Dagana, *Podor* et *Saldé,* sur le Sénégal, sont les chefs-lieux des cercles dépendant de l'arrondissement de Saint-Louis.

70. *L'arrondissement du* HAUT-FLEUVE est administré militairement par un commandant qui réside à *Kayes* ou *les Cayes,* localité fondée en 1880, en aval de Médine. Il comprend depuis Matam plusieurs cercles dont les chefs-lieux sont *Bakel*, poste fortifié en 1820 ; *Médine,* qui rappelle le siège de 1857 ; *Bafoulabé*, au confluent du Bafing et du Bakoï ; *Kita*, camp retranché établi en 1881 sur le plateau de ce nom ; et *Bamakou,* ville du Bambara, sur le Niger, d'où l'influence et le commerce français vont descendre vers Timbouctou.

Des groupements d'habitations indigènes se forment autour de ces postes fortifiés, qui assurent la tranquillité de la contrée.

71. *L'arrondissement de* DAKAR est administré par un fonctionnaire civil relevant du gouverneur. Peu étendu, il comprend les villes de Gorée, Dakar, Rufisque et Portudal.

Dakar, 2000 h., fondée en 1857, pour suppléer à l'insuffisance du port de Gorée, est bâtie à l'intérieur d'une baie formée par la presqu'île du cap Vert, sur un petit plateau d'une altitude de 18 m. Port sûr, défendu par un fortin ; dépôt de charbon, tête de ligne du chemin de fer de Saint-Louis et avant-port de cette ville, point de ralliement de la division navale, relâche des paquebots des Messageries maritimes, Dakar est appelée à un avenir brillant, peut-être à supplanter Saint-Louis.

Gorée a été bâtie en 1365 par les négociants dieppois, sur un îlot de 36 hectares de superficie, situé à l'entrée de la baie

de ce nom; elle est défendue par un castel qui domine la ville
à 60 m. de hauteur. Gorée a eu son époque d'importance et
fut l'objet de plusieurs attaques navales; détrônée aujour-
d'hui par Dakar, sa population est tombée de 4 000 à 2 000
habitants.

Rufisque, du portugais Rio-Fresca « rivière fraîche », est
une ville très florissante de 5 000 h., située sur la côte du
Baol. — *Portudal* et *Joal*, 2 000 h., sur la côte de Sine, paraissent avoir, comme Rufisque, une origine portugaise.

72. *L'arrondissement des* RIVIÈRES DU SUD s'étend du Rio-
Saloum à la Mellacorée; il comprend tous les comptoirs établis
au sud-ouest de la Sénégambie et est administré par un lieu-
tenant-gouverneur, résidant à Conacry.

Les principaux centres de commerce et de population sont
les villages de *Kaolak*, sur le Saloum; — *Sedhiou*, à 35 lieues
de l'embouchure de la Casamance; — *Carabane*, dans une île
à l'embouchure du même fleuve; — *Boké*, sur le Rio-Nunez;
— *Boffo*, sur le Rio-Pongo; — *Conacry*, en face des îles Los; —
Benty, sur la rive gauche de la Mellacorée, point extrême des
possessions françaises.

73. **Industrie.** — Les indigènes de la Sénégambie vivent
principalement de l'élève du bétail, de la pêche, de la culture
du mil, du manioc, du riz, du maïs et de *l'arachide*. Celle-ci
est une papilionacée dont les gousses, qui s'enfoncent en terre
pour mûrir, donnent une huile abondante propre à divers
usages. — Ils cultivent aussi l'indigo, le coton et tissent des
bandelettes d'étoffe bleue dont ils font le pagne, sorte de vêtement assez rudimentaire.

Il y a parmi eux des forgerons, des potiers, des fabricants
d'objets usuels, de bijoux, souvent artistement travaillés. Ils
exploitent l'or, dans le Bambouk (pour un demi-million) et
d'autres métaux.

74. **Commerce.** — Le commerce intérieur se fait différem-
ment selon les régions : sur le haut fleuve, on troque les produits du pays contre des marchandises importées; dans le
Cayor, les arachides sont échangées contre espèces sonnantes
ou contre du fer de Suède en barre; dans le Serère, on troque
contre de l'eau-de-vie; dans les Rivières du Sud, contre des guinées ou tissus de coton, des fusils, de la poudre, du tabac, etc.

Le commerce de la colonie est assez florissant depuis une dizaine d'années. Le *chemin de fer* de Saint-Louis à Rufisque et Dakar, long de 263 km., rend déjà de grands services. Une autre ligne, à voie étroite, de 1 m. de largeur, commencée en 1882, remonte le haut fleuve depuis Kayes, où finit la navigation régulière, et doit atteindre Bafoulabé, plus tard Bamakou.

Le *commerce extérieur* de la colonie s'est élevé de 25 millions en 1875, à 50 millions en 1883. Il se fait pour les 2/3 avec la métropole, surtout pour l'exportation.

Les marchandises *importées* proviennent de la France (12 millions de francs), de l'Angleterre (6 millions), de la Belgique (4 millions), de l'Allemagne (3 millions) et de l'Amérique (2 millions).

Ce sont notamment des denrées alimentaires et des vins français, des armes et des tissus belges et anglais, des eaux-de-vie de Hambourg, du fer de Suède et du tabac d'Amérique.

Les *exportations* consistent surtout en *arachide*, pour une valeur rapidement croissante de 13 millions en 1880 à 20 millions en 1883; — en *gomme* d'acadie, pour 4 millions; en caoutchouc, sésame, cire, peaux et plumes; en outre, le café du Rio-Nunez et le riz de la Casamance.

Saint-Louis et Gorée-Dakar sont deux *ports* d'importation et d'exportation; Rufisque et la plupart des comptoirs font surtout l'exportation et la troque.

Le mouvement de la navigation a lieu particulièrement avec les ports de Bordeaux, Marseille, Londres, Liverpool, Cardiff, Hambourg et Boston. — Des services réguliers sont établis de Bordeaux et de Liverpool à Dakar. De petits vapeurs de l'État font les transports sur le fleuve jusqu'à Kayes. De Kayes à Bamakou, la correspondance par terre prend dix-sept jours. Des canonnières naviguent déjà sur le Niger. Les comptoirs des Rivières du Sud sont reliés par un service régulier de bateaux à vapeur.

Une ligne télégraphique rattache Saint-Louis à Bamakou. Un câble sous-marin anglais, subventionné par la France et le Portugal, relie Paris par Cadix et Ténériffe à Saint-Louis, Dakar, Bathurst, Conacry, Freetown, Grand-Bassam, Assinie, Accra, Grand-Popo, Lagos et Saint-Paul de Loanda. Il rattache ainsi la métropole à nos possessions du Sénégal, et à celles des côtes de Guinée dont nous allons parler.

CHAPITRE IV

CÔTES DE GUINÉE

75. Historique. — Nul doute que les négociants français de Dieppe et de Rouen, en même temps que les Portugais, n'aient fréquenté les côtes de Guinée, aussi bien que celles du Sénégal, dès le xiv⁰ siècle ; mais l'histoire est muette sur leurs exploits jusqu'en 1700, où la compagnie d'Afrique fonda, sur la rivière d'Assinie, un comptoir qui fut abandonné quelques jours après. C'est en 1843 seulement que Louis-Philippe chargea le lieutenant, plus tard amiral Bouët-Willaumez, de prendre officiellement possession des territoires de *Grand-Bassam*, d'*Assinie* et du *Gabon*.

Le royaume de *Porto-Novo*, sur la côte des Esclaves, ne devint notre protégé qu'en 1864, et ne fut occupé militairement que vingt ans après.

Le *Popo* est situé sur la même côte, en face du Dahomey. Par suite de négociations diplomatiques en 1886, la France a obtenu le *Grand-Popo*, tandis que l'Allemagne a pris possession du *Petit-Popo* et du *Togo*, situés à l'est de la colonie anglaise de la côte d'Or, et que les Portugais se sont établis officiellement sur la côte du Dahomey, de manière à resserrer nos comptoirs de la côte des Esclaves. Un coup d'œil jeté sur les cartes ci-après, fait comprendre la situation respective et l'enchevêtrement des possessions européennes dans ces parages.

§ I. Côte d'Ivoire.

76. Bassam et Assinie. — La partie de la côte d'Or ou, plus exactement, de la côte d'Ivoire appartenant à la France, présente un développement de plus de 300 km. Elle s'étend à l'ouest, jusqu'à la république de Libéria, sans démarcation bien déterminée ; à l'est, elle confine aux possessions anglaises de la côte d'Or qui commencent à la rivière Tanoé. — Dabou,

Grand-Bassam et Assinie, qui en sont les principaux comptoirs, ne consistent qu'en villages indigènes, auprès desquels on a établi un poste, ou enceinte entourée de palissades, destiné à protéger les maisons de commerce.

À la France   Angl.

Comme pour toute la Guinée en général, la côte d'Ivoire est basse, marécageuse, boisée et insalubre; elle consiste en une langue de terre sablonneuse, derrière laquelle court une série de lagunes où affluent les eaux de l'intérieur.

La lagune de Bassam, ou d'Ebriès, baigne à la fois *Grand-Bassam*, situé à l'est, à 4 km. de la mer sur l'embouchure de l'Akba, *Petit-Bassam* au sud et *Dabou* au nord.

Assinie est située sur la rivière de même nom, qui sert de débouché à la double lagune d'Ahy-Tendo, dans laquelle se jettent, à l'ouest, la rivière Bia ou Assinie, et à l'est, la rivière Tanoé, limite de la colonie.

L'exportation de la côte d'Ivoire consiste surtout en huile de palme, poudre d'or, cuir, ivoire; elle se fait principalement par les indigènes Jaks-Jaks, qui occupent le littoral et qui trafiquent de préférence avec les négociants anglais. L'importance du commerce français est si peu considérable, qu'en 1872 le gouvernement a livré Grand-Bassam à la maison Verdier de la Rochelle, et Assinie à la maison Swanzy de Londres, en réservant toutefois ses droits pour l'avenir.

Il y a même eu un projet d'échanger ces deux possessions contre celles que l'Angleterre tient sur la Gambie, ce qui eût été peut-être plus avantageux pour chacune des deux parties, en écartant les occasions de conflits d'intérêts.

§ II. Côte des Esclaves.

77. Le Popo. — L'importance de nos établissements de *Grand-Popo* n'est pas bien connue, ni sans doute bien considérable, d'autant plus que la concurrence allemande y fait tort aux transactions commerciales de nos maisons marseillaises. L'objet des échanges est sensiblement le même qu'à Porto-Novo, dont nous allons parler.

78. **Porto-Novo.** — La colonie française de *Porto-Novo* est située sur la côte des Esclaves, à l'est du lac Denham et du Dahomey, et à l'ouest de la ville plus connue de Lagos, chef-lieu des possessions anglaises. Elle comprend une côte de 45 km. de longueur, formée d'une barre sablonneuse où se trouve le poste français de Cotonou, et d'une lagune courant de l'ouest à l'est, au delà de laquelle est bâtie Porto-Novo.

Porto-Novo, peuplée de 20 000 hab., est la capitale du royaume de même nom qui s'est soumis au protectorat français, et qui compte environ 100 000 indigènes, tous de race nègre, superstitieux et fétichistes.

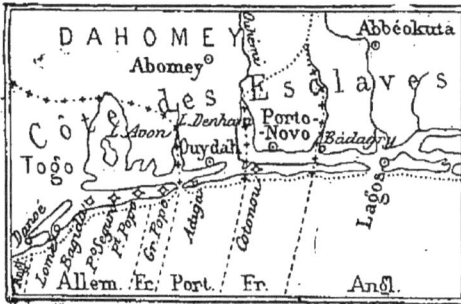

La puissance du roi est despotique, et les coutumes barbares du Dahomey s'y pratiquaient encore récemment. Des missionnaires catholiques et une école tenue par des religieuses ont aidé à la conversion de 2 000 noirs.

Le commerce de Porto-Novo est relativement florissant (10 millions); il consiste surtout dans l'exportation des huiles et des amandes de palme et de la poudre d'or, troquées contre des marchandises européennes. Des maisons de Marseille y ont de nombreux comptoirs. Malheureusement la lagune n'a de débouché qu'à Lagos, qui dépend de l'Angleterre; mais on projette de construire un canal qui couperait la langue de terre par Cotonou, poste fortifié et résidence du commandant français. La correspondance avec l'Europe ne se fait que par les navires qui touchent à Lagos.

CHAPITRE V

CONGO FRANÇAIS

79. Notice historique. — En 1842, l'escadre française évoluant dans le golfe de Guinée pour surveiller, d'accord avec l'escadre anglaise, la traite des nègres, choisit comme lieu de refuge et de ravitaillement l'estuaire du Gabon, qui fut acheté à deux petits rois riverains appelés Louis et Denis. La prise de possession eut lieu en 1843, et le premier village français, *Libreville*, fut fondé sur un plateau en 1849. En 1862, on s'empara du cap Lopez et du delta de l'Ogôoué. Toutefois notre commerce profitait peu de cette colonie, qui fut même abandonnée en 1871.

Mais bientôt les explorateurs français Marche et de Compiègne remontent l'Ogôoué (1874); Savorgnan de Brazza, italien de naissance, lieutenant de marine au service de la France, atteint, en 1877, le plateau des sources de ce fleuve et y découvre (1878) l'Alima et la Licona, qu'il soupçonne être des affluents du Congo; mais, repoussé par les indigènes, il est obligé de retourner sur ses pas sans apercevoir le fleuve même que, un an auparavant (1877), l'explorateur américain Stanley avait descendu en entier depuis Nyangoué jusqu'au golfe de Guinée.

Pour comprendre la suite des événements, il est bon de rappeler que, déjà en 1876 le roi des Belges, Léopold II, avait fondé avec les représentants des grandes puissances une Association internationale pour la civilisation de l'Afrique centrale, en vue surtout d'éteindre la traite des nègres et de faire profiter le commerce de toutes les nations. Des stations scientifiques et hospitalières furent d'abord échelonnées sur la route du Zanguebar au grand lac Tanganîka, dans la région orientale. Apprenant la traversée de Stanley, le roi le fit venir à Bruxelles, puis le chargea de retourner sur le Congo, qu'il venait de découvrir, avec mission d'y établir des stations et d'ouvrir d'abord une communication vers l'intérieur par la côte occidentale, car il s'agissait de suppléer par un chemin de voiture au défaut de navigabilité du fleuve, qu'interrompent les cataractes échelonnées de Vivi au lac Stanley (Stanley-Pool). Ainsi furent établis successivement, de 1879 à 1882, une série de postes, notamment ceux de Boma, Vivi, Manyanga et Léopoldville.

Mais, pendant ce temps, encouragé par une subvention du roi des Belges, Pierre de Brazza, dans un second voyage, remontait de nouveau l'Ogôoué et fondait Franceville sur le plateau central;

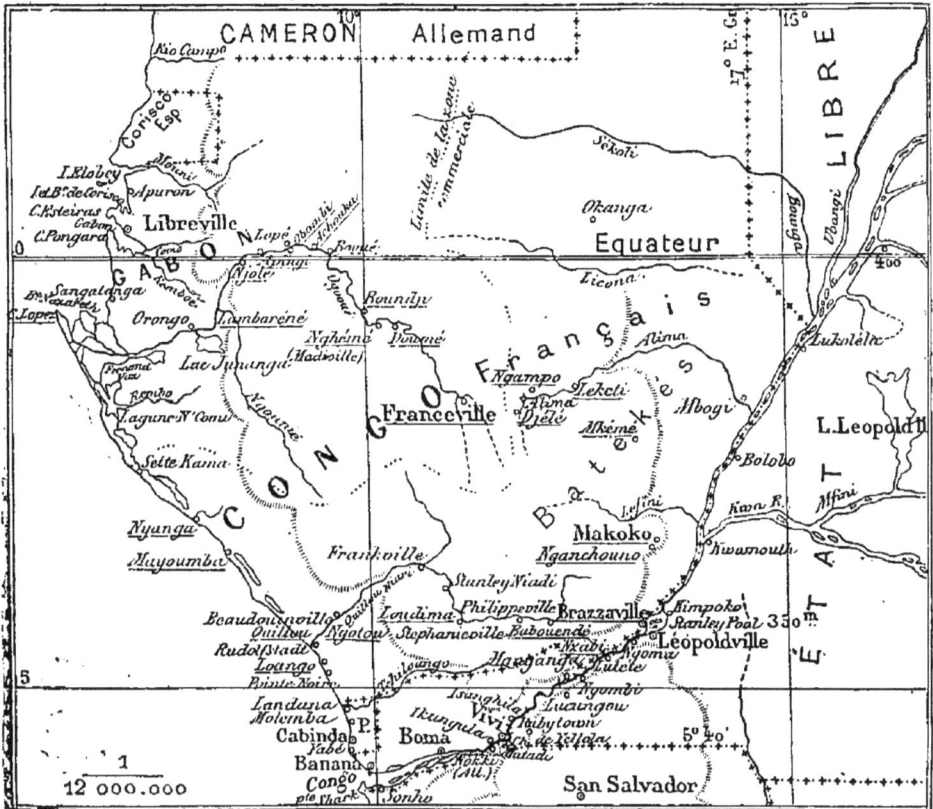

Carte du Gabon et du Congo.

parvenu sur le Congo, il obtient de Makoko, roi des Batékés, un traité par lequel celui-ci se met sous le protectorat français et cède le territoire dit de Brazzaville, où notre explorateur plante le drapeau tricolore sur la rive nord du Stanley-Pool, en face de Léopoldville. De Brazza regagne ensuite la côte par la vallée du Quillou et revient en France, où bientôt après le gouvernement de la république, par la loi du 30 novembre 1882, ratifiant le traité conclu avec le Makoko, « se fait remettre par le comité français de l'Association internationale les deux stations fondées de Franceville et de Brazzaville. » (*Notices coloniales.*)

Dans un troisième voyage accompli de 1883 à 1885, cette fois avec le titre de « commissaire du gouvernement de la république française », de Brazza s'empara de plusieurs points du littoral, notamment Punta-Negra et Loango, pendant que l'Association africaine établissait plusieurs stations dans la vallée du Quillou-Niari ; puis remontant encore une fois l'Ogôoué, il vint retrouver le Makoko pour lui faire la remise de la ratification des traités susdits (avril 1884).

Mais de cette prise de possession s'ensuivirent avec l'Association des difficultés qui s'accrurent encore par les prétentions du Portugal revendiquant, au nom de ses droits historiques, la possession du bas Congo. En effet, on attribue généralement la découverte de l'embouchure du Congo-Zaïre au Portugais Diego Cam, en 1484, et le Portugal fut longtemps en relation d'affaires avec l'ancien royaume du Congo ou de San-Salvador ; mais depuis trois siècles il n'avait rien établi à l'intérieur, et le Congo lui-même resta inconnu jusqu'au jour où Stanley révéla au monde étonné ce fleuve géant.

Pour aplanir les différends politiques, il ne fallut rien moins qu'une conférence internationale, laquelle fut convoquée par le prince de Bismark au nom de l'empire allemand et s'ouvrit à Berlin le 15 novembre 1884. Les quatorze puissances qui y furent représentées sont : l'Allemagne, la France, l'Angleterre, l'Autriche-Hongrie, la Russie, l'Italie, la Belgique, la Hollande, le Portugal, l'Espagne, le Danemark, la Suède-Norvège, la Turquie et les États-Unis d'Amérique.

Il résulta de cette conférence un ACTE GÉNÉRAL, signé le 25 février 1885, qui consacre les principes suivants :

1º La liberté du commerce et de la navigation dans le bassin *conventionnel* du Congo, lequel comprend non seulement le bassin *hydrographique* du fleuve et de ses affluents, mais encore à l'ouest celui du Quillou et de toute la côte depuis Sette-Kama (2º 30′ latitude nord) jusqu'au fleuve Logué près d'Ambriz. A l'est, la zone libre prolongée comprend la région des grands lacs et tout le littoral de l'océan Indien, depuis le Somaul (5º latitude nord) jusqu'aux bouches du Zambèze. Cette vaste zone commerciale reste ainsi libre pour tous les pavillons, quelles que soient les puissances qui possèdent ou posséderont dans l'avenir les territoires y inclus ;

2º La neutralité, en cas de guerre, desdits territoires de la zone libre : les états possesseurs, fussent-ils belligérants, ne peuvent les attaquer ni s'en servir comme base d'opérations militaires, pour ne pas nuire aux droits des neutres et pour éviter tout conflit avec les indigènes ;

4

3° La suppression de la traite des esclaves, la protection des indigènes, des missionnaires et des voyageurs, ainsi que la liberté religieuse; en un mot, la plus complète égalité de tous les individus indigènes ou européens séjournant dans le pays;

4° La création d'une commission internationale chargée de surveiller l'exécution des stipulations précédentes;

5° Enfin le bassin entier du Niger est soumis aux mêmes conditions de liberté commerciale que celui du Congo.

Pendant les négociations, la France, le Portugal et le roi des Belges ont pu se mettre d'accord pour le partage des territoires contestés.

Il fut convenu que la France restait maîtresse du bassin du Quillou et d'une grande partie de la rive droite du Congo, tandis que le Portugal obtenait la rive gauche du fleuve vers son embouchure, outre le petit territoire de Cabinda, situé plus au nord. L'Allemagne se fit donner le poste de Nokki, non loin de Vivi, pendant qu'elle annexait de vastes provinces dans l'Afrique orientale.

Ces revendications satisfaites, et les autres puissances contractantes n'exigeant pas de part spéciale de territoire, le roi Léopold II, qui seul pendant six ans avait supporté les frais énormes des entreprises dirigées par Stanley, fut reconnu légitime possesseur de la plus grande partie du bassin du Congo dont les limites furent fixées sur une étendue de près de 2 000 000 de km²., comprenant le cours supérieur et moyen du fleuve et une bande de territoire donnant accès par la côte occidentale dans l'intérieur du continent. Ainsi s'explique la création de l'ÉTAT INDÉPENDANT du Congo par le roi Léopold II, qui, avec l'autorisation des chambres belges, a pris le titre de « souverain » du nouvel État, sans que l'union des deux pays sous un même chef engage en rien la responsabilité de la Belgique, étant elle-même un État neutre.

Le drapeau de l'État du Congo, comme celui de l'Association africaine dont il a pris la place, est de couleur bleue avec une étoile d'or au centre. Son administration supérieure est à Bruxelles et correspond avec un gouverneur général et des agents établis sur la terre africaine, notamment à Banana, Boma, Matadi (Vivi) et Léopoldville. Ces agents, la plupart belges ou anglais, disposant d'une flottille de bateaux à vapeur, continuent l'exploration de l'Afrique centrale; ils ont fondé de nombreuses stations sur le haut Congo et ont remonté, dans ces derniers temps, d'importants affluents, tels que le Kassaï, le Sankourou, l'Ikata, le Koango et l'Ubangi.

Revenons maintenant au « Congo français », car tel est désormais le nom qu'il faudra donner à ces territoires que l'on a voulu désigner aussi sous celui trop peu précis « d'Ouest africain ».

§ I. Géographie physique.

80. Le Congo français est situé dans la partie ouest de l'Afrique centrale et équatoriale. En y comprenant le Gabon, il est borné au nord par le Rio-Campo et le 2° 30' de latitude nord, à l'est par le cours du Congo, au sud par le Tchiloango (5° latitude sud) et à l'ouest par le golfe de Guinée.

Sa forme générale est celle d'un hexagone irrégulier mais symétrique, dont le côté inférieur est plus petit que le côté supérieur.

Politiquement, le Congo français confine au nord à la colonie allemande du Cameron et à la colonie espagnole de Corisco; à l'est et au sud, au territoire de l'État indépendant, et au sud-ouest, au territoire portugais de Cabinda.

La superficie, évaluée à plus de 600 000 km²., est supérieure à celle de la France et peut s'accroître encore par le nord-est, car un espace libre est réservé entre les limites allemandes et belges, vers les régions inconnues. Il est bon de noter que plus de la moitié de notre territoire à l'est et au sud fait partie de la zone commerciale libre. Les bassins de l'Ogôoué, du Gabon et du Rio-Campo, rive gauche, sont seuls exceptés.

81. **Le littoral.** — La partie nord de la côte est fortement échancrée : trois presqu'îles, terminées par les caps *Esteiras, Santa-Clara, Pongara* et *Lopez,* y déterminent trois enfoncements, qui sont : la baie de Corisco, où se jette la rivière Mouni; l'estuaire du Gabon, au fond duquel affluent la Como et le Remboé, et la baie de *Nazareth,* où aboutit la branche principale de l'*Ogôoué.*

Du cap Lopez à l'embouchure du Congo, la côte, sensiblement droite, présente le caractère général de toutes celles du golfe de Guinée, c'est-à-dire une série de lagunes longitudinales, séparées de la mer par des langues de terre sablonneuse et des bancs de sable qui en rendent l'accès difficile. La plus importante de ces lagunes est le lac *N'Comi.*

82. **Orographie.** — A partir de l'étroite plaine littorale, le sol s'élève graduellement par des séries de collines étagées qui aboutissent à un plateau central de 600 à 800 m. d'altitude moyenne, dans la partie connue, c'est-à-dire au plateau montagneux de Franceville. Les sommets ne paraissent pas dépasser 1 000 à 1 500 m. dans le sud. Au nord du Gabon, les *Monts de Cristal* n'ont que 500 m., tandis que le *Cameron*, en territoire allemand, en atteint 4 000.

83. **Hydrographie.** — Le Rio-Campo, le Mouni, le Gabon, l'Ogôoué, le Quillou-Niari et le Tchiloango, qui coulent vers l'ouest, et le Congo, qui forme limite à l'est, sont les fleuves principaux de la région.

Le *Rio-Campo* marque la frontière franco-allemande.

Le *Mouni* se jette dans la baie de Corisco; mais son territoire est revendiqué par l'Espagne.

Le *Gabon* n'est pas un fleuve, comme on l'avait cru, c'est un estuaire moins long, mais plus large et plus profond que la Gironde, dont le bassin peu étendu est entouré de montagnes. La *Como* et le *Remboé* sont ses deux affluents.

L'*Ogôoué* est un fleuve égal pour la longueur à la Loire, dont il imite les inflexions du cours. Ses sources, encore peu connues, sont dans le plateau de Franceville; il coule au nord-ouest dans une contrée pittoresque et boisée, forme une courbe au sud de l'équateur, baigne les postes de Madiville, Booué, Lopé, Lambaréné, communique au sud avec le lac Junanga et va finir à l'ouest en formant un vaste delta terminé par le cap Lopez; il envoie son défluent principal, le Nazareth, dans la baie de même nom, et au sud un autre bras nommé le Fernand-Vaz.

Le *Rembo* et la *Sette* sont deux rivières qui se terminent dans la grande lagune de N'Comi.

Le *Kouilou*, appelé aussi *Quillou* ou *Niari*, est un fleuve assez considérable dont les sources sont peu éloignées de la rive nord du Congo, avec lequel on a espéré le mettre en communication par un canal. Son cours décrit les mêmes inflexions que l'Ogôoué et le Congo. Il traverse un plateau fertile et de belles vallées où l'Association internationale avait établi des comptoirs florissants. Il va finir dans la baie de Loango.

Le *Tchiloango* ou *Tchi* forme la limite sud du territoire français. Sa rive gauche appartient à l'État libre, sauf près de son embouchure qui traverse la petite province de Cabinda, laissée au Portugal, dont le roi porte, entre autres titres héraldiques, ceux de « roi de Cabinda », de « seigneur de Guinée » et d' « empereur d'Afrique ».

Le *Congo* est un des plus grands fleuves du monde, tant par sa longueur, qui doit dépasser 4000 km., que par l'étendue de son bassin et le volume de ses eaux. Son cours supérieur, découvert par Livingstone (1869), n'est pas complètement connu ; mais il paraît sortir du lac Banguéolo et recevoir le trop-plein du lac Tanganîka par la Loukouga. De Nyangoué jusqu'à la mer, il a été parcouru en canot par Henri Stanley dans une exploration mémorable (1876-77). Sous l'équateur, il présente une première série de sept cataractes ou chutes dites les *Stanley-Falls*. De là il tourne au nord-ouest en formant une courbe immense qui le ramène de nouveau sous la ligne équatoriale, et continue du nord au sud jusqu'au Stanley-Pool, sorte de lac formé par un élargissement du fleuve. Entre le Stanley-Pool et Vivi, il franchit une seconde série de trente-deux cataractes, dites de Livingstone, échelonnées sur une longueur de 300 km. et d'une hauteur totale de plus de 300 m. ; il va finir dans le golfe de Guinée par un estuaire large de 11 km.

Dans son cours moyen, entre les deux séries de cataractes, sur une longueur de 1700 km., le Congo traverse une immense plaine horizontale où son lit, s'élargissant jusqu'à atteindre de 20 à 40 km. d'une rive à l'autre, renferme d'innombrables îles boisées et paraissant bien peuplées. Il y reçoit du nord et surtout du sud d'énormes affluents, entre autres l'*Ubangi,* le *Kassaï,* grossi du *Sankourou,* de l'*Ikata* et des eaux du lac *Léopold II,* du *Koango,* tous situés dans l'État indépendant.

Sauf dans les cataractes, le Congo est partout navigable. Les bâtiments de mer le remontent depuis Banana, port situé à son embouchure, jusqu'à Boma et Vivi, stations de l'État libre. En amont de Vivi et des premières cataractes, des vapeurs vont d'une chute à l'autre et relient les stations d'Isanghila, Manyanga et Léopoldville sur le Stanley-Pool, distant de 530 km. de l'Océan. De là la navigation ne rencontre plus d'obstacles, et déjà les vapeurs de l'État libre rattachent Léopoldville, chef-lieu, aux stations échelonnées sur le Congo central, parmi lesquelles nous citerons Bolobo, Ikengo, Équateur-Station, Bangala, Upoto et Falls-Station.

La rive droite du fleuve est française depuis Manyanga jusqu'à 50 km. au sud de l'équateur, sur une longueur d'environ 600 km. Elle y reçoit le *Lefini,* l'*Alima* et la *Licona,* qui descendent du plateau central, ainsi que la *Bounga,* récemment explorée par Jacques de Brazza.

84. Climat et productions. — Le climat du Gabon et du Congo en général est torride, fiévreux, débilitant, sinon mortel, pour les Européens, qui ont à prendre de grandes précautions hygiéniques pour y passer quelques années. Cependant des missionnaires y ont fait jusqu'à dix et vingt années de séjour.

Les productions naturelles sont toutes celles que l'on reconnaît aux terres africaines. Déjà au XIV° siècle les Portugais y cherchaient de l'or; cependant les métaux y sont peu connus, mais les végétaux pullulent dans les forêts; le palmier à huile se multiplie abondamment, de même que le bananier, le gommier copal, l'arbre à caoutchouc, le cacaoyer, l'ébénier, le sandal, l'arachide, le poivre malaguette.

De nombreux singes, notamment le gorille du Gabon et le chimpanzé ou troglodyte, avec le léopard, l'éléphant, l'hippopotame, le gavial, le boa python, sont les grandes espèces sauvages. Les fourmis géantes, les termites, les moustiques, les mouches venimeuses ne sont pas moins incommodes.

Les crocodiles, qui méritent une mention spéciale, pullulent dans tout le fleuve et ses affluents. Sur les bancs de sable du bas Congo, il n'est pas rare d'en voir de véritables tribus, trente, quarante, cinquante individus dormant au soleil. A terre, ils fuient devant l'homme; mais dans l'eau ils prennent leur revanche, et souvent les steamers ont vu leurs bandes s'élancer contre eux, en rangs serrés, et essayer de leur barrer la route.

« Tout à coup, dit M. Stanley, le bruit inaccoutumé de notre hélice et le clapotement de nos roues éveillent à la fois les crocodiles et leur colère. Secouant leur engourdissement, les reptiles glissent un à un hors des criques où ils sommeillaient et s'apprêtent à nous punir de notre audace. L'œil en feu, ils arrivent par soubresauts sur nous, et, prenant probablement nos bateaux pour des animaux inconnus, ils se disposent à l'attaque... Point de doute, ils étaient résolus à ne s'arrêter qu'après avoir percé de part en part la coque d'acier du navire avec leurs têtes en forme de vrilles ; mais, arrivés à cinq ou six mètres, ils plongeaient, probablement pour explorer la quille, et revenaient ensuite à la surface, pour se remettre à notre poursuite jusqu'à complet épuisement. »

Les indigènes du haut Congo, qui font viande de tout, depuis la chenille jusqu'à l'homme, en passant par le serpent, le chien et le singe, ne dédaignent pas le crocodile. A part une forte odeur de musc, la chair de ce reptile ressemble assez à celle du poisson ; ses œufs aussi sont fort recherchés.

Le crocodile fait son nid à quelques mètres de la rivière. Les œufs, qu'on y trouve en nombre considérable, — quelquefois jusqu'à cinquante et soixante, — sont de la même dimension que les œufs d'oie, avec cette différence que les deux bouts sont égaux. Aussitôt après la ponte, la femelle les recouvre d'une couche de dix à douze centimètres de terre, sous laquelle ils restent un mois ou deux avant d'éclore.

§ II. Géographie politique.

85. La *superficie* du Congo français est d'environ 600 000 km²., dont 50 000 à peine pour l'ancien Gabon.

La *population* européenne du Gabon proprement dit ne dépasse guère 200 habitants, Français pour les deux tiers ; les autres, Américains missionnaires, Anglais, Allemands et Portugais. Autour d'eux gravitent 100 000 noirs : tels sont les Gabonnais ou M'Ponguès, formant la race primitive qui s'éteint ; les Bakalais, chasseurs et trafiquants, et les Pahouins ou Fans, race conquérante que l'on suppose la dernière venue.

Mais les récentes annexions ont beaucoup augmenté le nombre des noirs soumis à notre action exclusive ; car, en supposant seulement une densité de cinq habitants par kilomètre carré, on arrive à 3 000 000 d'indigènes, qui subissent déjà notre influence par les relations commerciales, en attendant de participer à notre civilisation et à nos habitudes administratives.

Comme partout, les noirs gabonais et congolais sont ignorants, superstitieux, fétichistes ou idolâtres ; cependant quelques-uns sont mahométans ou convertis au christianisme par les missionnaires catholiques et protestants.

Chaque village ou groupe de villages se gouverne par un chef, soit héréditaire, soit électif, mais le plus souvent c'est le plus riche ou le plus influent qui s'impose et prend le titre de roi. Tel est le Makoko (titre commun, synonyme de *roi riverain*), chef des nègres Batékés, qui, avec les Abfourous, leurs ennemis, habitent les bords du Congo.

Les coutumes barbares, la polygamie, l'esclavage, même l'anthropophagie, existent parmi eux. Le travail est réservé aux femmes, ainsi qu'aux esclaves faits prisonniers à la guerre. Se nourrissant de légumes, de fruits, de volailles, vêtus à peine d'un pagne en cotonnade ou de quelque tissu grossier, parfois d'herbes sèches, mal logés dans des cases en bambou, ces pauvres noirs abusent d'une vie rendue trop facile par la fainéantise, qui conduit à tous les vices.

86. **Administration.** — L'administration du Gabon-Congo est dévolue à un gouverneur général; un vaisseau de l'État est à sa disposition, ainsi qu'une douzaine de petites chaloupes canonnières qui remontent les rivières pour protéger le commerce.

Le chef-lieu du Gabon, *Libreville* ou le Plateau, appelé aussi Baraka, est assis sur un plateau au nord de l'estuaire; il compte 140 Européens et quelques centaines de noirs.

Les principales factoreries françaises de la côte sont établies sur la Como, au cap Lopez, sur l'Ogôoué et ses bouches, appelées Nazareth et Fernand-Vaz.

Sur la côte sud-ouest, la France a acquis les comptoirs de Sette-Kama, Nyanga, Mayoumba, Loango, ancienne ville portugaise qui fut jadis florissante, et Punta-Negra ou la Pointe-Noire, prise en 1880, après un combat sanglant avec les indigènes, non loin de la frontière portugaise de Cabinda.

Dans le fertile bassin du Quillou-Niari, l'Association africaine nous a cédé les postes de Rudolfstadt, Baudouinville, Stephanieville et Philippeville, qu'elle avait créés et qui rappellent les noms des princes de la famille royale belge.

Franceville et Alima, sur le plateau central, et Brazzaville, sur le Stanley-Pool, sont les principales stations françaises actuelles. *Brazzaville* est considéré comme le chef-lieu du Congo français, dont l'administration n'est pas encore réglée d'une manière stable.

Comme complément, nous donnerons, d'après les *Notices coloniales* officielles, une description sommaire des principaux établissements fondés au 30 juillet 1885. Il est bon de prévenir toutefois que ces établissements ne sont que des essais dont l'avenir seul dira le plus ou moins de succès.

1° VALLÉE DE L'OGOOUÉ. — *Cap Lopez*. La station de l'île Mandji ou du cap Lopez est une des mieux établies. On y voit une maison d'habitation dont les proportions sont assez vastes et plusieurs autres cases, des magasins qui peuvent abriter 3 000 tonnes de marchandises, une poudrière, un observatoire météorologique, un sanitorium, un jardin d'essais, etc.

Lambaréné. La mission n'a ici qu'un simple magasin.

Njolé, sur l'Ogôoué. Les bateaux à vapeur ne calant pas plus d'un mètre remontent facilement jusqu'à Njolé. Situation excellente au point de vue stratégique et commercial. Maison d'habitation suffisante.

Apingi. Poste de secours près des rapides de ce nom.

Achouka. La position est bien choisie sur la rive gauche de l'Ogôoué, chez les Okandas.

Booué, sur la rive droite du fleuve. Le point est situé à mi-chemin de la mer à Franceville, au milieu de Pahouins intelligents, chasseurs et commerçants, qui savaient autrefois tirer parti de leur situation pour piller les traitants et arrêter à volonté le commerce du fleuve. Le traînage des pirogues et le transport des marchandises par terre pour franchir les chutes s'accomplissaient littéralement sous le canon de leurs fusils. Le poste commande les chutes et protège les passes.

Nyhémé ou *Madiville,* sur la rive gauche de l'Ogôoué, dans le pays des Adoumas. On lui a donné le nom de « Madiville », c'est-à-dire « village de l'huile de palme », à cause des nombreux palmiers. Case d'habitation et magasins installés sur un emplacement très vaste qui a été défriché en très peu de temps. Les indigènes voisins sont doux et tranquilles. Ils vivent en bonne intelligence avec les gens du poste. Le pays est sain.

Franceville. Station située sur une colline très élevée. Malgré son altitude, ce séjour est assez malsain, à cause des marécages qui l'avoisinent. La station se compose d'un corps de bâtiment principal comprenant une salle à manger, un magasin et une chambre à coucher très confortable; d'un vaste dépôt d'approvisionnements, d'un hangar pour les ouvriers, enfin d'un long corps de bâtiment servant à loger les matelots et autres hommes du poste. C'est de Franceville que les Batékés transportent à dos d'homme les marchandises pour les amener au poste d'Alima-Diélé. On compte six journées de marche, et un homme ne peut guère porter plus de quinze kilogrammes.

2° VALLÉE DE L'ALIMA. — *Alima-Diélé*. La station possède une case d'habitation et des magasins. — *Alima-Leketi*. Habitations, hangars, magasins, ateliers, etc., qui font de cette station notre premier port dans le bassin du Congo.

Bonga ou *M'Bossi*. Au confluent de l'Alima et du Congo.

Les postes de l'Alima sont le centre des approvisionnements en manioc des tribus riveraines du Congo.

3° SUR LE CONGO. — *Nganchouno*, port de Makoko, et *Makoko* ou mieux *Mbé*, résidence du roi de ce nom, sont deux établissements sur la route qui relie le haut Ogôoué au moyen Congo.

Brazzaville. Cette station rendra de grands services, grâce à sa situation géographique sur le Stanley-Pool. Elle se compose d'une quinzaine d'habitations entourées d'un jardin.

4° SUR LE NIARI-QUILLOU. — *Niari-Babouendé*. Ce poste possède des cases d'habitation et des magasins. — *Niari-Loudima*. Station importante au confluent des deux cours d'eau. — *Ngotou*. Ce poste, sur le *Niari-Quillou*, est très bien choisi comme position militaire; on l'a installé au lieu dit « portes de Ngotou », où la rivière est étranglée entre deux hautes murailles de basalte. Le poste, construit sur la falaise, commande absolument le passage.

5° SUR LA CÔTE. — *Pointe-Noire* ou *Punta-Negra*, *Loango*, *embouchure du Niari-Quillou*, *Mayoumba* et *Nyanga*. — Magasins et cases de travailleurs algériens.

Ces postes sont établis aux termes de traités passés avec les chefs. Ceux-ci, d'après les conventions stipulées, conservent l'entière propriété de leurs terres; ils peuvent les louer ou les vendre et percevoir des redevances sous la forme et dans les conditions consacrées par les usages du pays. Mais le territoire reste sous la suzeraineté de la France. La liberté de commerce est reconnue, et les chefs se sont engagés à user de leur autorité pour prohiber, dans les terres soumises à leur juridiction, la traite des esclaves.

Dès aujourd'hui la métropole a donc pris pied sur son nouveau territoire colonial. Plus de vingt établissements installés assurent son action sur les peuplades environnantes et promettent la sécurité aux entreprises industrielles et commerciales. Ces stations ne sont pas seulement des camps retranchés qui protègent les grandes voies; chacune d'elles forme comme un noyau de colonisation et un centre civilisateur. De là partira l'influence des blancs, qui s'étendra peu à peu et gagnera jusqu'aux régions les plus reculées de l'intérieur.

87. Le commerce. — Le commerce du Gabon s'est élevé en 1885 à 10 millions de francs. Il se fait malheureusement beaucoup moins par navires français que par navires étrangers: anglais, allemands et portugais.

L'exportation consiste surtout en caoutchouc (pour 2 millions), ivoire, ébène, bois rouge, huile de palme, arachide; et l'importation, en cotonnades appelées guinées, poudre et fusils, eaux-de-vie, mercerie, sel, etc.

L'importance du commerce sur le Congo ne peut encore être évaluée pour la partie française. Mais dans l'État libre il s'élève déjà à plus de 40 millions, ce qui fait présager pour notre colonie un avenir des plus florissants.

Des services réguliers relient les ports de Banana, Boma et Vivi-Matadi avec Liverpool, Anvers, Hambourg et Bordeaux; ils desserviront les postes français du Congo en même temps que ceux de l'État libre. Sous peu les vapeurs promèneront le drapeau tricolore sur le haut fleuve concurremment avec le drapeau bleu étoilé du roi Léopold II.

CHAPITRE VI
ILE DE LA RÉUNION

---

88. Historique. — Avec les îles Maurice et Rodriguez, Bourbon forme le groupe des Mascareignes, ainsi appelées du nom de

Mascarenhas, navigateur portugais qui les découvrit en 1508. La France en prit possession en 1642, et Louis XIV la concéda à la Compagnie des Indes orientales, qui en 1665 fonda Saint-Paul, première résidence du gouverneur. En 1715, l'île Maurice, sa voisine, abandonnée des Hollandais, devint aussi nôtre et s'appela île de France. Toutes deux prospéraient par la culture de la canne à sucre, lorsqu'en 1810 elles tombèrent au pouvoir des Anglais. Bourbon nous fut rendue quatre ans après, mais non sa sœur, qui est encore britannique. La révolution lui donna, en 1794, le nom d'île de la Réunion, qu'elle reprit en 1848.

« Ce nom de Réunion ne veut rien dire, » ajouterons-nous avec M. Onésime Reclus. « L'île s'appelait *Bourbon* quand on la colonisa : réellement elle s'appelle encore ainsi. Flagornerie pour les heureux, insulte aux vaincus, enthousiasmes naïfs, foi dans des « éternités » qui vieillissent, mépris du vrai, offense à l'histoire, il y a de tout cela dans les changements de nom qui bouleversent la carte du monde. »

§ I. Géographie physique.

89. L'île Bourbon est située dans l'océan Indien, sous le 21° de latitude sud, à 600 km. de la côte orientale de Madagascar. De forme elliptique, son grand axe incliné au nord-ouest a 71 km. de longueur, de la pointe des Galets à celle de la Table. Sa superficie est de 2512 km².

Le *littoral* a un développement de 207 km. Faiblement accidenté par le cap Bernard, la pointe des Galets et le cap Noir au nord-ouest, par les pointes des Cascades et de la Table au sud-est, il ne présente aucune baie profonde. Généralement bas et sablonneux, il n'a point de port, mais seulement quelques mauvaises rades foraines exposées aux violents ouragans de cette région.

Vue de la mer, l'île apparaît comme un cône immense ou plutôt comme deux cônes juxtaposés, couverts de verdure et de forêts. La nature de son sol, la disposition de ses plateaux en gradins attestent que l'île est le produit d'éruptions volcaniques dont les deux centres principaux sont marqués par les sommets du piton des Neiges et du piton de la Fournaise.

Le *piton des Neiges,* haut de 3069 m., et le *Grand-Bénard,* qui en a 2895, sont entourés de trois cirques ou anciens cratères appelés *cirques de Salazie, de Mafate* et *de Cilaos.* Ces

cirques se sont formés par l'effondrement des laves et leur en-
lèvement par les eaux torrentielles qui se sont ouvert des pas-
sages vers la mer. Au sud-est de l'île, le *piton de la Fournaise*,
haut de 2 625 m., est le seul volcan en activité aujourd'hui; ses
coulées de laves ont formé le *Grand-Brûlé*, qui s'étend jusqu'à
la côte.

Carte de l'île de la Réunion.

Entre les deux cônes volcaniques s'étendent des plateaux élevés de 1 600 m. d'altitude moyenne et désignés sous les noms
de plaines des Salazes, des Cafres, des Palmistes. De ces plateaux
on descend par degrés vers la côte, où la plupart des habitations et des cultures se sont groupées sur les pentes inférieures.
    Le massif de l'île est sillonné d'une multitude de ravines
profondes, creusées par les torrents qui descendent directement
des plateaux à la mer, comme autant de rayons d'une circonfé-
rence. Les plus considérables sont les *rivières du Mât, des Galets*
et *de Saint-Étienne*, qui sortent des trois cirques de Salazie, de

Mafate et de Cilaos, et celles *des Marsouins* et de *l'Est*. Ces torrents, loin de servir à la navigation, ont peine à porter leurs eaux jusqu'à la mer, et leur encaissement les rend peu propres même à l'irrigation. Toutefois un canal arrose la commune de Saint-Pierre; l'île a quelques étangs dans l'intérieur et sur la côte, notamment celui de Saint-Paul (16 hectares); les cirques de Salazie et de Cilaos renferment des sources thermales.

Le *climat* de la Réunion, grâce au relief du sol, est varié et salubre : on n'y connaissait aucune maladie avant l'introduction des travailleurs indiens. La température moyenne sur le rivage est de 24°, mais elle est moindre sur les plateaux, et les sommets se couvrent même de neiges temporaires. Les pluies, très abondantes, donnent de 1 m. 80 centim. de hauteur moyenne annuelle jusqu'à 5 mètres d'eau, à Saint-Benoît, exposé au nord-est. C'est dans la saison de « l'hivernage », de novembre à mai, caractérisée par la chaleur et les grandes pluies qui l'accompagnent, qu'ont lieu ces funestes ouragans ou cyclones et les raz de marée si redoutés des habitants et des marins : le cyclone de 1829 détruisit vingt navires, ainsi que tous les caféiers qui faisaient la principale richesse de l'île. La « belle saison » est due aux vents plus rafraîchissants qui soufflent du sud-est.

Sauf un peu de fer magnétique extrait des sables de la plage, l'île a peu ou point de minéraux. Les animaux, même domestiques, sont aussi très rares. En revanche, la végétation est riche en fruits et légumes, mais les forêts ont été en grande partie détruites par un défrichement inconsidéré.

§ II. Géographie politique.

90. La *population* de l'île est malheureusement en décroissance. De 210 000 habitants en 1867, elle n'en comptait plus que 168 000 en 1883.

La superficie étant de 2 512 km², la densité de population est de 66 hab. par km², un peu moins qu'en France. Les habitants comprennent 30 000 blancs ou *créoles,* un nombre triple de *noirs* affranchis et de Malgaches auxquels sont venus se joindre 30 000 Indiens, 8 000 Cafres africains, 6 000 Malgaches de Madagascar, engagés comme travailleurs aux cultures, et quelques centaines de Chinois négociants. Les blancs sont des créoles issus d'anciennes familles françaises plus ou moins alliées aux Malgaches, et quelques autres européens.

Toute la population indigène parle le français, ainsi que le créole, mélange de vieux français et de malgache. Elle est catholique; l'évêché de Saint-Denis, formé en 1851, relève de l'archevêché de Bordeaux. — Les travailleurs immigrants sont païens, car, leur séjour dans l'île n'étant que temporaire, il est difficile de les christianiser.

L'île est administrée par un gouverneur civil assisté d'un conseil privé et d'un conseil général. Elle envoie au parlement français un sénateur et deux députés. Elle se divise en deux *arrondissements* dont la circonscription est déterminée à peu près par la ligne de partage des eaux.

L'*arrondissement* DU VENT comprend neuf communes, savoir : du nord au sud, Saint-Denis, Sainte-Marie, Sainte-Suzanne, Saint-André, Salazie, Bras-Panon, Saint-Benoît, Plaine des Palmistes et Sainte-Rose.

L'*arrondissement* SOUS LE VENT est composé de sept communes : Saint-Paul, Saint-Leu, Saint-Louis, Saint-Pierre, Entre-Deux, Saint-Joseph et Saint-Philippe.

Le territoire très étendu de ces communes va généralement de la côte jusqu'au sommet des montagnes, de sorte que la population indiquée pour les chefs-lieux comprend aussi celle des villages de la campagne. Les seize communes renferment trois villes : Saint-Denis, Saint-Pierre et Saint-Paul, et cinquante-trois bourgs ou villages.

SAINT-DENIS, 36 000 hab., située au nord de l'île, est le chef-lieu de la colonie et de l'arrondissement du Vent. Siège du gouvernement, d'une cour d'appel, de l'évêché et d'un lycée, cette ville s'agrandit et s'embellit chaque jour, mais elle n'a pas de port. Elle a érigé des statues à la Bourdonnais et à Poivre, anciens gouverneurs de la colonie.

Saint-Benoît, 10 000 hab., à l'est et à l'embouchure de la rivière des Marsouins, a donné naissance à l'amiral Bouvet, le premier des enfants de la colonie qui fut appelé à la gouverner.

Saint-Pierre, 24 000 hab., bâtie en amphithéâtre sur la côte

sud-ouest, est le chef-lieu de l'arrondissement sous le Vent ;
elle a un port artificiel assez commode.

Saint-Paul, 25 000 hab., sur la côte nord-ouest, est resserrée entre la côte et un étang de 16 hectares. C'est là que les premiers colons s'établirent en 1665. Sur son territoire on creuse le port de la Pointe des Galets.

91. Commerce.— La culture de la canne à sucre est presque l'unique industrie de l'île. C'est pour elle qu'il a fallu, depuis l'émancipation des esclaves en 1848, recourir aux travailleurs libres de l'Inde, de la Chine et des côtes d'Afrique. Néanmoins la production du sucre est tombée de 70 millions de kilogrammes en 1860, à 30 millions en 1883. Cette décadence explique le dépeuplement de l'île. La production du café, qui fut de 3 500 000 kilogrammes, est réduite à 500 000 kilogrammes, mais tend à se relever. Celles du maïs, de la vanille, du manioc, des patates, des légumes, sont en progrès.

L'absence d'élevage de bétail et une industrie manufacturière presque nulle font recourir à l'étranger pour les approvisionnements de toute espèce.

Le commerce intérieur dispose d'une route, d'un chemin de fer et de fils télégraphiques faisant presque le tour de l'île.

Le *commerce extérieur* s'est élevé en 1883 à 50 millions de francs, dont plus de la moitié pour les exportations ; il se fait pour les trois quarts avec la France ; le reste avec Maurice, Madagascar et l'Inde anglaise.

Les exportations consistent surtout en sucre, pour 17 millions de francs, en café, pour un million, en vanille, rhum, caoutchouc, clous de girofle ; et les importations, en vins, tissus, meubles et machines provenant de France, denrées alimentaires, riz, bétail d'Afrique et de Madagascar.

Les villes de commerce sont surtout Saint-Denis et Saint-Pierre. Un port véritable avec bassin s'établit en creusant les sables à la Pointe des Galets, au nord de Saint-Paul. Les messageries maritimes font communiquer chaque mois Saint-Denis avec Marseille et Saint-Nazaire par le canal de Suez et le Cap.

En attendant qu'un câble sous-marin soit établi à Bourbon, celui de Maurice à Zanzibar et Aden fait le service des correspondances avec l'Europe.

CHAPITRE VII

MADAGASCAR

92. Notice historique. — La France ne possède pas encore de fait la grande île africaine de Madagascar, mais elle y a des droits désormais incontestés, et le traité de 1885 en fait présager la possession dans un temps plus ou moins rapproché.

Découverte par les Portugais, que ce soit en 1500, par l'un des lieutenants de Cabral, ou en 1506, par Lorenzo d'Almeida, qui lui aurait donné le nom de son patron, saint Laurent, Madagascar, après des tentatives infructueuses de colonisation portugaise, vit arriver les navigateurs normands plus d'un siècle après. En 1642, Richelieu, voulant doter la France d'établissements d'outre-mer, créa la « Société de l'Orient », dont les agents reçurent mission de se rendre à Madagascar, « pour y ériger colonies et commerce et en prendre possession au nom de Sa Majesté très chrétienne. » A partir de 1643, les Français, conduits par Pronis, s'établirent successivement sur la côte orientale, à la baie Sainte-Luce, puis à Fort-Dauphin, à l'île Sainte-Marie, à Tamatave, à Fénérive, à Foulepointe et dans la baie d'Antongil. Malheureusement l'insalubrité de la côte ainsi que la mauvaise administration et les cruautés de Pronis et de ses compagnons, qui pratiquèrent même la traite, firent échouer ces entreprises et attirèrent sur les blancs la haine des pauvres Malgaches, qui d'abord les avaient reçus avec joie.

Toutefois, vers 1650, de Flacourt fut plus heureux sur la côte sud-est et releva Fort-Dauphin. En 1664, sous Louis XIV, la « Compagnie des Indes orientales », fondée par Colbert, succédant à la Société de l'Orient, obtint pour siège principal d'exploitation Madagascar, qui prit officiellement les noms d'*île Dauphine* et de *France orientale*. Les tentatives de colonisation recommencèrent, mais échouèrent pour les mêmes causes que les précédentes : les derniers colons, expulsés par les indigènes, se réfugièrent à l'île Bourbon (1662), et la Grande-Terre, bien que « réunie au domaine de la couronne », continua pendant un siècle à être la proie des pirates et des négriers.

En 1750, sous le ministère de Choiseul, la petite île Sainte-

Carte de l'île de Madagascar.

Marie fut achetée aux chefs de la côte. En 1773, Louis XV envoya

300 hommes conduits par le hongrois Benyowski : celui-ci s'é-
tablit dans la baie d'Antongil et acquit une grande influence sur
les Malgaches de la côte, qui le proclamèrent leur roi; mais il
périt par l'opposition jalouse des colons de Bourbon. Sous la
révolution et l'empire, d'autres essais furent également infructueux, et en 1811 tous les postes français tombèrent au pouvoir
des Anglais, qui, depuis plusieurs années déjà, aidaient les Hovas
de l'intérieur à s'organiser en peuple conquérant.

Le traité de 1814, en rendant à la France plusieurs de ses
colonies, notamment Bourbon, ne stipula rien pour Madagascar,
tandis que l'article 8 déclarait la cession à l'Angleterre de l'île
Maurice « et de ses dépendances ». Cette formule pouvait prêter
à équivoque, si l'on considérait les droits sur Madagascar comme
« dépendances de la possession de Maurice ». Quoi qu'il en soit,
tandis que nous continuions à influencer les chefs de la côte et
à obtenir d'eux des concessions territoriales, le gouverneur anglais de Maurice, sir Furquehar, sut agir contre nous en aidant
le jeune roi des Hovas, Radama Ier, à se rendre peu à peu maître
de toute l'île. En 1817, ce prince, doué d'une intelligence remarquable pour sa race, et désireux de doter ses peuples d'une
civilisation à l'européenne, conclut avec les Anglais un traité
par lequel il se déclarait leur allié et supprimait la traite des
esclaves dans son royaume. Il accueillit les missionnaires méthodistes de Londres, et ceux-ci, après avoir créé des écoles à
Tananarivo et ailleurs, finirent par acquérir sur l'esprit de la
cour une influence qui dure encore actuellement.

En 1825, Radama fit expulser les Français de Fort-Dauphin
et de Foulepointe. Après sa mort, arrivée en 1828, sa veuve Ranavalona lui succéda; mais, subjuguée par le vieux parti hova
et par les prêtres des idoles, son long règne se signala par des
cruautés sur ses propres sujets et par une réaction contre les
étrangers, qui furent souvent malmenés, malgré plusieurs inter-
ventions des navires de guerre anglais et français. Toutefois un
de nos compatriotes, du nom de Laborde, avec l'approbation de
la reine, sut créer près de Tananarivo un vaste établissement
industriel comprenant forges, fonderie de canons, verrerie, tui-
lerie, ateliers de menuiserie et de charronnage. Un autre Français, M. Lambert, exerça une certaine influence sur l'esprit même
de Ranavalona et de son fils Radama II, qui, lui ayant succédé en
1861, conclut avec Napoléon III un traité où celui-ci le reconnaissait comme « roi de Madagascar ». Radama accordait les plus
grandes faveurs aux Français; mais bientôt après, étranglé par
les réactionnaires hovas, il fut remplacé, en 1865, par sa veuve

Rasoaherina, et en 1869 par sa nièce Ranavalona II. Celle-ci, ayant épousé son premier ministre, se convertit au protestantisme et subit dès lors l'ascendant des méthodistes anglais.

Cependant la paix se maintenait à l'intérieur, et les missions catholiques françaises elles-mêmes étaient très florissantes dans l'île, lorsqu'en 1883 les réclamations du gouvernement français au sujet de quelques faits peu marquants n'ayant pas abouti, l'amiral Pierre vint bombarder et occuper Mazunga, sur la côte nord-ouest; Vohémar, Tamatave, Foulepointe, sur la côte orientale. La guerre, menée peu vigoureusement par notre expédition, qui pendant deux ans se contenta de bloquer l'île et d'inquiéter les côtes, aboutit néanmoins au traité signé le 17 décembre 1885.

Ce traité reconnaît la reine des Hovas comme souveraine de l'île entière, et tous les postes occupés par nos troupes, sauf la baie de Diégo-Suarez, lui seront rendus. La France abandonne ainsi ses droits particuliers de protection sur les peuples sakalaves et malgaches de la côte nord-ouest et nord-est. Les étrangers ne pourront pas acquérir des biens dans l'île, mais seulement les affermer pour un temps renouvelable. Par contre, une indemnité de 10 millions est accordée par le gouvernement hova aux nationaux français et étrangers pour les pertes subies pendant les hostilités : les douanes du port de Tamatave resteront entre nos mains jusqu'au payement intégral de cette indemnité. De plus, la France acquiert le droit de construire dans la baie de Diégo-Suarez des établissements militaires à sa convenance, ce qui lui permettra d'en faire une position maritime de premier ordre. Mais le point capital, c'est que la reine des Hovas subit la présence à Tananarivo d'un résident officiel français qui aura en main toutes les relations diplomatiques avec les puissances étrangères, sans « toutefois s'immiscer dans l'administration intérieure des États de Sa Majesté la reine ».

C'est là une sorte de « protectorat » déguisé, et bien que le mot ne soit pas introduit, il suffira d'agir avec prudence et sagesse pour en amener tous les effets. Quoi qu'il en soit, l'opinion publique en France ne semble pas satisfaite d'une combinaison aussi peu claire, qui prête à des interprétations contradictoires, et l'on craint de voir recommencer bientôt de sourdes hostilités et peut-être même la guerre, avec une cour aussi jalouse de ses droits que de son indépendance.

§ I. Géographie physique.

93. **Situation.** — L'île de Madagascar est située dans l'océan

Indien, au sud-est de l'Afrique, entre 12° et 25° 30' de latitude sud, 41° 20' et 48° de longitude est.

Sa forme ovale, qui rappelle assez bien celle de la Corse, est allongée du sud-ouest au nord-est; elle présente 1 600 km. dans son grand axe et une moyenne de 450 km. dans son petit axe. Sa superficie, évaluée à 600 000 km², dépasse celle de la France; c'est la plus grande île du globe après la Nouvelle-Guinée et Bornéo.

94. **Le littoral.** — Le *littoral* oriental est généralement bas, sablonneux, bordé de lagunes et de dunes et offre peu de bons ports, tandis que celui du nord-ouest, plus montueux, est déchiqueté en nombreuses îles, presqu'îles et baies favorables à la navigation. La côte sud-ouest est moins bien partagée.

Le canal de Mozambique, large de 400 km., sépare Madagascar de la côte africaine du Mozambique. Les baies principales sont celles d'Antongil et de Diégo-Suarez, au nord-est; celles de Passavanda, de Narinda, de Mazamba, de Bombétok et de Baly, au nord-ouest; celle de Saint-Augustin, au sud-ouest.

Parmi les îles côtières, signalons Sainte-Marie et Nossi-Bé, qui sont françaises. Les caps remarquables sont les caps d'Ambre et de Saint-Sébastien au nord, Saint-André et Saint-Vincent à l'ouest, Sainte-Marie au sud, et le cap Ngoncy ou cap Est.

95. **Montagnes et fleuves.** — Le *relief du sol*, imparfaitement connu, est caractérisé par une série de chaînes de montagnes plus ou moins parallèles entre elles, allongées dans le sens de l'île et formant un énorme bourrelet ou plateau assez semblable aux plateaux d'Algérie. Ce plateau, de 800 m. d'altitude moyenne, est surmonté de sommets de plus de 2 000 m., atteignant 2 500 m. au mont *Tsiafazavona*, au sud de Tananarivo. On accordait autrefois 3 600 m. d'élévation aux monts *Amboitisménes*, nom sous lequel on désignait l'ensemble du système de Madagascar.

Très rapproché de la côte orientale, le plateau malgache laisse à l'ouest la grande plaine des Sakalaves, ridée elle-même par de longues chaînes de collines qui suivent la même direction du sud-ouest au nord-est. La partie méridionale de l'île est moins élevée et plus déserte que les parties centrale et septentrionale.

L'île forme deux *versants hydrographiques* d'inégale largeur, arrosés par une multitude de rivières dont plusieurs dépassent l'importance de la Seine. Le versant oriental, le plus étroit, renferme le *Maningory,* qui sert de débouché au lac Alaouter ; le *Mangourou,* qui parcourt également une vallée longitudinale du grand plateau.

Le versant occidental renferme le *Suffia,* dans la province d'Ankara ; l'*Ikoupa* ou rivière de Tananarivo, et le *Kitsambi,* qui descendent du plateau d'Emyrné ; le *Mangouké* et l'*Anoulahy,* qui parcourent les plaines du sud-ouest. Aucun de ces fleuves n'est navigable, et tous n'ont d'ailleurs été qu'imparfaitement explorés par les Européens.

Comme eaux dormantes, outre le lac *Alaouter* ou Alaotra, signalons le *Tasy* (ou Nossi-Vola ?), dans le bassin de l'Ikoupa ; le *Kinkony* dans le Bouéni, et la longue série de lagunes qui bordent la côte orientale.

96. Climat. — Le *climat* de Madagascar est humide, torride et fiévreux, peu propre à l'acclimatation des blancs, sauf peut-être sur les plateaux du centre ; la côte orientale a été nommée « le cimetière des Européens ». Les pluies durent de novembre en avril : c'est « l'hivernage » comme à Bourbon ; l'été est plus sec et plus salubre.

Tous les voyageurs vantent les beautés pittoresques et les richesses naturelles de Madagascar. Les carrières et les mines métalliques les plus variées abondent, notamment le fer, le cuivre, les pépites d'or, les pierres précieuses et la houille. L'île a une flore très riche, offrant des types tout particuliers ; il y a des forêts considérables, des cultures de tout genre : riz, manioc, café, coton, canne à sucre, épices, tabac, etc. Sa faune possédait autrefois le dronte, oiseau géant disparu qui atteignait deux mètres de hauteur ; elle est caractérisée encore par les makis ou lémurs, singes à museau de renard et à queue touffue, l'aye-aye, singe rongeur, les chats sauvages, les sangliers, les tenrecs, les bœufs zébus à garrot de graisse, les moutons à grosse queue, les onagres ou ânes sauvages ; de nombreux oiseaux, reptiles et insectes lui sont propres. Mais elle ne possède ni lions, ni éléphants, ni gazelles, aucune de ces grandes espèces de carnassiers, de pachydermes et de ruminants si communs sur le continent voisin : preuve que

Madagascar n'y a pas été rattaché dans les temps même préhistoriques.

§ II. Géographie politique.

97. Ethnographie. — La population de Madagascar est vaguement évaluée à 3 ou 4 millions d'habitants, ce qui, pour une superficie d'environ 600 000 km², ne donne que 5 à 7 habitants de densité par km².

On distingue trois races ethnographiques principales, assez mêlées : 1° les *Hovas*, de race brune ou malaise, dont les ancêtres auraient été transportés de la Malaisie à Madagascar par le hasard de la navigation et des courants marins. Intelligents, énergiques, rusés, ces Hovas habitent l'intérieur et dominent toute l'île; 2° les *Sakalaves*, les *Betsimisaraks* et autres Malgaches de *race nègre*, cultivateurs, doux, hospitaliers, mais peu industrieux et habitant les plaines côtières, surtout à l'ouest; 3° les *blancs*, les mulâtres et les métis, résultant du croisement des Arabes, peut-être des Juifs, des indigènes, des Cafres originaires des continents voisins : tels sont les *Antalots* de la côte du sud-est et les *Betsiléos* des plateaux du centre.

Ces populations sont généralement ignorantes, païennes, superstitieuses, exploitées par des « sikydis » et des « ombiènes » ou sorciers; toutefois la reine et sa cour sont devenues protestantes de la secte des méthodistes ou wesleyens, et les missions des jésuites comptent plus de 50 000 indigènes catholiques répartis en 350 stations ou villages. Les écoles chrétiennes sont assez nombreuses.

Le code civil et criminel est très rigoureux, même barbare; les épreuves judiciaires par l'eau, le feu, le fer, le poison, sont en usage. La justice est rendue dans des assemblées populaires appelées « kabar ».

98. Gouvernement. — Le gouvernement est monarchique absolu, mais réglé par des usages; il est aux mains du premier ministre, époux de la reine. Les gouverneurs des provinces cumulent toutes les fonctions militaires, civiles, judiciaires et financières, et ce cumul conduit naturellement à la tyrannie et aux exactions de tout genre.

Les provinces, qui sont avant tout des divisions ethnographiques, n'ont que des délimitations et des dénominations très incertaines; signalons, au centre, l'*Imérina*, Émyrné ou Ankhova, pays des Hovas : c'est la province la plus importante de l'île; le *Betsiléo*, également important; le *Vurimu*, le *Maschikora*; — à la pointe septentrionale, l'*Ankara* ou pays des Antankaras; — sur la côte orientale, l'*Antanvaratsi*, le *Betsimasaraka*, le *Betanimena*, l'*Antatsimu*, l'*Antaimuri*, l'*Antara*, l'*Anossi*, pays des Antonosses; — sur la côte occidentale, le *Bouéni*, l'*Ambongu*, le *Ménabé*, trois provinces de Sakalaves; — enfin, au sud, le *Fereniai*, le *Mahafali* et l'*Andrui*, qui sont des régions désertes et sauvages.

99. **Villes.** — *Tananarivo*, sur le plateau de l'Émyrné et dans le bassin supérieur de l'Ikoupa, à 1 500 m. d'altitude, est la capitale du royaume et la résidence de la cour. C'est une ville relativement considérable, à laquelle on donne de 30 à 70 000 hab., selon que l'on ajoute les villages formant faubourgs. Son nom signifie la cité des *mille* (harivo) *villages* (tanna).

Les provinces centrales renferment des villes ou plutôt de gros villages plus nombreux et plus populeux que sur les côtes, qui sont malsaines; mais on ne les connaît qu'imparfaitement.

On peut citer *Fianarantsoa*, 10 à 15 000 hab., la ville principale des Betsiléos, bâtie par Radama, à 1 200 m. d'altitude.

Sur la côte orientale, du nord au sud, se trouvent *Vohémar*, prise par les Français en 1883; — *Port-Choiseul*, ancien établissement français dans la baie d'Antongil; — *Tintingue*, avec un bon mouillage, au nord de la Pointe-à-Larrée et en face de l'île Sainte-Marie; — *Fénérive*, fertile en riz; — *Foulepointe*, 1 500 hab., ayant un port assez sûr.

Tamatave, 10 000 hab., avec une bonne rade, est le principal marché de l'île; son port, en relation régulière avec Bourbon et Maurice, est le point d'accès le plus fréquenté vers Tananarivo; c'est aussi la résidence des consuls européens et le siège d'un évêché dont le titulaire est le supérieur des missionnaires de la compagnie de Jésus.

Au sud de Tamatave, jusqu'à la baie Sainte-Luce, il n'y a plus de rade sûre ni de bon mouillage. On y trouve *Andevoranto*, 2 000 hab., et Manoura, qui sont plus rapprochés de la capitale, mais moins pratiqués que Tamatave. La baie Sainte-Luce ou Lucie, et Fort-Dauphin, qui en est proche, furent les premiers établissements français de Madagascar; mais ils sont inoccupés aujourd'hui.

En remontant la côte occidentale, peuplée de Sakalaves et peu hospitalière, on rencontre *Masikora*, puis *Tolléar*, port sur la baie de Saint-Augustin; mais au nord du cap Saint-André se succèdent, dans la baie de Baly, le port de *Bouéni*, dont le chef est protégé français; dans la baie de Bombétok, celui de *Mazangaye* ou *Mazunga*, pris en 1883; il donne accès, par la vallée de l'Ikoupa, vers Tananarivo. La baie de *Passandava*, commandée par l'île Nossi-Bé, est d'une grande importance par ses mines de charbon.

Enfin, tout au nord de l'île, la magnifique baie de *Diégo-Suarez*, dont le site est comparable à la célèbre baie de Rio-de-Janeiro, pourra devenir, entre les mains de la France, une station militaire d'une importance capitale. Subdivisée en plusieurs baies et criques pourvues de mouillages profonds, entourée de presqu'îles rocheuses faciles à fortifier et de forêts exploitables pour les constructions navales, capable enfin de contenir les plus grandes flottes de guerre et de commerce, Diégo-Suarez sera peut-être un jour notre « Aden » de la mer des Indes, admirablement située pour commander les routes de l'Europe et de l'Afrique vers l'Asie et l'Océanie.

100. Industrie et commerce. — La légèreté naturelle de son caractère et la facilité de satisfaire aux besoins essentiels de son existence n'ont pas stimulé le Malgache à développer l'industrie, pour laquelle il a toutefois des aptitudes remarquables. Construction de maisons en bois et de pirogues, tissage d'étoffes, fabrication de chapeaux en fibres, d'armes, d'ustensiles de ménage en fer, en poterie, en bois, rien ne lui manque; mais il est plutôt pasteur, agriculteur et pêcheur que fabricant.

Le commerce est en conséquence peu considérable; d'ailleurs l'île n'a pas de routes, mais seulement des sentiers; les transports se font par bateau, et surtout à dos d'hommes, car le Malgache est excellent et vigoureux porteur.

Le trafic extérieur consiste dans l'expédition de bœufs et de riz pour Maurice, Bourbon et le Cap; il faut y joindre les peaux,

4*

les tortues, la cire, les bois de teinture, qui s'échangent contre les cotonnades, les indiennes, la faïence, la poudre, les outils, les pots et marmites en fer, de provenance européenne ou américaine.

On évalue le commerce extérieur à 25 millions de francs, dont la moitié se fait avec la France et ses colonies; le reste, avec les colonies anglaises, les États-Unis, l'Allemagne.

Le port principal est *Tamatave*, qui a des correspondances régulières avec les terres et îles voisines et avec l'Europe. De même que Mazunga et le port de Nossi-Bé, il recevra sans doute une impulsion favorable de la situation politique nouvelle qui va s'ouvrir pour notre « France orientale », ou, plus exactement, notre *France australe*.

CHAPITRE VIII

LES SATELLITES DE MADAGASCAR

101. Les choses de ce monde n'ont jamais qu'une valeur relative. Naguère, dans l'énumération des colonies françaises, on citait avec un certain orgueil *Sainte-Marie de Madagascar, Nossi-*

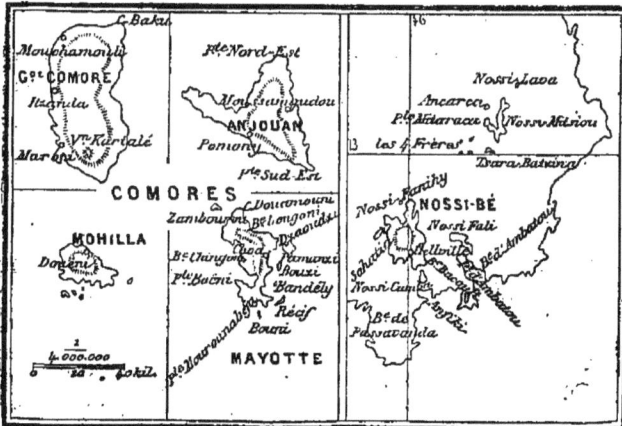

Carte de Nossi-Bé et des îles Comores.

Bé, Nossi-Mitsiou, Nossi-Fali, misérables îlots rocheux plus ou moins stériles. Aujourd'hui que nous possédons en perspective la « grande terre » et ses innombrables richesses d'avenir, les

pauvres satellites de cette planète principale perdent beaucoup
de leur intérêt. L'île Bourbon elle-même, l'une de nos plus
précieuses provinces d'outre-mer, semble s'amoindrir en face du
colosse, surtout lorsqu'on se souvient que Bourbon elle-même n'a
été que le pis aller des tentatives coloniales françaises dans ces
régions aux XVIIᵉ et XVIIIᵒ siècles. En effet, Bourbon doit surtout
sa colonisation aux Français chassés de Madagascar, et leurs
descendants n'attendent qu'une occasion pour aller reprendre
leur place dans cette « France orientale » qui leur était destinée.

I. Sainte-Marie et Nossi-Bé

102. Sainte-Marie de Madagascar, nommée par les indigènes « Nossi-Bourrah », et par les Arabes « Nossi-Ibrahim »,
est une petite île rocheuse de 165 km², de forme très allongée,
et séparée de Madagascar par un canal de 5 à 10 km. de
largeur. Occupée militairement en 1821, elle nous donne l'excellente rade de *Port-Louis* ou *Sainte-Marie,* qui sert de refuge
aux navires contre les cyclones; mais son climat humide,
chaud et très malsain, est trop funeste aux Européens pour
lui donner un avenir assuré. Sa population est de 6 000 Malgaches et d'une trentaine d'Européens. Son commerce consiste
dans le cabotage de denrées alimentaires pour une somme de
200 000 francs.

103. Nossi-Bé et ses îlots annexes sont situés sur la côte
nord-ouest de Madagascar. Ce sont des îles rocheuses, nues,
volcaniques, dont les côtes sont creusées de bons ports; elles
sont peuplées de 7 000 Sakalaves, mais leur climat chaud, humide, est meurtrier pour les Européens.

Nossi-Bé, en sakalave « la grande île », n'a que 293 km² de
superficie. Son chef-lieu *Hellville,* fondé par l'amiral Hell en
1841 et défendu par un fortin, n'est qu'une bourgade peuplée
de créoles venus de Bourbon, de Sakalaves, de fonctionnaires
et de soldats français.

Au sud de l'île principale se trouve *Nossi-Cumba,* à l'est
Nossi-Fali, au nord *Nossi-Mitsiou* et *Nossi-Lava;* mais ces îlots
n'ont aucune importance coloniale.

Le commerce de Nossi-Bé s'élève à 6 ou 8 millions de francs
et se fait avec Nantes, Marseille, la Réunion et Madagascar. Il
comprend l'importation de denrées alimentaires : bétail, riz,

tissus, et l'exportation de sucre, café, huile de coco, bois d'ébène et de santal.

II. Mayotte et les Comores

104. **Mayotte,** de son nom indigène « Mahoré ou Moueté », est l'île la plus orientale du groupe des Comores, groupe que découvrit en 1527 le Portugais Ribero.

Longtemps délaissée comme inutile et presque inhabitée, le commandant d'un navire français y reconnut, en 1840, la magnifique rade de Dzaoudzi et traita pour l'acquisition de l'île avec le chef sakalave Andrian Souli, expulsé de Madagascar par les Hovas. Louis-Philippe accorda à ce chef une pension de 3 000 francs et fit prendre possession de l'île en 1843.

Mayotte a 350 km² de superficie; elle est montueuse, haute de 660 m., d'origine volcanique, fertile et très boisée; elle est entourée d'une ceinture de récifs de corail et de brisants redoutables, et de plusieurs îlots dont le principal est Pamanzi. La rade de *Dzaoudzi*, résidence du personnel administratif, est une dépendance de Pamanzi; l'eau potable y fait défaut.

Ces îles sont peuplées de 8 000 hab., la plupart Arabes africains, ou Sakalaves émigrés de Madagascar, avec 200 blancs négociants, Arabes ou fonctionnaires européens; ceux-ci redoutent le climat chaud et malsain de la région.

Le commerce s'est élevé de 100 000 francs en 1852, à 2 500 000 francs en 1883. Il se fait surtout avec la France, la Réunion, Nossi-Bé et Madagascar. Il consiste dans l'exportation du sucre, du rhum, de la vanille, et dans l'importation des produits manufacturés.

Le transport et le service postal de Mayotte et de Nossi-Bé se font régulièrement chaque mois par un paquebot de la Réunion, correspondant à Saint-Denis avec les Messageries maritimes, ou à Mahé, avec les steamers anglais.

105. **L'archipel des Comores** comprend, outre *Mayotte,* trois autres îles entourées de plusieurs îlots, savoir : *Anjouan, Mohilla* et la *Grande-Comore,* placées sous le protectorat français depuis 1886.

À notre époque de fièvre annexioniste, il était facile de prévoir que les Comores ne resteraient plus longtemps inoccupées.

En effet, bien que depuis longtemps les Anglais eussent établi dans l'île Anjouan un dépôt de charbon pour leur marine, les agents français ont pu en 1885 conclure des traités avec les roitelets de la Grande-Comore, puis avec ceux d'Anjouan et de Mohéli. Ces traités ayant été approuvés par les décrets du 24 juin 1886, le gouvernement français a signifié aux puissances son protectorat sur les îles Comores. Toutefois le sultan d'Anjouan a refusé d'abord de recevoir le résident français, dont la présence, paraît-il, n'était pas stipulée dans le contrat. Apparemment que, peu au fait de la diplomatie européenne, il n'avait pas compris que protectorat signifie dépendance. Quoi qu'il en soit, l'incident se terminera nécessairement par la soumission du protégé.

La France compte donc une colonie de plus.

Les quatre îles Comores sont, avec Nossi-Bé, comme les piles d'un pont qui relierait Madagascar au continent africain, à travers le canal de Mozambique. Ce sont des îles volcaniques, montueuses, boisées, fertiles, mais malsaines. Leurs côtes sont abruptes, bordées de galets et souvent de coraux.

Leur superficie totale est d'environ 2 000 km². Leur population, évaluée à 40 ou 50 000 hab., est formée d'*Antalots*, Arabes mêlés de sang nègre et professant le mahométisme.

La GRANDE-COMORE, ou *Ngazia,* située au nord-ouest du groupe, est la plus considérable en étendue et en élévation comme en population. Ses montagnes dépassent 2 500 m.; on y signale des cratères actifs. Son territoire, dépourvu de ruisseaux, est généralement aride; ses côtes abruptes ne sont abordables que sur trois points, aux villages de Mouchamouli, Itzanda et Maroni. Ce sont les résidences de petits chefs ou sultans, plus ou moins soumis au roi d'Anjouan.

L'île MOHILLA, ou *Mohéli,* la plus petite et la plus élevée, a pour village principal Douéni. En 1869, la reine de Mohéli vint trouver Napoléon III à Paris pour solliciter sa protection.

ANJOUAN, que les Anglais appellent *Johanna,* est remarquable par sa forme triangulaire; son point culminant s'élève à 1 700 m. Politiquement c'est la plus importante. Elle renferme deux villes murées, *Pomony* et *Moussamoudou.* Cette dernière est la résidence du sultan d'Anjouan, roi des Comores, dont l'autorité n'est sans doute que nominale en dehors de l'île. La rade de Moussamoudou est aussi la relâche habituelle des navires qui fréquentent ces parages.

CHAPITRE IX

OBOCK ET DÉPENDANCES

106. **Obock**. Notre possession d'Obock, qui remonte à peu d'années, tire toute son importance de sa position à l'entrée de l'océan Indien. En 1863, pendant le creusement du canal de Suez, la France, voulant s'assurer quelques postes sur le passage aux Indes, acheta du sultan de Zeilah le petit territoire d'Obock, situé à l'ouest du golfe d'Aden. En 1882, elle acquit de même le village de Sagallo, et en 1884 elle s'annexa toute la baie de Tadjourah et la côte septentrionale jusqu'à l'entrée du détroit de Bab-el-Mandeb. Le territoire d'Obock présente ainsi un développement de 200 km. de côtes sur 60 km. de profondeur. Le littoral forme au sud-ouest la baie de Tadjourah, terminée par le petit golfe de Gubbet-Kharra, et remonte au nord-est jusqu'au delà du cap Séjean vis-à-vis de l'île anglaise de Périm, à l'entrée du Bab-el-Mandeb, y compris les îlots des Sept-Frères.

L'intérieur est montagneux et atteint 1 665 m. d'altitude au mont Goda; le Bahr-Assal, situé à l'ouest, est un chott ou lac salé. Le sol, de nature argileuse et calcaire, joint à un climat sec et chaud, rend généralement le pays aride et désert, sauf dans les vallées arrosées.

La population soumise à la France est d'environ 20 000 Danakils de race mélangée arabe et abyssinienne; ils obéissent généralement au petit sultan de Tadjourah, qui subit notre protectorat.

Obock est surtout une rade excellente; elle n'est occupée que depuis peu par une factorerie française à côté d'un village indigène. C'est en 1885 seulement que le gouvernement y a établi un quartier militaire et un dépôt de charbon pour le ravitaillement de notre marine de guerre, qui sera ainsi dispensée de recourir au dépôt anglais d'Aden.

On a installé aussi à Obock un dépôt pénitentiaire pour nos forçats algériens et annamites, élément redoutable, semble-t-il, pour la tranquillité et l'avenir de la colonie.

Tadjourah, résidence du sultan Ahmed, est un gros village peuplé d'un millier d'indigènes danakils. Les Français occupent à Tadjourah et à Sagallo, autre village, deux fortins abandonnés par les Égyptiens. C'est à Sagallo que se forment les

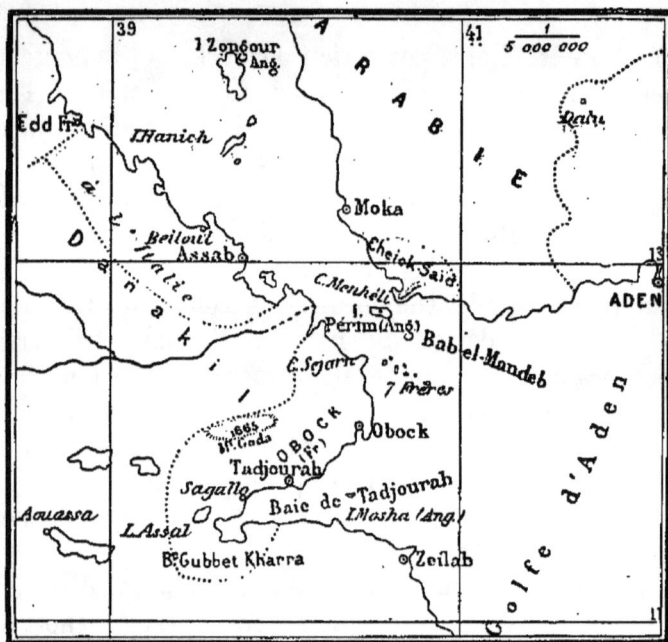

Carte des établissements de la mer Rouge.

caravanes pour le Choa et l'intérieur de l'Abyssinie. Le commerce d'Obock n'est encore que rudimentaire, mais il peut s'alimenter par le transit vers l'Abyssinie, qui, en retour des armes et munitions de guerre, exporte de l'ivoire, du musc et de la poudre d'or.

Les petites îles Mosha, dans la baie de Tadjourah, sont possédées par l'Angleterre, qui occupe aussi les ports de Zeilah et de Berbéra, où aboutissent les caravanes de l'Harar et du Somaul.

Outre le territoire d'Obock, la France possède des droits plus ou moins contestés sur plusieurs points des côtes de la mer Rouge, bien qu'il n'y ait eu jusqu'à ce jour aucune prise effective de possession.

Ce sont :

1° Le territoire de *Cheick-Saïd*, formant la pointe sud-ouest de l'Arabie sur le détroit de Bab-el-Mandeb; il est occupé par une garnison turque. Une colline de 240 m. domine complètement l'île de Périm, haute seulement de 70 m.; en y construisant un fort, on pourrait annuler la valeur stratégique du poste anglais;

2° La baie et le village d'*Edd*, sur la côte abyssinienne, et au nord de la possession italienne de la baie d'Assab;

3° La baie et le port d'*Amphila*, un peu plus au nord;

4° La baie d'*Adulis* et le port de *Zoula*, dans une belle position, en face des îles Dahlak et au sud de Massaoua, qui est le principal port égyptien (en ce moment italien) de la côte d'Abyssinie.

ASIE FRANÇAISE

CHAPITRE X

HINDOUSTAN FRANÇAIS

107. Historique. — L'Inde asiatique passe pour le plus beau, le plus fertile, le plus riche pays de la terre. Tous les grands caractères physiques et ethnographiques du globe y sont représentés : hautes montagnes, fleuves abondants, vallées pittoresques, plaines luxuriantes, climat varié, population dense, civilisée depuis les origines de l'histoire. Tout cela fait de l'Inde un pays envié, que tous les grands conquérants ont tour à tour envahi ou convoité. « La nation qui possède l'Inde est la première du monde, » a dit Napoléon.

Aussi voyons-nous successivement Sésostris, Darius, Alexandre le Grand, se diriger vers cette merveilleuse contrée qu'envahissent ensuite les Grecs, les Musulmans (xe siècle), les Afghans, les Mongols avec Gengis-Khan et les fils de Tamerlan, dont l'un, Baber, fonde l'empire mongol de Delhi, qui subsista du xv^o au xviiie siècle.

D'un autre côté surviennent les Portugais, qui les premiers, avec Vasco de Gama, doublent le cap de Bonne-Espérance en 1497, et arrivent à Calicut; puis les Hollandais, qui se contentent, comme les Portugais, de commercer sur les côtes (xvie-xviie siècle); les Anglais, qui établissent leur première compagnie des Indes en 1599, et les Français, qui fondent la leur en 1604.

Pendant le xviiie siècle, une rivalité s'établit entre ces derniers : les Anglais se fortifient dans le Bengale, sur le Gange et à Madras, et les Français dans le Dékan, à Pondichéry et sur la côte méridionale. Un instant, de 1745 à 1756, les efforts de la Bourdonnais et de Dupleix, soutenus par les Mahrattes, semblèrent devoir nous donner l'empire du Dékan et de l'Inde entière ; mais la conduite impolitique du gouvernement de Louis XV, jointe malheureusement à des sentiments de mutuelle jalousie entre ces deux grands hommes, fit échouer l'entreprise.

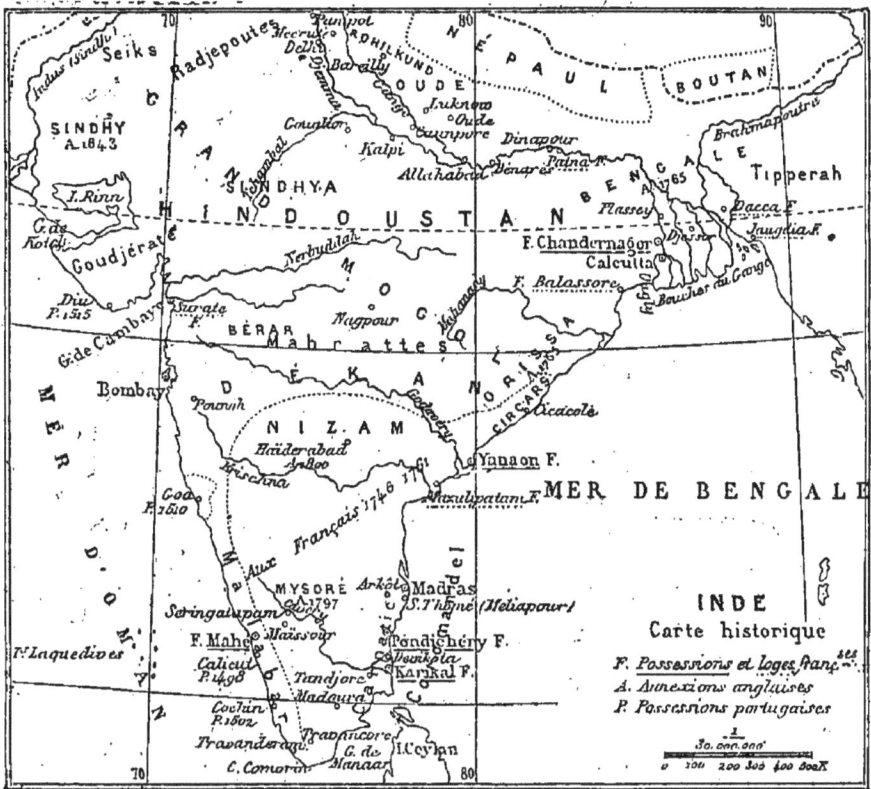

Carte pour servir à l'histoire des conquêtes de l'Inde.

Mahé de la Bourdonnais était gouverneur de l'île Bourbon et de l'île de France, comme Dupleix l'était des Indes pour la Compagnie française. Ce dernier « avait entrepris de donner à la Compagnie, par négociation et par conquête, la domination totale de la grande péninsule asiatique. Pour réaliser ce projet, il lui fallait des guerres, des alliances, et surtout une politique hardie, décidée, qui ne reculât pas devant les sacrifices d'hommes et d'argent. Malheureusement on lui refusa les secours, tout en lui laissant poursuivre ses projets. »

De son côté, « la Bourdonnais, qui n'avait pu obtenir non plus des secours du gouvernement, construisit lui-même des navires, arma des bâtiments de commerce et se forma une escadre avec laquelle il affronta les Anglais et vint les assiéger jusque dans Madras, centre de leurs possessions asiatiques. Après quelques jours de tranchée, la ville capitule et obtient la liberté de se racheter moyennant dix millions. Dupleix refuse de ratifier la convention et garde la place; et comme son rival, soutenu par l'armée et par l'escadre, veut maintenir la parole donnée, Dupleix le renvoie en France, où il dénonce comme traître un guerrier plein d'activité et de courage, un administrateur plein de zèle et de lumière.

« Après plusieurs tentatives pour recouvrer Madras, les Anglais dirigèrent toutes leurs forces contre Pondichéry, chef-lieu de nos possessions asiatiques. Dupleix, avec huit cents Français et trois mille Indiens, déploya dans cette circonstance des ressources inépuisables de génie, de courage et d'habileté. A la fois administrateur, munitionnaire, artilleur et général, il pourvut à tout; et, après cinquante-six jours de tranchée ouverte et plusieurs assauts, les Anglais furent réduits à lever le siège. »

Mais le traité de 1748 rendit Madras à l'Angleterre, et Dupleix fut rappelé de l'Inde, ce qui fut une faute.

Quelques années plus tard la guerre recommençait (1758). « Lord Clive se présentait devant Chandernagor, l'enlevait en cinq jours et nous expulsait du Bengale. Il cherchait aussi à nous supplanter au Coromandel, lorsque l'arrivée du comte Lally-Tollendal avec l'escadre du comte d'Aché arrêta un moment ses progrès.

« Toute ma politique est dans ces cinq mots, dit Lally : *Plus d'Anglais dans les Indes;* et, pour commencer, il leur enlève Gondelour, Saint-David, Arkôt, ainsi que les cinq forts qui couvrent le Karnatic. En moins de quatre semaines, tout le sud de Coromandel se trouve dégagé des Anglais. Mais, quand il forme le projet d'assiéger Madras, centre de la puissance britannique, l'amiral d'Aché lui refuse le secours de ses vaisseaux. Contraint de renoncer à son projet, Lally marche contre le radjah de Tanjaour, allié des Anglais; pendant ce temps, ceux-ci s'emparent de Mazulipatam et menacent Pondichéry. Lally revient sur ses pas, dégage la ville, et, quoique privé de la flotte, il va investir Madras.

« En quelques jours, le quartier indien est emporté; mais la garnison a le temps, grâce à l'insubordination des assaillants, de se retirer dans le fort Saint-Georges, et Lally, bientôt abandonné de ses lieutenants, est forcé de battre en retraite. Investi à son tour dans Pondichéry par le général Eyre-Coote avec vingt-deux mille hommes appuyés de quatorze vaisseaux, il fait, pendant dix mois, des prodiges de bravoure et d'héroïsme. Enfin, trahi par ceux qui l'entourent, malade et couvert de blessures, n'ayant plus que sept cents soldats et quatre onces de riz par jour à distribuer par ration, il laisse aux habitants la liberté d'ouvrir les portes à l'ennemi.

« Ainsi tomba le dernier débris de l'édifice colonial élevé par Dupleix; le monde indien, un moment promis à la France, se trouvait désormais perdu pour elle. » (F. A.)

Les Anglais, étendant leurs conquêtes, détruisirent plus tard le royaume de Mysore, dont les chefs, Haïder-Ali et Tippoo-Saïb, furent nos alliés, et dont le dernier périt même sous les ruines de Séringapatam, en 1799; puis l'empire des Mahrattes, qui finit en 1818, laissant l'Angleterre maîtresse d'acquérir peu à peu, pacifiquement ou par les armes, le reste des territoires qui forment aujourd'hui l'empire indo-britannique, sept fois vaste comme la France, et peuplé de plus de 250 millions d'âmes.

Le traité de 1814 nous avait rendu quelques chétifs lambeaux de terrain qu'il fut même alors question de céder aux Anglais au lieu de l'île de France.

108. Géographie. — L'Inde, ou plutôt l'*Hindoustan français* actuel, comprend les cinq territoires ou établissements de PON-DICHÉRY, KARIKAL, YANAON, MAHÉ, CHANDERNAGOR, dispersés sur les côtes de Coromandel, de Malabar et dans le Bengale.

Le sol y est généralement bas et sablonneux, mais très fertile; le climat, chaud et humide; les vents réguliers ou moussons soufflent du nord en hiver et du sud-ouest en été, et leur renversement provoque de terribles ouragans ou cyclones et de redoutables raz-de-marée.

Ces cinq territoires ont une superficie totale de 508 km², le dixième d'un département français, et une population de 285 000 hab., la plupart indous et musulmans, avec 2 500 européens, presque tous Français ou descendants de Français.

L'administration s'exerce par un gouverneur général résidant à Pondichéry.

Pondichéry, le « Poutoutchéri » des indigènes, chef-lieu des établissements français de l'Inde, est une ville de 40 000 âmes située sur la côte de Coromandel, à 143 km. sud de Madras, dans le delta bas et marécageux du Pannar. Elle se divise en deux parties : la « ville blanche », bâtie à l'européenne et peu-

plée de 2000 Européens, et la « ville noire », toute composée
de cases indiennes. Pondichéry possède une cour d'appel et une
importante filature de guinées (cotonnades); elle n'a qu'une
rade foraine et un pont-débarcadère, mais on y projette le
creusement d'un bassin.

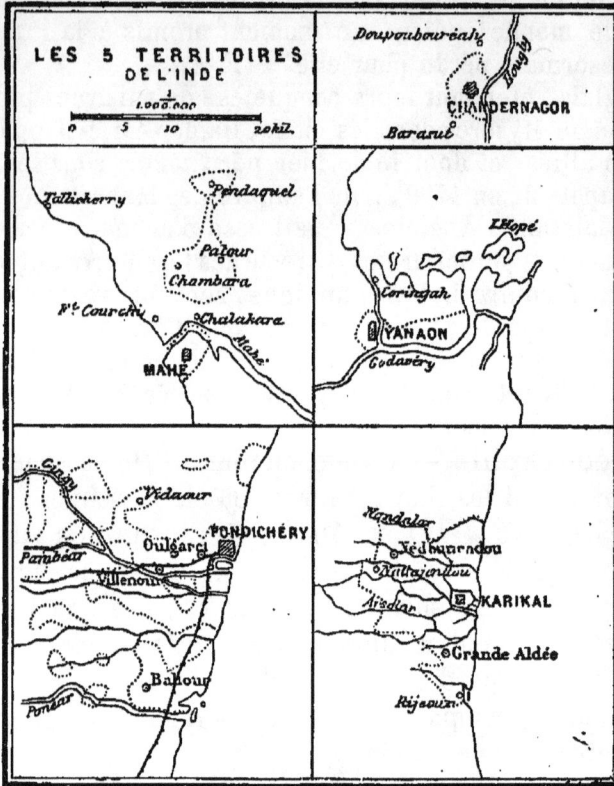

Carte des territoires français de l'Hindoustan.

Le territoire de Pondichéry, extrêmement morcelé par des
enclaves anglaises, comprend quatre communes : *Pondichéry*,
Oulgaret, *Villenour* et *Bahour*, avec deux cents « aldées » ou
villages d'Indous. Sa population est de 133000 hab. répandus
sur une superficie de 29000 hectares.

   Karikal est situé à 100 km. sud de Pondichéry, sur la côte
de Coromandel et au milieu de l'immense delta du Cavéry.

   Son territoire, de 13000 hectares, se divise en trois communes : *Karikal*, *Nédouncadou* et la *Grande-Aldée*, comprenant

5

110 villages avec 95 000 hab. Son commerce est assez important.

Yanaon, assis dans le delta du Godavéry, à 800 km. nord-est de Pondichéry, n'est qu'un comptoir entouré d'un terrain de 1 500 hectares, avec une population de 5 000 hab. Son commerce est nul.

Mahé est situé à l'embouchure de la rivière Mahé, sur la côte de Malabar, à 400 km. ouest de Pondichéry. C'est une jolie petite ville, mais son port est presque inactif. Son territoire de 6 000 hectares comprend, outre la ville, quelques aldées avec une population totale de 8 000 hab.

Chandernagor, la « Tchandranagar » des Indous, est situé dans le Bengale, sur la rive droite de l'Hougly, bras du Gange, à 28 km. en amont de Calcutta et à 1 600 km au nord de Pondichéry. C'est une ville bien bâtie, peuplée de 33 000 hab., dont 300 Français, sur un territoire restreint de 940 hectares seulement. Son trafic, presque nul, se fait avec la capitale indo-britannique.

Outre ces cinq établissements, la France possède, en vertu des traités, dans sept des villes anglaises, des COMPTOIRS ou LOGES composés souvent d'une seule maison avec terrain avoisinant et quelques cases indiennes.

Ces loges françaises se trouvent à Balassore, Dacca, Patna et Jaugdia, dans le Bengale ; à Mazulipatam, au sud de Yanaon ; à Calicut, au sud de Mahé, et à Surate, grande ville au nord de Bombay.

109. Industrie et commerce. — L'industrie de l'Inde française consiste dans les cultures, dans la fabrication des tissus de coton ou guinées, à Pondichéry. On a découvert de riches mines de lignite à Bahour.

Le commerce intérieur dispose des canaux naturels, des chemins de fer, postes et télégraphes de l'Inde anglaise.

Le commerce extérieur s'est élevé en 1883 à 32 millions de francs, dont les trois quarts pour l'exportation. Il se fait pour la plus grande partie avec les autres ports de l'Inde et par vaisseaux anglais ; puis avec la Réunion, Maurice, Marseille et Anvers, par vaisseaux étrangers plutôt que français.

Les produits exportés sont l'arachide, pour 15 millions ; les guinées destinées aux nègres d'Afrique, l'indigo, l'huile de coco, le riz. Les articles importés sont les cotonnades indiennes ou anglaises, les soieries, vins et liqueurs de France.

Pondichéry et Karikal concentrent presque tout le commerce, qui est à peu près nul dans les autres territoires.

Les services de vapeurs anglais, rarement français, établissent les communications avec les ports voisins, l'Europe, la France et nos autres colonies.

En somme, le commerce de la France dans l'Inde s'exerce beaucoup plus avec les ports anglais qu'avec nos propres établissements.

Ceux-ci conservent toutefois une certaine importance politique, bien que, en vertu des traités, il nous soit même interdit de les fortifier et de les transformer au besoin en positions militaires et stratégiques.

Heureusement l'acquisition récente de l'Indo-Chine compense les pertes que nous avons subies dans l'Hindoustan.

CHAPITRE XI

INDO-CHINE FRANÇAISE

110. **Notice historique.** — Si la France peut regretter la perte de ses possessions dans l'Hindoustan, elle retrouve depuis vingt-cinq ans de belles occasions de se créer un nouvel empire asiatique dans l'Indo-Chine, dont la situation, au centre des plus riches pays de l'extrême Orient, est exceptionnellement favorable.

L'histoire de notre établissement dans ce pays remonte à 1787, époque où un évêque missionnaire catholique, Mgr d'Adran, emmena en France le fils du roi annamite Gia-Long, dépossédé par une révolution de palais. Louis XVI promit à ce prince un secours militaire et en obtint en retour la cession de la baie de Tourane et des îles Poulo-Condor. Gia-Long, rétabli sur le trône d'Annam en 1802, introduisit l'influence française dans son pays et se servit d'officiers français pour l'organisation de son armée et la fortification de ses villes; mais ses successeurs, notamment Tu-Duc, subissant l'influence des mandarins chinois, chassèrent les Français et renouvelèrent les persécutions contre les chrétiens, jusqu'à ce qu'en 1858 une escadre franco-espagnole s'empara de Tourane, qui fut évacuée peu de temps après, et de Saïgon, que la France conserva, nonobstant les réclamations de Tu-Duc.

Les hostilités se rouvrirent en 1861; mais le traité de 1862 nous assura l'acquisition des trois provinces cochinchinoises de Saïgon, Mytho et Bien-Hoa. En 1867, pour mettre fin à de nouveaux troubles, notre armée s'empara de celles de Vinh-Long, Chaudoc et Hatien.

En 1863, le royaume du Cambodge, objet de dispute entre le Siam et l'Annam, se soumit à notre protectorat.

Le désir de commercer avec les provinces chinoises occidentales détermina l'exploration du Mékong par le capitaine de Lagrée, qui remonta ce fleuve jusqu'en Chine (1866-1868); mais il le reconnut non navigable. Plus tard, dans le même but, le négociant Dupuis et le marin Francis Garnier explorèrent le Song-Haï ou fleuve Rouge du Tonkin, ce qui excita la défiance des Annamites, amena la prise d'Hanoï par le lieutenant Garnier et une guerre nouvelle (1873). L'année suivante, Tu-Duc dut signer un traité par lequel il reconnaissait nos dernières acquisitions en Cochinchine et soumettait son royaume d'Annam au protectorat de la France, nonobstant les droits d'investiture que la Chine exerçait depuis des siècles sur les rois d'Annam.

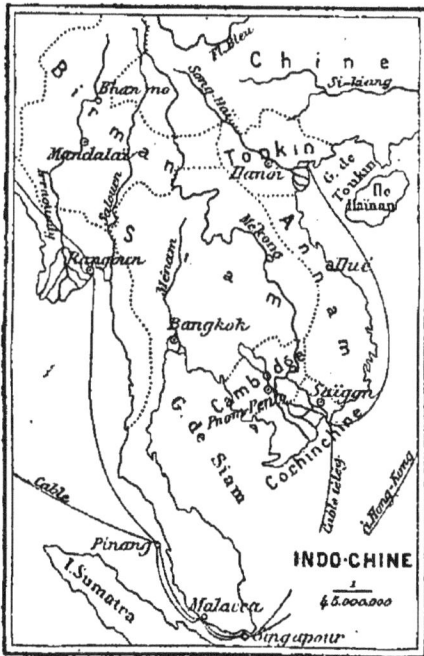

Carte de l'Indo-Chine.

La France obtenait en outre le droit de garnison et le prélèvement des droits de douane dans plusieurs villes du Tonkin, ce qui amena peu à peu des complications, puis la guerre avec les « Pavillons-Noirs » d'abord, ensuite avec l'Annam, le Tonkin (1883) et même la Chine (1885).

Rappelons quelques faits des plus importants.

En mai 1883, en faisant une sortie du fort d'Hanoï, assiégé par les Pavillons-Noirs, bandes de pillards mi-chinoises, mi-

annamites, le commandant français Rivière est battu et tué, et
sa tête est portée en triomphe dans le pays. Des renforts arrivent
de France, et sur la fin de juillet on s'empare de Hué, dont le
jeune roi, successeur de Tu-Duc, est rendu responsable de la
guerre, et se voit obligé de se soumettre au protectorat français.
La Chine en prend ombrage; en novembre elle adresse aux puissances une protestation pour maintenir ses droits de suzeraineté,
et elle fait soutenir par ses troupes les hostilités des Tonkinois.
Mais la prise de Sontay et de Bac-Ninh par les Français conduit
à la convention de Tien-Tsin du 11 mai 1884, par laquelle la
Chine reconnaît notre protectorat sur le Tonkin. Toutefois la
guerre se continue sans être ouvertement déclarée, et se porte
même en territoire chinois.

En juillet, l'amiral Lespès occupe Ke-Lung, dans l'île Formose,
et l'amiral Courbet s'illustre en détruisant la flotte chinoise près
de Fou-Tchéou, l'un des ports de la Chine; mais au Tonkin il
faudra, à notre armée de 40 000 hommes, du temps et des sacrifices pour amener le triomphe. En mars 1885, la prise de Langson
est suivie d'un échec grave, au moment où la Chine proposait
de mettre fin à une guerre ruineuse pour les deux parties. Le
traité du 9 juin consacre la convention de Tien-Tsin et stipule
que chaque belligérant retirera ses troupes des territoires envahis,
sans prétendre à aucune indemnité de guerre. Toutefois les Annamites ne désarment pas, et la déposition intempestive du jeune
roi par les Français excite un soulèvement général qui cause
le massacre de plusieurs missionnaires européens, de plus de
40 000 chrétiens indigènes, considérés comme favorables aux
étrangers, et la destruction de nombreuses églises et missions.
En automne 1885, la situation est tellement grave, que l'opinion
publique en France se prononce pour l'évacuation de ce pays qui
nous cause tant d'embarras, et que la chambre ne vote la continuation de l'occupation qu'à une majorité douteuse de deux ou
trois voix, obtenues par le gouvernement grâce à certaines ma-
nœuvres. Notre avenir et notre prestige en Orient n'ont donc
tenu qu'à un vote plus ou moins inconsidéré.

En supposant toutes ces difficultés vaincues, l'Indo-Chine
française, par sa population nombreuse, s'élevant à plus de
15 millions d'habitants, par ses richesses végétales et minérales,
par son excellente position aux portes de la Chine, si peuplée et
si industrieuse au milieu des empires anglais de l'Inde et de
l'Australie et des riches colonies hollandaises et espagnoles de
la Malaisie, est appelée à un brillant avenir, si l'on sait en profiter par une administration habile, sage et chrétienne, jointe

au concours actif du commerce et de la marine marchande de la métropole.

§ I. Géographie physique.

111. Situation. — L'Indo-Chine française, désignant l'ensemble des quatre territoires que nous possédons à divers titres : la basse Cochinchine, le Cambodge, l'Annam et le Tonkin, forme la partie orientale de la grande péninsule indo-chinoise, appelée aussi l'Inde au delà du Gange.

Elle est bornée au nord par l'empire Chinois, à l'est et au sud-est par la mer de Chine, au sud-ouest par le golfe de Siam, et à l'ouest par le royaume de Siam ou les territoires indépendants du Laos.

L'Indo-Chine française est comprise approximativement entre 8° 40' et 23° de latitude nord, et entre 100° et 107° de longitude est du méridien de Paris.

Sa plus grande longueur, du sud au nord, est de 14° 20', ce qui lui donne plus de 1 600 km., et sa largeur, très variable, est de 60 à 200 km. La superficie totale est ainsi estimée à 400 000 km², soit les 4/5 de la France [1].

---

[1] Étymologies des principaux termes géographiques de la cartographie indo-chinoise :

FRANÇAIS	ANNAMITE	CAMBODGIEN	CHINOIS	LAOTIEN
Baie	vioung	au , scremot	haï-ouan	ao
Canton	tong	srek		
Cap	moui	ch·ouy	haï-ko	
Colline	bone	dambank		po
Estuaire	cua, koua	peam , bank	haï-teou	ta-nâme
Étang	ao	tépang, nong	yen-tung	
Fleuve	choug, rach	tenlé, strung	kiang	mê-nâme
Forêt	rung	prey	Itn	pu
Ile	go, hon	co , hon, ca	haï-tao	ko
Lac	ho		heou , fou	nang, nôme
Marché	kieu, cho			
Montagne	moui, mui	pnom (phnom)	chon , chonm	phon
Province	tinh, tigne	khet	sen-tao	
Rapide	thac	stong	tan-teou	keng
Rivière	khé, preeck	touté, stung	ho, ku	sé, éou
Sauvage	moï, muong	penong		ban
Village	lang, sa	phum	sen	
Ville, 1er ordre	tham, dinh	krong	yen, fou	muong
— 2e ordre	phu (fou)		tchou, tcheou	
— 3e ordre	huyen		hien	

112. Littoral. — Le littoral indo-chinois est formé par la mer de Chine ou mer du Sud. Relativement très étendu, ce qui est avantageux au point de vue des relations extérieures, il présente un développement de plus de 2 800 km., dont 400 pour le Cambodge, 700 pour la Cochinchine, 1 200 pour l'Annam et 500 pour le Tonkin.

Dans son ensemble le littoral dessine une grande lettre S, dont la boucle supérieure est tracée par le golfe du Tonkin, et la boucle inférieure par la péninsule cochinchinoise et le golfe de Siam.

Le grand *golfe de Siam*, limité au sud-ouest par la longue presqu'île de *Malacca*, projette au nord la baie de *Bangkok*, où débouche le fleuve Ménam. Sur les côtes du Cambodge, il renferme plusieurs îles du nom générique de *Koh,* et l'île *Phu-Quoc* ou *Koh-Kon*, la plus grande de la région ; il forme dans le Cambodge les baies de *Kompong-Som* et de *Kampot ;* dans le Bassac cochinchinois, celles de *Hatien* et de *Rach-Gia*, séparées par le cap de la Table, et celle de *Camau*, déterminée par la longue pointe sablonneuse de Camau ou Cambodge.

Du cap *Camau* au cap *Saint-Jacques*, la côte, basse et marécageuse, est indentée par les nombreuses bouches du Mékong et du Donnaï, dont les atterrissements ont formé le vaste delta péninsulaire de la basse Cochinchine.

Les baies de *Gang-Ray* et des *Cocotiers* donnent entrée dans la rivière de Saïgon, et le cap Saint-Jacques, haut de 150 m., donne attache aux câbles sous-marins qui relient Saïgon avec la France et la Chine.

A partir du cap *Baké*, qui marque la limite cochinchinoise, la côte de l'Annam, généralement montueuse, présente dans son ensemble une double courbure convexe et concave ; elle est finement déchiquetée par une multitude de petites échancrures : baies, lagunes et canaux littoraux, entremêlées d'îlots,

---

Prononciation dans les transcriptions indo-chinoises :

N final se prononce comme en latin, soit *nn* doublé.
Nh se prononce comme *ñ* espagnol, soit *gn*.
Ng final se prononce *n* nasal, comme dans *long*.
Ay ou *aï* se prononce *aïe*, un seul son.
Ei se prononce *eïe* ; et *oï*, *oïe*.
U comme *ou ; x* comme *s ; s* comme *ch*.

de presqu'îles, de caps, bordées de récifs et de bancs de sable qui rendent cette côte peu accessible à la navigation.

Nous signalerons, du sud au nord, le cap *Padaran*, les baies

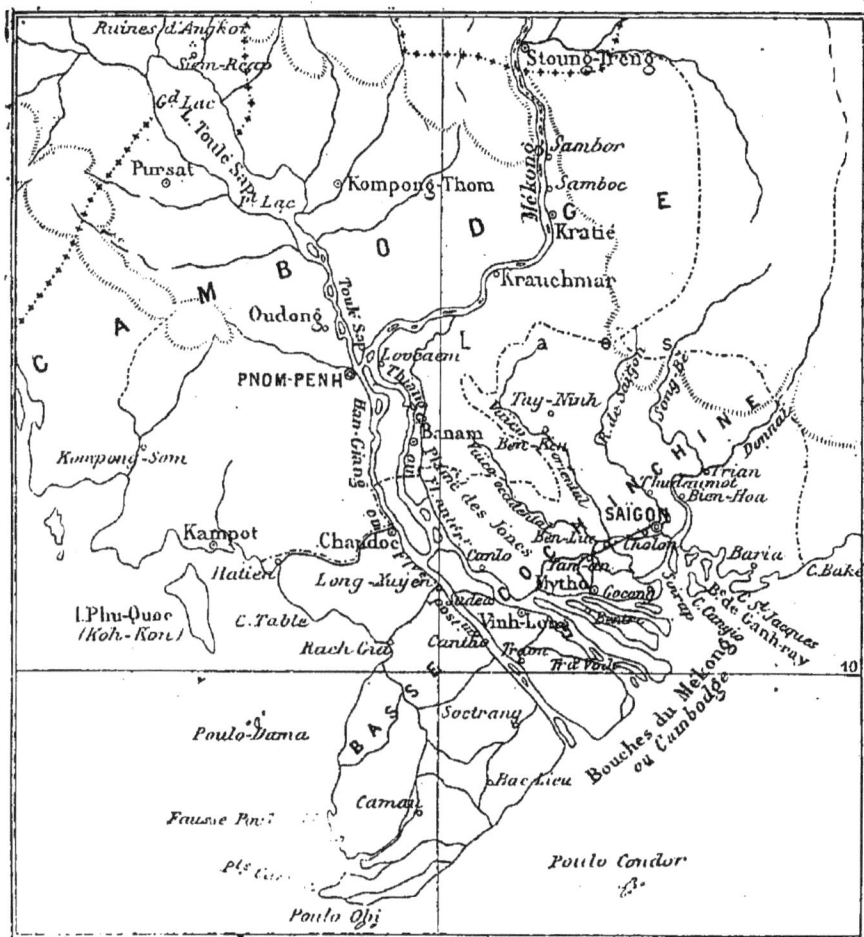

Carte du Cambodge et de la basse Cochinchine.

Kamran, *Binh-Kang* et *Hong-Koé*, la presqu'île *Varela* et le cap *Varela* ou Pagode, le plus oriental de l'Annam; puis la baie de *Qui-Nhon*, le cap et la baie de *Tourane*, la baie de *Choumay*, communiquant avec la rivière d'Hué, le cap *Vung-Chua*, qui marquait la limite du Tonkin, reculée aujourd'hui du 18e au 20e parallèle.

Le littoral tonkinois est généralement bas, sablonneux, découpé de canaux dans le sud; puis il présente les nombreuses embouchures du *Song-Haï* ou fleuve Rouge et du *Thaï-Binh*, découpant une multitude d'îles basses et populeuses : c'est le delta, au nord duquel le littoral montueux est bordé de milliers d'îles

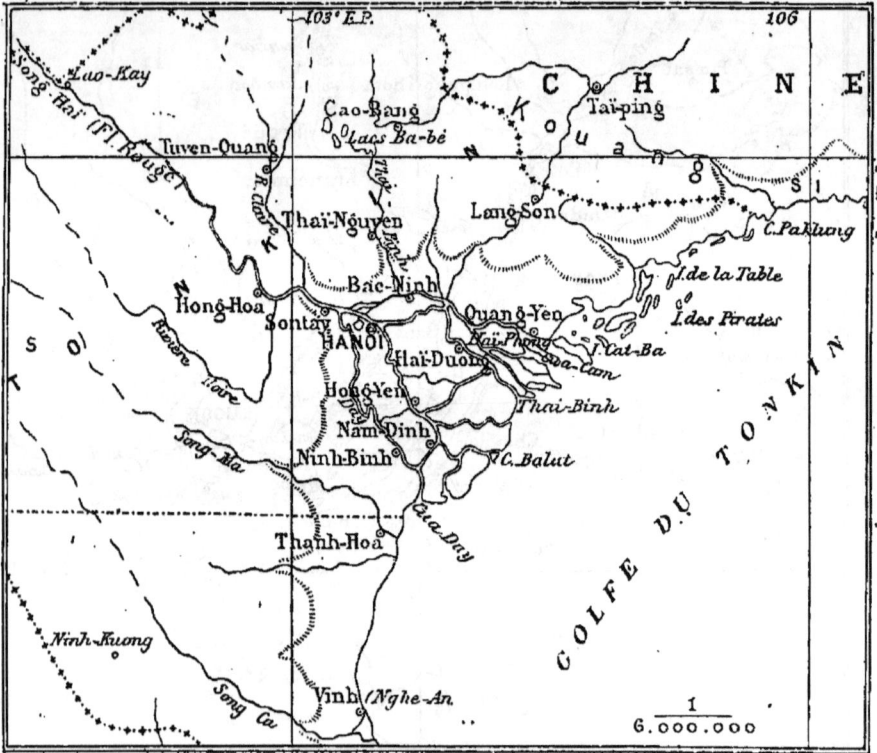

Carte de l'Annam et du Tonkin.

et d'îlots rocheux peu habités : telles sont les îles de *Cat-Ba*, de la *Table* et des *Pirates*. Le cap *Paklung* marque la frontière chinoise, et au delà le golfe du Tonkin est fermé au nord par la province de Canton, à l'est par la presqu'île de Laï-Chas et la grande île d'Haïnan, appartenant à l'empire chinois.

113. **Montagnes.** — L'intérieur de l'Indo-Chine est encore trop peu exploré pour qu'on puisse en décrire le détail du relief. On sait qu'en général, sauf les deltas du Song-Haï et du Mékong, tout le pays est montueux, élevé de 500 à 1 000 m., dis-

posé en plateaux que surmontent des chaînes montagneuses et
des sommets atteignant 2 000 m. et plus.

Ce haut pays peut être considéré sommairement comme une
longue et large chaîne qui, détachée du grand plateau du Thibet, couvre tout le Yun-nan chinois, s'abaisse en s'avançant
du nord au sud dans le Laos pour séparer les bassins fluviaux
du Song-Haï et du Mékong ; cette chaîne forme à la fois la ligne
physique du partage des eaux et la limite politique des États
d'Annam et de Siam. De nombreux chaînons se dirigent vers
la côte en enfermant les vallées des rivières maritimes et déterminent une foule de baies et de caps montueux. (Voir les
cartes pages 152 et 153.)

114. **Hydrographie.** — Les fleuves principaux sont : en
Cochinchine, le Mékong, le Vaïco, le Donnaï ; au Tonkin, le
Song-Ca, le Song-Ma et le Song-Haï.

Le *Mékong* ou *Cambodge*, long d'environ 4 000 km., est l'un
des grands fleuves de l'Asie. Il prend sa source dans le Thibet,
traverse le Yun-nan chinois et l'immense plateau du Laos, où
il change plusieurs fois brusquement de direction vers le sud
et vers l'est. Ce n'est encore là qu'un torrent coupé par des
cascades qui en rendent la navigation presque impossible ;
mais, continuant sa route du nord au sud, il s'élargit vers
Bassac, et se remplit d'îles nombreuses jusqu'au-dessous des
rapides de Sambor. Dans le royaume du Cambodge, il tourne
brusquement à l'ouest, arrive à Pnom-Penh, où se forme ce
qu'on appelle *les quatre bras* du Mékong : le bras du nord-est
n'est autre que la partie supérieure du fleuve ; le second remonte vers le nord-ouest sous le nom de *Toulé-Sap* et communique avec le grand lac de même nom ; les deux autres, formant la fourche du delta, sont deux défluents qui coulent vers
le sud-est et pénètrent dans la basse Cochinchine sous les noms
de fleuve antérieur ou *Thiang-Giang*, et de fleuve postérieur ou
Han-Giang.

Le fleuve postérieur, le plus occidental, baigne Chaudoc,
Long-Xuyen, Cantho, Traon ; il forme plusieurs îles et se jette
dans la mer de Chine par la double embouchure dite du Bassac.

Le fleuve antérieur, le plus oriental, passe à Canlo, à Sadec, à Vinh-Long, où il se divise en plusieurs branches, dont
l'une passe à Bentré, une autre à Mytho.

A l'est du Mékong, et parallèlement à son cours inférieur, coulent les deux Vaïco, anciens bras du fleuve, la rivière de Saïgon et le Donnaï, qui concourent avec lui à la formation du delta.

Le *Vaïco* occidental traverse la plaine des Joncs, vaste marais qu'il draine en partie, passe à Tan-An et se jette dans le Vaïco oriental. Celui-ci passe à Ben-Keu, à Ben-Luc et finit dans le Soirap.

Le *Donnaï*, qui sort de l'Annam et dont le cours supérieur est peu connu, absorbe le Song-Bé à Trian, passe à Bien-Hoa, reçoit le Saïgon, le Vaïco, et se termine par la large embouchure navigable dite du *Soirap*.

La rivière de *Saïgon* a également sa source dans le royaume d'Annam; elle coule du nord au sud, passe à Thudaumot et arrive à Saïgon, où elle a une largeur de 400 m.

Le Saïgon et le Donnaï en se réunissant confondent leurs cours inférieurs, qui sont censés se croiser, de telle sorte que l'embouchure du Donnaï passerait au sud sous le nom de Soirap, et celle du Saïgon se terminerait au nord dans la baie de Ganh-ray, entre les caps Cangio et Saint-Jacques.

Tous ces fleuves ou rivières sont mis en communication entre eux par une multitude de canaux appelés *arroyos,* qui se croisent dans tous les sens et dans lesquels la marée pénètre, aussi bien que dans les fleuves qu'ils unissent. — Les arroyos sont les routes de la Cochinchine et servent aux transports; ils sont couverts de barques de toutes dimensions qui, partant ensemble au moment où la marée leur est favorable, donnent de la vie et du mouvement au pays : des centaines d'embarcations, déployant leurs voiles de formes et de dimensions variées, et s'étalant sur toute la surface du fleuve ou du canal, présentent alors un spectacle des plus gais et des plus animés.

Rivières de l'Annam. — Le versant annamitain de la mer de Chine a trop peu de profondeur pour présenter des cours d'eau d'une certaine étendue. Ils sont du reste très peu connus, surtout dans leur cours supérieur. Ce sont des torrents descendant en cascades du plateau intérieur, traversant des vallées pittoresques et se confondant à leur embouchure avec les ports et les baies que nous avons cités et dont ils portent le nom. On trouve ainsi, du sud au nord, les rivières de *Kamran,* de *Phu-Yen,* de *Tourane* et de *Hué.*

Au Tonkin, la ligne de partage s'éloigne, et les fleuves ont plus d'étendue. Du cap Vung-Chua à Ninh-Binh, on signale une douzaine d'embouchures de petits fleuves, reliées entre elles par des canaux parallèles à la côte. Les principaux de ces fleuves sont le *Song-Cu,* qui passe à Vinh, et le *Song-Ma,* dont l'importance n'est dépassée que par celle du fleuve Rouge.

Le *Song-Haï* ou fleuve Rouge caractérise le Tonkin, comme le Mékong caractérise la basse Cochinchine; ils se terminent tous deux par un delta considérable qui forme la partie riche de chacun de ces pays.

Le Song-Haï, long d'environ 1500 km., descend du Yunnan chinois, sous le nom de Hong-Kiang. Coulant au sud-est, il pénètre dans le Tonkin à partir de Lao-Kay, arrose Hong-Hoa, Sontay, Hanoï et Hong-Yen, et va finir en ligne droite sous le nom de Cua-Balat.

En amont de Sontay, le fleuve Rouge reçoit deux affluents considérables venant aussi du Yun-nan : à droite la « rivière Noire » ou *Da-Giang,* qui fait au sud un grand détour; à gauche la « rivière Claire » ou *Lo-Giang,* qui passe à Tuyen-Quang.

En aval de Sontay et au sortir des montagnes commencent les ramifications du fleuve pour former le delta; telles sont : au sud, le *Day,* bras navigable qui passe à Ninh-Binh et débouche par le *Cua-Day;* au milieu, le *Balat* ou vrai Song-Haï; au nord, plusieurs autres branches qui se confondent avec celles du *Thaï-Binh,* fleuve qui passe à Thaï-Nguyen et à Bac-Ninh. Ces branches entremêlées forment un lacis d'arroyos qui baignent au nord-est les villes de Haï-Duong, Quang-Yen et Haï-Phong, cette dernière ayant un port maritime, accessible surtout par le *Cua-Cam.*

Enfin, sur la frontière septentrionale du Tonkin, les villes de Lang-Son et de Cao-Bang semblent être situées sur des cours d'eau appartenant à des fleuves chinois des provinces de Kouang-si et de Canton.

115. **Régions physiques.** — A part les montagnes neigeuses, l'Indo-Chine française réunit une superbe variété de régions physiques : vastes plateaux montagneux dans le Laos, qui comprend tout l'intérieur; plus près des côtes, régions de collines pittoresques et agréables, nombreuses vallées arrosées, débouchant sur la mer, enfin deux fleuves géants formant deux

deltas de premier ordre : le delta du Mékong ou la basse Cochinchine, populeuse et civilisée; le delta du Tonkin, plus anciennement civilisé et plus fortement peuplé encore.

Dans ces deux deltas, comme toujours d'un niveau horizon-
tal, une foule de canaux naturels appelés arroyos, d'après un
mot espagnol, se croisent en tous sens et découpent en une
foule d'îles le sol bas et marécageux formé par les atterrissements ou dépôts du limon charrié par les fleuves. Comme les
polders hollandais du delta du Rhin et de la Meuse, les îles
fluviales du Tonkin ont leur niveau inférieur parfois de 4 à
6 mètres à celui des hautes marées, elles sont maintenues à
l'abri des inondations par des digues ou levées de terre construites par les habitants. Ces digues servent en même temps
d'assises à la plupart des lieux habités, et de chemins qui les
relient entre eux en même temps que les canaux.

C'est dans le fond inondable de ces îles que se cultive le riz,
la principale denrée alimentaire du pays.

En Cochinchine, les digues construites jusqu'à ce jour sont
peu considérables ou nulles; aussi, par suite de l'affaissement
graduel du sol boueux du delta, il sera probablement nécessaire d'en construire à l'avenir pour s'opposer aux inondations
qui détruiraient les cultures.

Pour le Cambodge, le caractère le plus remarquable est le
grand réservoir du Mékong ou le *Toulé-Sap*, sorte de mer intérieure longue de 120 km., large de 20 à 30, et d'une superficie de 2 500 km². Resserré dans sa partie inférieure, il est
divisé en *Grand-Lac* au nord-ouest et en *Petit-Lac* au sud-est; il
communique par un large canal avec le Mékong, et reçoit de
ce fleuve, au temps des crues, une énorme masse d'eau qui,
envahissant les terres basses, triple la surface du lac; au contraire, en été il se vide par le même canal, et alors d'innombrables poissons accumulés dans ses bas-fonds donnent lieu à
une pêche extraordinaire dont le produit s'élève parfois à 6 millions de francs.

116. Climat. — Le climat de la Cochinchine et du Tonkin
étant, comme celui de l'Inde en général, chaud, humide, fiévreux, débilitant, est et restera malheureusement le plus grand
obstacle à la colonisation de ces pays si riches par les Européens.

L'hiver ou saison sèche, qui dure de septembre à mai, comme en Europe, est relativement supportable; il est réconfortant à cause de la mousson du nord-est, bien que la température ne descende guère au-dessous de 18°. Mais pendant l'été, qu'on appelle là-bas hivernage, la chaleur humide provoquée par la mousson du sud-ouest reste nuit et jour entre 26° et 34° centigrades; elle est réellement insupportable, même pour les animaux, qui instinctivement cherchent l'ombre et ne bougent plus pendant le jour.

De là les insolations, les fièvres, les dysenteries, les anémies, qui ruinent le tempérament du plus grand nombre des Européens s'ils séjournent trop longtemps, et qui ont fait beaucoup plus de mal à nos soldats que les balles de l'ennemi.

Les moussons sont des vents réguliers qui soufflent en hiver du nord-est, et en été du sud-est. Le passage d'une mousson à l'autre provoque les cyclones et les typhons qui portent leurs ravages dans le nord plus souvent qu'en Cochinchine.

117. Productions naturelles. — Le granit, la pierre poreuse de Bien-Hoa, le sel des salines : telles sont les rares exploitations minérales de la Cochinchine.

Le haut Tonkin est plus riche en métaux : le charbon, le cuivre, le fer y sont assez communs.

Quant aux richesses végétales et animales de l'Inde, elles sont passées en proverbe; qu'il nous suffise de citer les palmiers : cocotier, aréquier, latanier, dont les feuilles servent à couvrir les cases; le rotin ou rotang, l'oranger, le citronnier, l'arbre à pain, le cacaoyer, le thé, le caféier, les ébéniers et bois de fer, le cotonnier, l'arachide, l'indigotier, le tabac, le bétel, le bambou et le palétuvier des marécages.

Parmi les animaux, les singes gibbons, les roussettes, grosses chauves-souris frugivores et à chair comestible; le tigre, dont la tête est mise à prix ; la panthère, le léopard, l'éléphant, le rhinocéros, le sanglier, des oiseaux de toute espèce, de grands lézards, le caïman, que l'on élève en parc pour le manger, l'iguane, les tortues, les serpents cobra et python, de superbes raies et de nombreux poissons qui, salés ou séchés, contribuent beaucoup à la nourriture populaire ; l'abeille, le ver à soie, de grosses araignées et fourmis, sans oublier les insupportables moustiques qui pullulent dans l'air.

118. Géographie politique. — L'Indo-Chine française se divise en quatre parties diversement administrées, offrant une population totale approximative de 16 000 000 d'habitants, et une superficie de 400 000 km², soit une densité de 40 habitants par km².

Ce sont : la basse Cochinchine, administrée directement par la France; le royaume de Cambodge, le royaume d'Annam et le Tonkin placés sous le protectorat français.

I. COCHINCHINE

119. Ethnographie. — La Cochinchine est peuplée de 1 700 000 habitants (en 1886) sur une superficie de 60 000 km², ce qui donne une population relative de 28 hab. par km².

La population est formée presque entièrement de Cochinchinois ou Annamites, qui appartiennent, comme les Chinois, à la race jaune ou mongolique. Un de leurs caractères ethnographiques est l'écartement du gros orteil, ce qui leur a fait donner le nom indigène de *Giaochi*. Leur religion bouddhiste, leur culte des ancêtres, leurs mœurs démocratiques et familiales sont ceux des Chinois, qui ont été longtemps les maîtres du pays.

Aux Cochinchinois proprement dits s'ajoutent 100 000 Cambodgiens, 10 000 Moïs ou montagnards sauvages, 60 000 Chinois immigrants ou natifs et 2 000 Européens, presque tous Français.

On compte 50 000 indigènes catholiques convertis par les missionnaires. Beaucoup d'enfants fréquentent aujourd'hui les nouvelles écoles françaises, où l'Annamite est enseigné en caractères latins en même temps que le français.

120. Administration. — La colonie est administrée par un gouverneur général civil, assisté d'un conseil colonial composé de six membres français et de six membres annamites élus. Elle nomme un député au parlement français.

La Cochinchine était anciennement divisée en six provinces, désignées par les noms de leurs chefs-lieux : Saïgon, Bien-Hoa, Mytho, Vinh-Long, Chaudoc et Hatien.

Depuis 1876, elle comprend seulement quatre circonscriptions ou provinces, subdivisées en arrondissements (*huyen*), cantons (*tong*) et villages. Ce sont, au nord-est : 1º la circonscription de Saïgon, avec les six arrondissements de Saïgon, Tay-Ninh, Thudaumot, Bien-Hoa, Baria et le vingtième arrondissement.

2° La circonscription de Mytho, formant quatre arrondissements : Mytho, Tan-An, Gocong et Cholon.

3° La circonscription de Vinh-Long, avec quatre arrondissements : Vinh-Long, Bentré, Tra-Vinh et Sadec.

4° La circonscription du Bassac, au sud-ouest du fleuve, divisée en sept arrondissements : Chaudoc, Hatien, Long-Xuyen, Rach-Gia, Cantho, Soctrang et Bac-Lieu.

121. **Villes.** — *Saïgon*, 70 000 hab., chef-lieu de la Cochinchine, est bâtie en plaine sur les bords de la rivière de Saïgon, et entourée de canaux. Détruite au temps de la conquête, elle s'est rebâtie plus belle avec des rues larges, se croisant à angle droit. Le quartier des Européens, d'un niveau plus élevé que le reste de la ville, est vaste et salubre; il est entouré de nombreux faubourgs ou villages d'indigènes. On y vénère le tombeau de l'évêque d'Adran. — Port excellent, quoique non pourvu encore de docks et de quais, mais accessible aux plus grands bâtiments par l'embouchure du Donnaï ou Soirap, Saïgon est la principale place de commerce de toute la région; mais son éloignement de la mer (70 km.) est cause que les paquebots rapides passent en vue des côtes sans s'y arrêter.

Cholon, 40 000 hab., la plupart chinois, est situé à cinq km. en amont de la capitale; c'est le grand marché de Saïgon et le principal entrepôt de la colonie pour le riz et tous les produits indigènes. Elle doit son origine à une colonie chinoise qui s'y établit au siècle dernier.

Bien-Hoa, sur le Donnaï; *Mytho*, sur le Mékong oriental; *Vinh-Long*, « le jardin de la Cochinchine », sur un autre bras plus central; et *Chaudoc*, sur le bras occidental du fleuve, près de la frontière du Cambodge, sont des villes de 5 à 10 000 âmes et des marchés importants.

Les autres chefs-lieux d'arrondissements, quoique moins populeux, sont florissants; la plupart ne datent que de la conquête.

En général, les villes indiennes, composées de petites cases ou paillottes de facile construction, deviennent vite populeuses dès qu'un marché s'y établit pour attirer le commerce.

A 100 km. de la côte, les îles *Poulo-Condor,* « îles des Calebasses », peuplées de 500 hab., sont une station navale précieuse et une colonie pénitentiaire pour nos sujets asiatiques.

122. Industrie et commerce. — Les cultures alimentaires de riz, maïs, igname, patate, manioc, canne à sucre, ananas, poivre et autres épices, celle du coton, de l'indigo, la fabrication de tissus légers, de nattes, bijoux, ouvrages en bois et en rotin, ainsi que l'exploitation des salines, telles sont les principales industries des Annamites, dont les besoins sont d'ailleurs très restreints.

Le commerce intérieur dispose d'une multitude de canaux ou arroyos, de routes assez nombreuses, mais souvent rudimentaires, et d'un chemin de fer qui relie Saïgon et Cholon à Mytho.

Le commerce extérieur s'est élevé en 1883 à 60 millions de francs, dont plus de la moitié pour les exportations, qui consistent en riz, poissons secs ou salés, peaux, coton, pour la Chine et le Japon.

Les importations consistent en cotonnades anglaises (pour les 4/5), soieries françaises, fers et ferronneries belges et français, charbon anglais ou australien, vins, liqueurs et comestibles de France, thé de Chine et opium de l'Inde.

Les échanges se font pour les 3/4 avec la Chine et le Japon par l'intermédiaire de Hong-kong et de Shanghaï, pour 1/4 seulement avec la France et l'Europe.

Les transports ont lieu par les navires anglais, français, allemands et hollandais.

Le commerce extérieur est concentré entre les mains des Chinois et se fait presque entièrement sur les places de Saïgon pour l'importation, et de Cholon pour l'exportation.

Les Messageries nationales et les paquebots anglais font plusieurs services par mois; la durée du voyage de France à Saïgon est de trente à trente-cinq jours.

Un réseau télégraphique sillonne la colonie, et des câbles sous-marins relient Saïgon par le cap Saint-Jacques avec Hanoï, Hong-kong et Singapour, de là avec la France.

II. Cambodge

123. Statistique. — Le Cambodge actuel n'est qu'un reste de l'antique royaume de *Srok-K'mer,* « pays des Kmers », dont la puissance et la civilisation, attestées par les superbes ruines d'Angkor, s'étendaient sur une grande partie de la péninsule indo-chinoise. En 1863, le roi Norodom accepta le protectorat de la France; il continua à gouverner par lui-même ses États, jusqu'à ce qu'en 1884 l'administration suprême lui fut enlevée pour être remise aux mains d'un résident général qui représente la république française.

Le Cambodge est borné au nord par le royaume de Siam, à l'est par le Mékong, au sud et à l'ouest par la Cochinchine et la mer.

Sa superficie est évaluée à 100 000 km², et sa population à 500 000 hab. seulement (d'après les renseignements officiels); d'autres disent à 1 000 000. Les rives du Mékong et du Grand-Lac sont seules habitées.

Les Cambodgiens appartiennent à la race jaune; ils sont bouddhistes assez fervents. D'un caractère doux et indolent, ils se laissent dominer par les Annamites, les Chinois, les Malais, qui se sont glissés parmi eux.

Le royaume est divisé en huit provinces, qui sont celles de Pnom-Penh, la plus peuplée, Kampot, la seule province maritime, Kratié, Pursat, Kompong-Chnang, Kompong-Thom, Kompong-Triam et Banam.

Pnom-Penh, que l'on prononce Phnom-Penh, la nouvelle capitale du Cambodge, est une ville de 35 000 âmes, située en face des bras du Mékong, dans une position commerciale excellente autant que pittoresque. Les maisons ne sont généralement que des paillottes, ou cases en paille, au milieu desquelles s'élèvent le palais du roi, les maisons en briques des Chinois et les édifices plus importants récemment bâtis pour les administrations françaises.

Oudong, situé un peu en amont, est l'ancienne capitale du pays.

Les autres chefs-lieux de provinces ne sont généralement que des villages.

124. Commerce. — Les Cambodgiens ne s'occupent que

de la culture du sol et de la pêche du Grand-Lac. Le commerce est entre les mains des Chinois.

Le trafic extérieur est de 15 à 20 millions de francs.

Les produits exportés sont : le poisson (pour une valeur de 4 millions), le coton, les haricots pour Singapour; la colle de poisson, les peaux, les nattes pour la Cochinchine; le cardamone, les bois de teinture et de construction pour la Chine.

Les produits importés consistent en sel, provenant de la Cochinchine et destiné aux salaisons de poissons; vins et spiritueux de France, sucres, poteries, tissus anglais et français.

Les transports se font par jonques et par vapeurs sur les nombreux canaux qui, par le Grand-Lac et le Mékong, se relient avec les ports de la Cochinchine.

III et IV. Annam et Tonkin

125. Statistique. — Le royaume « d'Annam », dont le nom chinois signifie le « sud paisible », était une extension méridionale du Céleste Empire, dont il était vassal. Il s'appelle aussi Cochinchine; mais aujourd'hui on réserve ce nom aux provinces méridionales, tandis que le nom d'Annam désigne la partie centrale, et celui de Tonkin, la partie septentrionale du royaume.

Le nom de « Ton-Kin » est une corruption du mot chinois Dong-Kinh, « cour de l'est »; c'est le Bac-Ky des Annamites. Il formait ci-devant une vice-royauté dépendante de l'Annam, dont il est aujourd'hui séparé administrativement.

L'Annam, réduit à la partie la plus montagneuse, la moins riche de son ancien territoire, est borné au nord par le Tonkin, au sud par la Cochinchine; il s'allonge entre la mer à l'est, les montagnes à l'ouest, sur une longueur de 1 200 km. et une largeur moyenne de 100 km.

Sa superficie est d'environ 120 000 km², et sa population supposée, de 6 à 8 millions d'hab.

Le Tonkin est borné au nord par les provinces chinoises du Yun-nan et du Kouang-si, à l'est par la mer, au sud par l'Annam et à l'ouest par le Laos.

Sa superficie est d'environ 100 000 km², dont 15 000 seulement pour le Delta, et sa population est évaluée, sans preuve, comme pour l'Annam, de 6 à 8 millions d'hab.

126. Ethnographie. — La population de l'Annam et du Tonkin est composée, comme celle de la Cochinchine, principalement d'Annamites, avec un plus fort contingent de Chinois natifs ou immigrants. Les sauvages Moïs habitent le Laos. La religion dominante est le paganisme bouddhiste.

Les missions catholiques, confiées à des missionnaires français et espagnols, sont florissantes; elles forment sept vicariats apostoliques, dont trois pour la Cochinchine et l'Annam comptent plus de 100 000 chrétiens, et quatre pour le Tonkin, avec 400 000 chrétiens. Malheureusement les dernières guerres ont détruit et ruiné beaucoup de chrétientés, surtout dans l'Annam méridional.

Les catholiques de la mission française ont fait cause commune avec nous dans les dernières guerres et nous ont été d'un véritable appui. Ils nous ont fourni dès le commencement, malgré le terrible exemple de 1874, un grand nombre de volontaires qui ont rendu des services appréciés à Nam-Dinh, à la prise de Sontay, etc., et plus tard ils ont fourni le principal noyau des tirailleurs tonkinois. Aussi ils ont été en butte à toutes les vengeances de l'ennemi; des ordres secrets émanant de Chine et de Hué ont prescrit à plusieurs reprises de les traiter comme des Français et de les exterminer. Le vice-roi Hoang-Ké-Vien, chargé, avec l'aide des Pavillons-Noirs, de chasser du Tonkin les barbares de l'occident, a souvent envoyé des troupes contre leurs villages et en a détruit un grand nombre.

127. Administration. — Le roi d'Annam était ci-devant un monarque absolu. Aujourd'hui son gouvernement est placé sous le contrôle d'un résident général de la république française siégeant à Hué, et de deux résidents supérieurs établis, l'un à Hué pour l'Annam, l'autre à Hanoï pour le Tonkin, qui a une administration particulière.

128. Annam. — L'Annam comprend douze provinces désignées généralement par le nom de leurs chefs-lieux.

Ce sont, du sud au nord : *Binh-Thuan, Khanh-Hoa, Phu-Yen, Binh-Dinh* (chef-lieu Qui-Nhon), *Quang-Ngai, Quang-Nam, Quang-Duc* (chef-lieu Hué), *Quang-Tri* (chef-lieu Dong-

Hoï), *Quang-Binh, Ha-Tinh, Nghe-An* (chef-lieu Vinh) et *Thanh-Hoa*. Les trois dernières faisaient ci-devant partie du Tonkin.

129. VILLES. — *Hué,* capitale du royaume, fut bâtie au XVII° siècle, à trois lieues de la mer, sur une petite rivière, au milieu d'un triple cercle de montagnes qui lui donnent un aspect riant et pittoresque. Elle comprend deux villes : la citadelle, « ville royale », immense quadrilatère de 2 600 m. de côté, à front bastionné, habité par les fonctionnaires et les soldats ; la ville marchande, bâtie sur le canal et composée de cases ou paillottes. Sa population, que l'on estimait à 100 000 hab. et plus, n'est guère que de 30 000 âmes. Son commerce consiste surtout dans l'approvisionnement de la cour.

Tourane, sur une baie au sud de Hué, fut le premier gage donné à la France par Giâ-Long en 1790, et la première ville prise par elle en 1858.

Qui-Nhon, sur la côte sud-est, et dans l'importante province de Binh-Dinh, est un port qui fut ouvert aux Européens dès 1874. Elle a, comme Hué, une citadelle du système Vauban, bâtie par les ingénieurs français au commencement de ce siècle.

130. Tonkin. — Le Tonkin comprend cinq grandes provinces administrées par des mandarins du premier degré. Ce sont : *Hanoï,* au centre ; *Bac-Ninh, Sontay,* à l'ouest ; *Haï-Duong,* au nord-est, et *Nam-Dinh,* au sud.

Il y a en outre huit petites provinces, dépendantes des premières et administrées par des mandarins de second degré. Ce sont : Ninh-Binh, Hung-Yen, Haï-Phong, Quang-Yen, dans le Delta ; Hung-Hua, Tuyen-Quang, sur le haut fleuve ; Taï-Nguyen, Cao-Bang avec Langson, sur la frontière chinoise.

131. VILLES. — Les noms des provinces sont aussi ceux des villes principales, ou mieux des grands villages qui en sont les chefs-lieux. Au Tonkin, comme en Chine, les villes sont essentiellement composées d'une citadelle et d'un marché, autour desquels se sont groupées les cases des indigènes, des magasins, des habitations à un ou deux étages, et d'un confort variable, etc. Généralement chaque nationalité a son quartier ; quant aux villages, ils sont composés de hameaux indépendants les uns des autres, très nombreux dans les rizières, entourés de végétation. Chaque habitation, en torchis et couverte de chaume, est séparée de sa voisine par des haies de cactus et des ruisseaux d'eau croupissante. Dans les hameaux situés le long d'une route ou sur les bords d'un cours d'eau, on rencontre parfois un rudiment de rue quand il s'est établi un marché dans la localité.

Hanoï, 80 000 hab., chef-lieu du Tonkin et l'ancienne capitale de l'Annam, est située au nord-ouest du delta sur le Song-Haï; elle est entourée de lacs et de marais. Comme tous les centres annamites ou chinois, ce n'est qu'une agglomération de villages, au nombre de cent huit et formant sept cantons. Quelques quartiers, mieux bâtis, contiennent les palais et les bureaux des fonctionnaires. C'est « le grand marché », la grande ville de commerce et d'industrie du pays. Les commerçants chinois y font les affaires en gros.

Nam-Dinh, 30 000 hab., dans le bas delta, est la seconde ville du pays; c'est le chef-lieu de la province la plus peuplée et la plus riche en rizières.

Haï-Phong, 10 000 hab., de création récente, sur le Cua-Cam, où peuvent arriver les gros navires, est devenue le grand port des Européens et l'entrepôt du Tonkin.

Haï-Duong, sur le Thaï-Binh; *Bac-Ninh,* près du Song-Cau; *Sontay,* sur le Song-Haï, villes de 10 à 20 000 hab., ont été à demi ruinées par la prise des Français. Beaucoup de Chinois qui y faisaient le commerce se sont éloignés.

132. Industrie et commerce. — Comme en Cochinchine, l'agriculture est la principale occupation de l'Annam et du Tonkin. Les produits sont les mêmes, et, à côté du riz et des denrées tropicales, figurent les fruits et légumes d'Europe.

Les animaux domestiques : chevaux, bœufs, buffles, chèvres et porcs sont de taille petite et moins communs qu'en Europe. Par contre la volaille est abondante et à bon marché.

Le fer, le cuivre, l'étain, le charbon, sont exploités.

L'industrie est variée; elle produit tous les objets nécessaires à la vie indigène, mais peu d'articles pour l'exportation.

Le commerce est généralement dans les mêmes conditions qu'en Cochinchine; les villes sont de « grands marchés »; les transports se font par eau dans les deltas, à dos d'hommes et de buffles dans l'intérieur; les routes ne sont que des sentiers, et les chemins de fer sont encore inconnus.

Les principales transactions sont aux mains des Chinois depuis plusieurs siècles ; ce sont eux qui traitent avec les négociants européens et qui introduisent les produits étrangers ; les articles anglais et les cotonnades de Manchester et de Bombay pénètrent non seulement par les vaisseaux venus de Hong-kong et de Singapour, mais encore en transit par la frontière chinoise.

La valeur du commerce extérieur peut être évaluée sans base certaine de 10 à 20 millions de francs pour l'Annam, au double ou au triple pour le Tonkin. Les Anglais et les Chinois en tirent le plus grand profit ; puis les Français, les Allemands, les Hollandais.

Les exportations consistent notamment en soies, plantes tinctoriales, coton, laques, cuivre et étain du Yun-nan ; — les importations, en cotons anglais, soieries chinoises, médecines, lampisterie, mercerie, miroiterie.

Un câble sous-marin relie Haï-Phong à Saïgon et à la France.

OCÉANIE FRANÇAISE

CHAPITRE XII

NOUVELLE-CALÉDONIE

133. Historique. — La Nouvelle-Calédonie fut découverte, en 1774, par le capitaine Cook, qui lui donna le nom primitif de son pays natal (l'Écosse). L'amiral d'Entrecasteaux en releva les côtes en 1791. Des Anglais y exploitaient les bois de sandal, et des missionnaires français s'y étaient établis dès 1843, lorsqu'en 1851 quelques marins français de l'*Alcmène* furent massacrés par les indigènes de Balade, au nord-est de l'île. Par représailles, en 1853 Napoléon III fit prendre possession de la Nouvelle-Calédonie dans le but d'en faire une colonie pénitentiaire pour remplacer celle de la Guyane, reconnue trop insalubre. Les îles Loyalty furent annexées en 1864.

Il est question en ce moment d'annexer à la Nouvelle-Calédonie l'important archipel des *Nouvelles-Hébrides*, découvertes également par Cook; mais des conventions faites avec l'Angleterre et l'opposition des Anglo-Australiens maintiennent provisoirement la neutralité de ces îles.

Le groupe néo-calédonien comprend, outre la grande terre, l'île des Pins, les îles Loyalty et de nombreux îlots côtiers.

§ I. Géographie physique.

134. — La Nouvelle-Calédonie est une île située entre le tropique du Capricorne et le 20e degré de latitude sud, et sur le

163° degré de longitude est de Paris, c'est-à-dire presque aux antipodes de la France.

Les grandes terres voisines sont l'Australie, située 1500 km. à l'ouest; la Nouvelle-Guinée au nord-ouest, et la Nouvelle-Zélande au sud-est. Notre île, de forme très allongée, et orien-

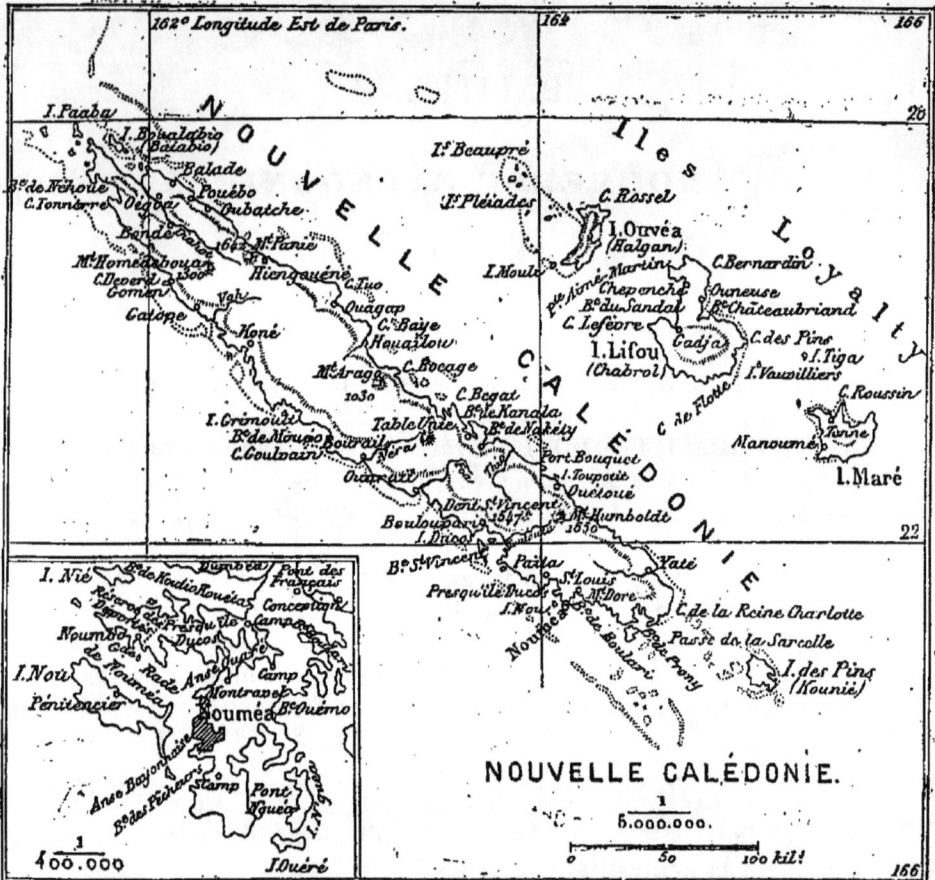

Carte de la Nouvelle-Calédonie.

tée du nord-ouest au sud-est, mesure 400 km. de longueur, sur une largeur moyenne de 55 km., soit 18000 km² de superficie. Son littoral, très découpé, est souvent formé de hautes falaises de roches anciennes; il présente au nord les îlots de Paaba et Balabio; au nord-est la baie de Kanala; au sud-est le cap de la Reine-Charlotte; au sud-ouest la baie d'Ouaraïl, celle

5*

de Saint-Vincent avec l'îlot Ducos et celle de Nouméa, fermée par l'île Nou et la presqu'île Ducos.

L'île est défendue sur toutes ses faces par une ceinture de récifs présentant un assez grand nombre de passes détermi- nées. Ces récifs, formés d'immenses bancs de coraux, brisent la mer à une certaine distance; ils laissent entre eux et le ri- vage un canal d'eaux tranquilles d'une grande ressource pour mettre en communication les différents points de la colonie, et d'une navigation sûre pour les caboteurs à voile aussi bien qu'à vapeur.

L'intérieur est montagneux et formé de terrains anciens, souvent arides, ce qui donne à l'île un aspect général assez triste. Une double chaîne s'allonge non loin des côtes et pré- sente de nombreux sommets de 1 200 à 1 650 m. On distingue, au sud-est, le *mont Humboldt,* 1 650 m., et la Dent-de-Saint- Vincent, 1 547 m.; au centre, le mont Arago, 1 030 m., et la Table-Unie, visible en mer des deux côtés de l'île; au nord, le *mont Panié,* 1 642 m., et le mont Homedebua, 1 300 m. Entre les deux chaînes s'étend une série de plateaux ondulés.

Les deux versants côtiers sont parcourus par des rivières peu longues, mais très larges et abondantes, formant de nom- breuses cascades, et navigables seulement à leur embouchure. Les principales sont : le *Diahot,* 100 km., qui court au nord- ouest, parallèlement à l'axe de l'île; la *Néra,* le *Foa* et la *Ton- touta,* au sud-ouest. Plusieurs rivières sont en partie souter- raines.

Le *climat* est tropical, mais tempéré par les brises de mer ou vents alizés du sud-est. La température, qui est de 12° à 20° pendant la belle saison (mai à novembre), monte à 35° pendant l'hivernage (décembre à avril), qui est la saison des pluies et des ouragans; ceux-ci sont le fléau de la colonie. Néanmoins le climat est très salubre, ce qui est dû au peu de largeur de l'île, constamment balayée par les vents de mer, et à son sol découvert, produisant en outre un arbre fébrifuge, le *niaouli,* sorte de myrte.

Le règne minéral offre l'or, le nickel, le fer, le cuivre et le plomb. Le règne végétal n'est pas très luxuriant, car beaucoup de terres sont rocheuses et stériles; mais il est varié et produit maïs, canne à sucre, tabac, café, banane, patate, etc. Sauf

le requin, le trépang, la sauterelle, très nuisible, et quelques
oiseaux, il y a peu d'animaux sauvages; par contre, les espèces domestiques importées d'Europe s'y multiplient aisé-
ment.

§ II. Géographie politique.

135. Ethnographie. — La population actuelle du groupe
néo-calédonien est d'environ 60 000 hab., et sa superficie de
20 000 km², équivalant à 3 ou 4 départements français.

Les habitants se décomposaient, en 1885, en 40 000 indigènes, dont la moitié dans les îles Loyalty, et 20 000 Européens. Parmi ceux-ci, il y a 4 000 résidents libres ou fonctionnaires, presque tous français, 3 000 militaires, quelques-uns
avec leurs familles, et 10 à 12 000 forçats transportés, en cours
de peine ou libérés. Parmi les étrangers, on compte 600 Anglo-
Australiens, quelques Allemands et autres.

Les indigènes sont, les uns de *race brune* ou malaise, de
taille assez grande, à cheveux longs et raides; les autres de
race noire, plus petits, à cheveux crépus. On leur donne à tous
le nom de *Kanaks* ou Néo-Calédoniens. La plupart sont encore
sauvages et idolâtres, parfois anthropophages; ils vivent par
tribus de 1 000 à 1 500 individus, sous un même chef. Jaloux
de leur indépendance, les Kanaks ont longuement combattu les
Français, notamment par l'insurrection sanglante de 1879; ils
refusent de se mêler aux blancs et de travailler pour eux; dé-
cimés par la guerre et par les maladies introduites par les Européens, leur nombre a décru de plus de moitié depuis la prise
de possession.

Les missionnaires catholiques et protestants ont converti
15 000 indigènes.

On appelle *tabou* l'interdiction que les prêtres des îles de la
Polynésie prononcent sur une personne ou sur un objet, pour
lui donner une sorte de sainteté ou d'inviolabilité. C'est ainsi
que les souverains sont « tabous »; les toucher, et parfois même
lever les yeux sur eux, c'est encourir la mort, ou du moins une
peine très sévère. Le terrain consacré à un dieu ou à la sépulture d'un grand chef est tabou. On devient aussi tabou rien
qu'en touchant une personne supérieure par le rang.

136. Administration. — La colonie est administrée par un

gouverneur général civil, et divisée en cinq arrondissements :
Nouméa, Ouaraïl, Bouraïl, Diahot et Kanala. Elle forme un
vicariat apostolique.

Nouméa ou Fort-de-France, ville de 4000 hab., est située
au sud-ouest de l'île, dans une anfractuosité d'une grande
baie; malheureusement elle n'a pour eau potable que celle de
citerne. Elle possède une belle rade abritée par l'île *Nou*, où
se trouve le pénitencier-dépôt, et par la presqu'île *Ducos*, qui
sert aussi de lieu de déportation.

Ouaraïl et *Bouraïl* sont deux autres pénitenciers situés sur la
côte sud-ouest.

Diahot est un groupe de petites localités situées dans une
vallée de même nom, et *Kanala* est un centre important sur
une baie de la côte est. Les exploitations minières et agricoles
se trouvent dispersées, notamment dans les vallées du Thio, du
Diahot, du Foa.

L'île des *Pins*, ou Kounié, distante de 50 km., est montueuse, volcanique, couverte de conifères. Longtemps réservée
aux indigènes, elle reçut, en 1871, un grand établissement
pénitencier pour les communards parisiens.

Les îles Loyauté (en anglais, *Loyalty*), sont au nombre de
trois grandes : Lifou ou Chabrol, Maré et Ouvéa ou Halgan.
Elles sont de formation corallaire, très boisées et peuplées de
15000 indigènes convertis et de quelques rares Européens.
Leur commerce est presque nul.

Les *Nouvelles-Hébrides* comprennent six grandes îles, notamment Espiritu-Santo, et de nombreux îlots, avec une superficie
de 130000 km². Il s'y fait actuellement des tentatives de colonisation française et anglo-australienne. Si un jour elles sont
annexées à la Nouvelle-Calédonie, elles nous donneront une
population de 70000 indigènes de race noire, chétive, mais
tranquille. Déjà les Néo-Hébridais sont engagés par les Calé-
doniens comme domestiques et comme travailleurs aux plantations.

137. **Commerce.** — L'industrie, nulle pour les naturels,
est très peu développée pour les blancs; elle consiste dans l'élevage du bétail, quelques cultures de café, vanille, tabac, manioc, légumes, etc. On essaye l'exploitation de la houille, du
nickel, qui est très abondant, du cuivre et autres métaux.

Mais la Nouvelle-Calédonie est surtout une colonie pénitentiaire; les milliers de condamnés aux travaux forcés, détenus dans une dizaine de localités, sont employés soit dans les chantiers et ateliers de l'État, soit dans les concessions et les exploitations rurales ou minières; ils construisent des routes ou fabriquent une foule d'objets en fer et en bois propres à la marine, à l'industrie et à l'agriculture.

Le commerce de l'île s'est élevé, en 1883, à 17 000 000 de francs, dont les deux tiers pour les importations, qui consistent en approvisionnements de vivres : bétail, vins, liqueurs, épiceries, articles d'habillements pour les colons et les transportés.

Il exporte de l'huile de coco, des écailles de tortue, des minerais de nickel et autres.

Le seul port de commerce est Nouméa, qui est en relation régulière, par vapeurs anglais et français, surtout avec San-Francisco, Sydney et l'Australie, la Nouvelle-Zélande, Taïti, et avec la France par Bordeaux. Le cabotage supplée aux routes, qui manquent encore; un fil télégraphique fait le tour de l'île, et un câble sous-marin la relie à Sydney.

CHAPITRE XIII
TAITI ET DÉPENDANCES

138. — La France possède dans la Polynésie orientale plusieurs archipels dont l'importance est généralement peu considérable. En voici la statistique.

1º Iles TAïTI, superficie 1 175 kilom. carrés, population 10 000 hab.
2º Iles TOUAMOTOU, — 900 kilom. carrés, — 8 000 hab.
3º Iles MARQUISES, — 1 245 kilom. carrés, — 6 000 hab.
4º Iles TUBUAï, — 35 kilom. carrés, — 1 000 hab.
5º Iles WALLIS, — 45 kilom. carrés, — 3 000 hab.

Ce qui donne une population de 28 000 hab. dispersés sur une centaine d'îles dont la superficie totale est de 3 400 km², équivalant à la moitié d'un département français.

Ces îles occupent sur la carte de l'océan Pacifique un es-

pace immense du 8ᵉ au 28ᵉ degré de latitude sud, et du 130ᵉ
au 160° degré de longitude ouest de Paris, soit 3000 km. du
nord au sud et 2400 km. de l'est à l'ouest.

Les îles de la Polynésie française sont administrées par un
gouverneur général siégeant à Papéiti, capitale de Taïti; des
résidents administrent les divers groupes d'îles.

I. Les iles Taiti

139. Les **îles Taïti** furent découvertes en 1606 par l'Espagnol
Quiros. Le capitaine Cook les explora en 1768 et leur donna le
nom d'archipel de la « Société », en l'honneur de la Société
royale de Londres. Bougainville l'appela la « Nouvelle Cythère »,
et fit une description aussi enthousiaste qu'exagérée de la nature enchanteresse de Taïti, de la douceur des mœurs des habitants et de la perfection de leur régime gouvernemental, basé
sur l'état de nature.

Dès 1797, des missionnaires anglais convertirent les Taïtiens
au protestantisme, améliorèrent leurs mœurs, aidèrent l'un des
chefs de l'île, devenu le roi Pomaré Iᵉʳ, à conquérir les iles voisines et à établir une sorte de monarchie constitutionnelle avec
parlement et ministres responsables. En 1842, l'amiral français
Dupetit-Thouars supplanta l'influence anglaise dans l'esprit de
la reine Pomaré IV, qui sollicita le protectorat de la France. En
face d'une protestation de la part du gouvernement anglais, le
protectorat fut d'abord refusé par Louis-Philippe; toutefois, après
quelques troubles et un payement d'indemnités au consul anglais
Pritchard, le protectorat français sur Taïti fut établi de fait
en 1847, et transformé en une annexion pure et simple en 1880,
par suite de l'abdication du dernier roi, Pomaré V.

Les îles Taïti ou de la Société forment deux groupes, savoir :
au sud-est, les îles DU VENT : *Taïti, Moorea* et quelques îlots;
au nord, les îles SOUS-LE-VENT : *Raïatea, Bora-Bora, Huachine*
et une dizaine d'autres.

L'Angleterre, qui avait des droits sur ces dernières îles,
vient de les céder, dit-on, à la France, par suite d'un accommodement relatif aux droits de pêche que la France possède sur
les côtes de Terre-Neuve.

TAÏTI, ou *Tahiti-Taïarapu,* est une île double, formée de
deux îles ou presqu'îles montagneuses, unies par l'isthme de
Taravao, qui n'a que 14 m. d'altitude à peine, et qui est large

de 2 km. Taïti, la partie la plus grande au nord-ouest, a pour sommet l'Orohena, 2 237 m., formant le bord d'un immense cirque ou cratère dit du Papenoo, volcan analogue à ceux de

l'île Bourbon. Des lacs, des cascades, de nombreuses rivières torrentielles, dont la plus importante est le Papenoo, jointes à une grande fertilité sur la côte et à un climat délicieux, rendent le séjour de l'île enchanteur et sans danger pour les Européens.

La forme de Taïti est ronde, tandis que la presqu'île de Taïa-

rapu est ovale. L'isthme, défendu par le fort de Taravao, protège au sud la baie Phaéton, d'accès assez difficile. Le littoral,
généralement élevé, sauf au sud, où s'étend une plaine de 1 à
3 km. de largeur, est partout entouré de récifs corallaires très
dangereux, ouverts par quelques passes navigables.

L'île *Moorea,* également montagneuse, possède les deux baies
très vastes de Papetoai et de Cook.

Les îles Taïti sont peuplées d'un millier d'Européens, la plupart français, et de 7 000 indigènes de race brune ou polynésienne, de mœurs douces, indolents, civilisés et convertis au
protestantisme; c'est le reste d'une population autrefois bien
plus considérable. Ils habitent de petits villages sur la côte et
dans les vallées.

Papéiti ou Papeete, ci-devant « capitale » de Taïti, est le
chef-lieu des établissements français de la Polynésie. C'est une
ville de 3 000 hab., composée de cases en bambou, entourées
de jardins verdoyants. Situé sur la côte nord-ouest de l'île,
son port est sûr, assez vaste et profond; il concentre tout le commerce, non seulement de l'île, mais encore de toute la région.

Le *commerce,* qui s'élève à 8 ou 10 millions de francs, consiste surtout dans l'exportation de nacre en coquilles (pour
1 million de francs), de citron, vanille, coprah (graine de
coco), oranges, que Papeete expédie principalement à San-
Francisco, — et dans l'importation d'étoffes, vins, farines,
biscuits, viandes salées, bois de construction. Une route fait
le tour de l'île.

Le trafic est surtout aux mains des Allemands et se fait par
vaisseaux étrangers et français avec San-Francisco, la France
par Bordeaux, l'Europe et l'Australie.

II. LES ILES MARQUISES

140. Les îles **Marquises,** ainsi appelées, en l'honneur du
marquis de Mendoza, par l'Espagnol Mendana, qui les découvrit en 1594, appartiennent à la France depuis 1842. Situées
à 1 300 km. nord-est de Taïti, on en compte 15, dont les principales sont : *Nouka-Hiva,* chef-lieu Païo-Ho, siège du résident français; *Hiva-Oa,* ou la Dominique, haute de 1 260 m.

Toutes ces îles sont volcaniques, montagneuses, bien arrosées, fertiles en denrées tropicales. Elles sont peuplées de 6 000 indigènes ou Marquésans, de race polynésienne, de belle taille, convertis au catholicisme, mais moins civilisés que les Taïtiens.

Le commerce, peu considérable (300 000 francs), est fait par les caboteurs venant de Taïti. A peine compte-t-on 200 Français dans ces parages.

III. Les iles Touamotou, Wallis, etc.

141. Les îles **Touamotou**, découvertes par Carteret en 1767, explorées par Bougainville en 1768, furent occupées par les Anglais de 1830 à 1855, et appartiennent à la France depuis 1859. Elles forment un immense archipel d'une centaine d'îles, dont la plupart ne sont que des attolons ou bancs de récifs corallaires; chaque attolon affecte la forme d'un anneau ou d'un croissant, et renferme au centre une lagune ou *lagon* d'eau verte dans laquelle se pêche l'huître perlière.

Les plus grands attolons, *Rairoa* et *Fakarava*, qui est le chef-lieu, ont jusqu'à 40 km. de largeur et 100 km. de circuit, tandis que leur anneau n'a qu'une épaisseur d'un demi-kilomètre. Les polypes ou madrépores qui les ont construites n'ont pu les élever qu'au niveau de la mer; mais, grâce à des soulèvements sous-marins, ces attolons ont émergé et se sont couverts d'un peu de végétation, puis les naturels y ont planté le cocotier, qui, avec la pêche, fait leur principale subsistance.

Ci-devant ces îles s'appelaient *iles Basses* ou *iles Pomoutou*, c'est-à-dire soumises. Les habitants ont demandé à ce qu'on les appelât plutôt îles « Touamotou », mot qui veut dire lointaines. Ces indigènes, au nombre de 7 000, sont des métis de Taïtiens et de nègres; ils sont catholiques et vivent de la pêche des perles.

Au sud-ouest de Touamotou, les îles *Gambier* ou *Mangarewa*, annexées en 1844, sont au nombre de six, enfermées dans une même ceinture de coraux. Elles comptent à peine 800 habitants, convertis au catholicisme par les Pères de Picpus. La principale, Mangarewa, haute et volcanique, renferme le chef-lieu Rikitea. Le commerce est de 100 000 francs et provient de la vente de la nacre.

IV. **Iles Toubouaï.** Au sud de Taïti se trouve le groupe des îles *Toubouaï*, annexées en 1874. Hautes et volcaniques, elles n'ont que 500 h., qui sont catholiques. On y rattache, plus au sud, l'île *Rapa* ou Opara, 150 hab., importante par sa position stratégique, et pour laquelle une convention de neutralité paraît établie avec l'Angleterre.

V. Iles Wallis. En 1887, la France a établi son protectorat sur les îles WALLIS.

Découvertes en 1767 par le commodore anglais Wallis qui leur donna son nom, ces îles sont situées par le 170° de longitude est dans l'océan Pacifique, au nord-est des îles Fidji, à égale distance de la Nouvelle-Calédonie et de Taïti. L'île principale de l'archipel, *Ouvea*, renferme une population de 3000 indigènes Maoris. De grande taille, bien faits, doux, hospitaliers, ils pratiquent la religion catholique. Ils ont été convertis par des missionnaires maristes français débarqués dans l'archipel vers 1837.

Ouvea possède un bon port d'une profondeur suffisante pour permettre aux navires d'un fort tonnage d'y séjourner.

Au point de vue commercial, l'importance des îles Wallis deviendra considérable avec le temps, comme étape de ravitaillement sur les routes de Panama en Chine et de la Nouvelle-Calédonie à Taïti; au point de vue militaire, les escadres y trouveront du charbon, des matériaux de rechange et y opéreront leurs réparations.

Ces raisons ont suffi au gouvernement pour lui dicter sa conduite. L'amiral Mauq de Saint-Hilaire a été chargé de se rendre à Ouvea à bord du *Ducrès*, et, à la suite de courts pourparlers avec la reine Amélia et les principaux chefs de tribus, il a conclu un nouveau traité de commerce sur les bases élargies de celui de 1842. Ce traité, approuvé par le Président de la République, vient d'être inséré au *Bulletin des Lois* (1887).

Cette acquisition nouvelle de la France est due entièrement à l'influence de nos missionnaires catholiques, qui maintiennent partout la grande idée de la patrie, et lui rendent les plus signalés services, sans en recevoir toujours la reconnaissance méritée.

Signalons enfin l'îlot de *Clipperton*, situé à l'extrémité de l'Océanie, non loin des côtes du Mexique, au sud des îles Îlevillagédo, par 10° 17' de latitude nord et 111° 27' de longitude

occidentale de Paris. Ce n'est qu'un attolon rocheux, sans étendue, mais qui peut devenir un point de relâche pour les navires
et acquérir de l'importance pour nous lorsque l'ouverture du
canal de Panama aura développé la navigation dans ces parages.

AMÉRIQUE FRANÇAISE

CHAPITRE XIV

LA GUYANE

142. Historique. — La Guyane est cette immense contrée de l'Amérique méridionale circonscrite entre l'Océan d'une part, le fleuve des Amazones, son affluent le Rio-Negro, et l'Orénoque, d'autre part. Politiquement cette contrée, vaste quatre fois comme la France, est divisée en cinq parties : Guyanes anglaise, hollandaise et française au nord-est; partie brésilienne au sud, et partie vénézuélienne à l'ouest.

Cette région, découverte par Colomb et Améric Vespuce (1498-99), ne reçut les premiers colonisateurs français qu'au commencement du XVIIᵉ siècle. En 1637, des marchands de Rouen vinrent fonder un comptoir et le fort Louis dans l'île de Cayenne. En 1651 se forma la *Compagnie de la France équinoxiale,* pour l'exploitation des terres « situées entre l'Amazone et l'Orénoque », mais la possession de ce territoire fut disputée par les Anglais, les Hollandais et les Portugais, et le traité d'Utrecht, 1713, n'attribua à la France que la partie comprise entre le Maroni, à l'ouest, et « la rivière que Vincent Pinçon avait découverte en 1500 ».

Or, comme il s'agit de savoir quelle est cette rivière, dont la situation est mal déterminée, il en résulta une contestation avec le Portugal d'abord, le Brésil ensuite, contestation qui dure encore actuellement. En 1817, après la restitution de la colonie par les Portugais, qui, aidés des Anglais, nous l'avaient enlevée, on convint de fixer provisoirement la limite au fleuve Oyapock, laissant en litige l'espace compris entre l'Oyapock et le cap Nord, à l'embouchure de l'Amazone.

Quoi qu'il en soit, la colonie ne fit jamais de progrès sérieux, faute de colons, malgré plusieurs tentatives faites par le gouvernement.

En 1763, Choiseul y expédia 15 000 Alsaciens et Lorrains, qui y périrent presque tous, tués par la faim et l'insalubrité du pays. En 1797, la révolution y déporta un grand nombre de ses victimes; le coup d'État du 2 décembre 1852 y envoya des condamnés politiques; plus tard, la Guyane reçut les condamnés pour crime de droit commun. Chaque fois une mortalité effrayante s'établit, et celle de 1867 détermina le gouvernement

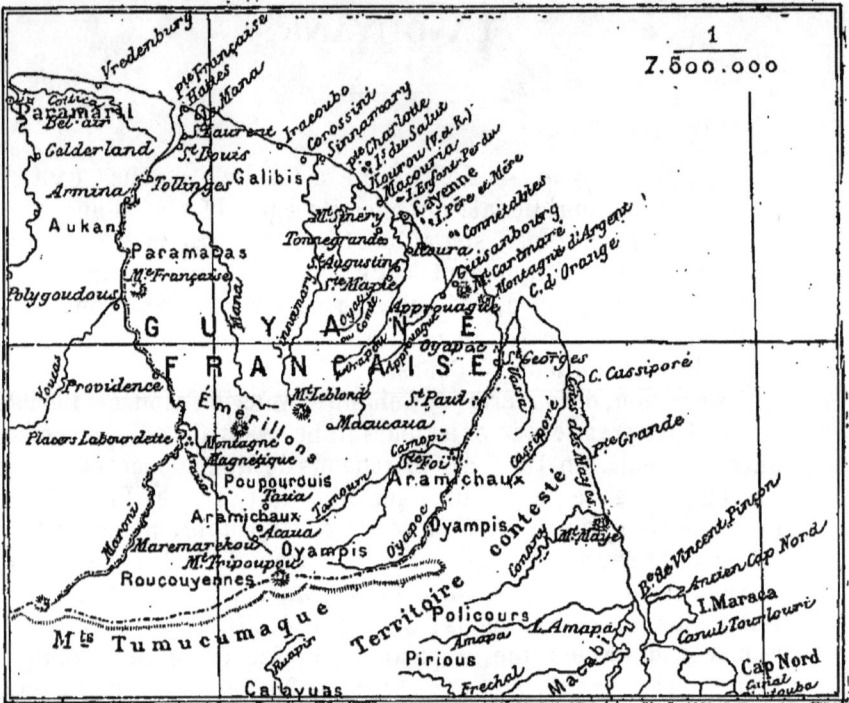

Carte de la Guyane.

à expédier les forçats de peau blanche en Nouvelle-Calédonie, réservant la Guyane pour les noirs, les Algériens et les Annamites.

Ces essais malheureux ont jeté, à tort ou à raison, le plus grand discrédit sur Cayenne et la Guyane française, dont la situation est, en effet, peu brillante.

§ I. Géographie physique.

143. — La Guyane française est bornée au nord-est par l'Atlantique, au sud-est par l'Oyapock, qui la sépare du territoire contesté, au sud par le Brésil ou les monts Tumucumaque,

à l'ouest par le Maroni, qui fait la limite de la colonie hollandaise de Surinam; elle est comprise entre 2° et 6° de latitude nord, 52° et 57° de longitude ouest de Paris.

La côte, longue de 350 km., est peu accidentée, essentiellement basse, marécageuse et sablonneuse, presque à fleur d'eau; la mer y manque de profondeur pour l'accès des navires; aussi n'a-t-elle qu'une rade, celle de Cayenne, accessible aux grands bâtiments. Les embouchures du fleuve sont envasées; celle de l'Oyapock forme un grand estuaire bordé à l'est par le cap Orange. Le cap Mana est le plus septentrional. Les îles du Salut sont en face du cap Charlotte.

L'intérieur de la Guyane se divise en Terres-Basses et en Terres-Hautes. Les *Terres-Basses* bordent la mer et remontent les vallées de fleuves jusqu'aux premiers sauts ou rapides, qu'elles dépassent à une distance variable de 20 à 80 km. Ce sont des alluvions argileuses, les unes sèches, nommées *savanes*, les autres marécageuses, tourbeuses et noyées, que l'on appelle *pripris*, et où croissent les forêts de manguiers et de palétuviers; les marais tremblants sont des tourbières en formation, des amas d'herbes flottant sur un fond de terre molle. Les *Terres-Hautes* commencent avec les premières collines qui bordent les rivières et se relient par plateaux étagés avec la chaîne des monts Tumuc-Umac ou Tumucumaque, située au sud. Ces monts, qui paraissent atteindre à peine 500 m. d'altitude, forment le partage des eaux du bassin de l'Amazone.

En somme, la Guyane, sauf les plaines côtières, est un plateau peu élevé, surmonté çà et là de collines de 300 à 400 m., et caractérisé par d'immenses forêts vierges qui s'étendent à des profondeurs inconnues, dans lesquelles se cachent les sources de plusieurs cours d'eau.

Les fleuves principaux sont : le Maroni, la Mana, le Sinnamary, le Kourou, la Comté, l'Approuague et l'Oyapock, qui coulent tous parallèlement du sud au nord ou au nord-est.

Le *Maroni*, long d'environ 500 km., est le plus important; il marque la frontière franco-hollandaise; formé de l'Araua et du Tapanahoni, il sort des forêts vierges, traverse des placers aurifères, et forme comme tous les autres fleuves de la région, en descendant les plateaux, de nombreux sauts ou rapides qui interceptent la navigation. Son cours inférieur est rempli d'îles.

L'*Oyac*, ou la *Comté*, reçoit dans sa partie inférieure la rivière de Cayenne et se divise en deux bras qui, sous le nom de *Tour-de-l'Ile*, enveloppent l'île de Cayenne.

L'*Oyapock* forme la frontière provisoire du territoire contesté, qui a pour limite au sud la rivière d'Amapa ou celle de l'Araguary.

Le *climat* tropical de la Guyane est chaud, humide et fiévreux ; son insalubrité pour les blancs est passée en proverbe : « Cayenne est le tombeau des Européens. » Cela est vrai pour la côte, seule habitée jusqu'aujourd'hui ; mais il est probable que les plateaux intérieurs sont plus sains.

La température ne varie qu'entre 20° et 35°, avec une moyenne de 28° ; il tombe plus de 4 m. d'eau annuellement. Les vents soufflent habituellement du nord-est et de l'est. De décembre à juillet, c'est la saison pluvieuse ou hivernage ; la saison sèche, plus courte, va de juillet à octobre-novembre. Un beau temps relatif vient en mars. Il y a moins d'ouragans et de raz-de-marée qu'aux Antilles.

Les productions naturelles y sont variées : l'or et sans doute d'autres métaux ne lui manquent pas. La Guyane est le légendaire Eldorado, le pays de l'or ou de « l'Homme doré ». Le règne végétal y est d'une puissance exceptionnelle. Il y a abondance de bois de charpente, de marine, de teinture, d'ébénisterie : acajou, palissandre, ébène verte, bois de rose, cendre jaune, bois violet, bois d'angélique, cèdre noir, arbre à pain, arbre à lait, gommier, palmiers de toute espèce.

Parmi les animaux, citons une foule de singes, le jaguar, le tapir, l'armadille, l'agouti, le fourmilier, le paresseux, les perroquets, les oiseaux-mouches, les reptiles : iguanes, alligators, tortues, les poissons ; en outre des myriades d'insectes ennemis de l'homme, qui ne contribuent pas peu à rendre le séjour de cette contrée fort incommode.

« Des petits aux grands, des bons aux féroces, des plus laids aux plus beaux, cette misérable France équinoxiale a des animaux à foison ; c'est l'homme qui lui manque : moustiques bourdonnants et suçants ; mouche « hominivore » ou plutôt homicide, car elle entre dans le crâne par la bouche ou l'oreille, y pond ses œufs, et l'on meurt de la méningite ; fourmis qu'un ruisseau n'effraye pas, que la poudre seule fait reculer ; scorpions et mille-pattes ; l'araignée-crabe, monstre velu ; le

crapaud pipa, monstre pustuleux; l'anguille électrique, dont
le choc terrasse; le corail, court serpent mortel à ceux qu'il
pique; le boa, long de huit mètres, assez fort pour enrouler,
écraser, ensaliver, engloutir et digérer les grosses bêtes qui
courent dans la savane; le caïman, le jaguar, le tapir avec son
rudiment de trompe; des singes sans nombre; des oiseaux de
tout plumage et de toute envergure, dont l'un, l'urubu, noir
vautour, est ici comme ailleurs, en Amérique torride, le grand
entrepreneur de salubrité publique par la prompte expédition
des charognes. »   (O. Reclus.)

§ II. Géographie politique.

144. La Guyane française compte une population coloniale
de 20 000 hab. à peine, sur un territoire évalué vaguement à
70 ou 100 000 km², dont un dixième est exploité. On y compte
seulement 2 000 blancs, y compris les troupes et le personnel
des administrations. Les blancs créoles, au nombre de 1 000,
sont de diverses nationalités. Les indigènes sont des indiens
Galibis, Approuagues, Arovacas, Émérillons, Roucouyennes,
qui sont plus ou moins nomades et sauvages; des nègres mar-
rons descendants d'esclaves évadés et vivant dans les bois; des
mulâtres et quelques coolies hindous et chinois, reste de ceux
qui furent engagés comme travailleurs aux mines et aux cultures.
On y parle le français ou le créole. Le catholicisme domine.

145. **Administration.** — La colonie a un gouverneur
civil résidant à Cayenne, ainsi qu'un préfet apostolique et une
cour d'appel. Elle nomme un député à la chambre française.
Elle est divisée en 14 *communes*, dont une *urbaine*, Cayenne;
les autres *rurales* ou *quartiers*.

Les centres d'habitations se trouvent tous aux embouchures
des fleuves et en portent ordinairement le nom. Tels sont:
Saint-Laurent du Maroni, le plus florissant, ayant un grand
pénitencier d'Arabes; — *Mana*, fondée en 1828 par les religieuses de Saint-Joseph de Cluny; — *Sinnamary*, qui date de
deux siècles; — *Kourou*, avec ses pénitenciers de la côte et des
îles du Salut; — *Cayenne*, ville, et *Cayenne-Tour-de-l'Ile*, avec
les îlots côtiers du Père et de la Mère; — *Approuague*, ancienne
station, ayant des lavages d'or; — *Oyapock*, où en 1725 le

P. Fauque fonda l'établissement Saint-Paul, et où existaient
les pénitenciers de Saint-Georges et de la Montagne-d'Argent.

Malheureusement la Guyane, loin de prospérer, est en décadence. Il en est ainsi pour les essais de cultures de denrées
coloniales, comme pour l'extraction de l'or dans les placers
aurifères et le lavage des sables de rivières, qui donnèrent
cependant pour 4 millions d'or en 1877. Les tentatives de
colonisation pour les condamnés transportés dans de nombreux pénitenciers n'ont guère eu plus de succès ; tout paraît
avoir échoué soit devant la mortalité, soit pour cause de mauvaise administration. Les bras manquent pour les cultures,
qui sont réduites à 7 000 hectares de plantations de canne,
café, rocou, coton, « vivres » ou légumes, et dont les produits sont insuffisants même pour les besoins des rares colons.

Les pénitenciers ne sont plus qu'au nombre de quatre :
ceux de Saint-Laurent, sur le Maroni, pour les Arabes d'Algérie, de la rivière Kourou, des îles du Salut et de Cayenne.

Cayenne, le chef-lieu de la Guyane, est une belle ville,
construite en bois ; elle a 8 000 hab., la plupart nègres ou

mulâtres. Elle est située en
avant d'une île fluviale formée
par la rivière de Cayenne s'em-
branchant avec la rivière Oyac.
Sa rade est bonne, mais son
port ne peut recevoir que des
bâtiments de 500 tonneaux.

Cayenne concentre tout le
commerce extérieur, qui s'é-
lève à peine à 8 millions de
francs, dont un million seulement pour les exportations
de (produits coloniaux : or,
sucre, rocou, poivre et clous de girofle, peaux brutes.

Les importations comprennent pour 7 millions de marchandises : tissus et vêtements, chaussures, viandes salées et con-
serves, liqueurs, vins, destinés aux résidents et colons, et
provenant presque exclusivement de France, sauf la morue de
Terre-Neuve.

La Guyane est en relations mensuelles avec la Martinique

par les transatlantiques français et anglais; mais elle n'est pas encore reliée par télégraphe avec la France.

Telle est la situation peu satisfaisante de notre Guyane après deux siècles de colonisation, et ce médiocre résultat se comprend d'autant moins que les parties anglaise et hollandaise, où le climat et les conditions naturelles sont les mêmes, jouissent d'une prospérité croissante. La Guyane hollandaise compte 80 000 hab. et fait un commerce de 40 millions, et la Guyane anglaise, avec 250 000 hab., produit un trafic de plus de 140 millions.

Espérons que notre « France équinoxiale » sortira un jour de sa torpeur et que, imitant ses voisines, elle sera non plus une charge, mais une source de profit et un moyen d'extension pour l'influence de la mère patrie.

CHAPITRE XV

LES ANTILLES

LA MARTINIQUE ET LA GUADELOUPE

146. Historique. — Les îles Antilles, si fertiles et si avantageusement situées entre les deux Amériques, furent les premières terres découvertes par Christophe Colomb en 1492 et 1493.

Exploitées ou colonisées d'abord par les Espagnols, un grand nombre d'entre elles tombèrent au XVIIᵉ siècle aux mains des Anglais et des Français. C'est en 1625 seulement que Richelieu fonda la *Compagnie française des Indes occidentales,* et que le sire d'Esnambuc, « capitaine du roy dans les mers du Ponant (de l'Occident), » vint occuper Saint-Christophe; on prit ensuite successivement la Guadeloupe, la Martinique, la Dominique, la Grenade, Tabago, Saint-Vincent et la plupart des îles du Vent, ainsi que la partie occidentale de la grande île d'Haïti ou Saint-Domingue. Malheureusement cette colonisation ne fut longtemps qu'une exploitation à outrance des hommes et des choses : les indigènes caraïbes furent massacrés et l'on dut recourir au travail des esclaves nègres enlevés en Afrique; des îles furent vendues à des particuliers, dont l'un obtint pour

60.000 livres la Martinique et Sainte-Lucie; des guerres de rivalité, des brigandages dévastèrent sans relâche ces colonies,
que l'on ne considérait à cette époque que comme des entreprises
purement financières.

En 1672, Louis XIV racheta à une deuxième compagnie, pour

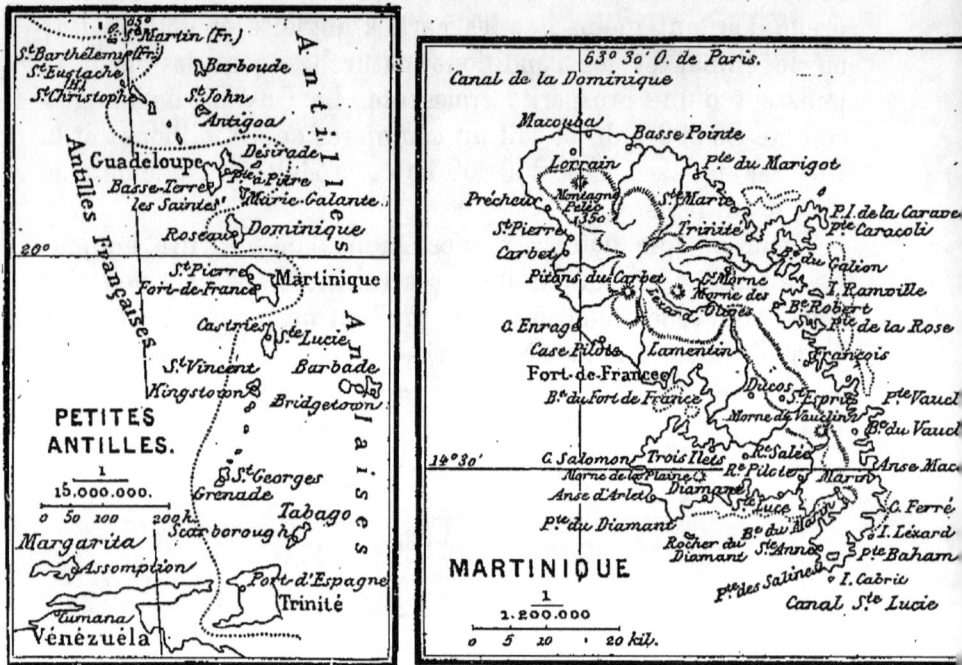

Carte des Antilles françaises et de la Martinique.

5 millions de livres, les îles Antilles, que l'Angleterre nous enleva plusieurs fois, de 1759 à 1810. En 1790, les noirs de Saint-
Domingue, libérés trop brusquement et imprudemment par les
décrets révolutionnaires de l'Assemblée constituante, se révol-
tèrent et se rendirent maîtres de l'île d'Haïti, qui forme aujour-
d'hui deux États indépendants. En 1815, les Anglais nous rendirent celles des Antilles qui nous restent, c'est-à-dire la Martinique, la Guadeloupe et ses dépendances, et la moitié de
Saint-Martin. L'île Saint-Barthélemy, que nous avions cédée à la
Suède en 1784, nous fut rétrocédée en 1877, moyennant compensation financière.

§ I. Géographie physique.

147. Les Antilles françaises sont situées par 14-18° de
latitude nord et 63-65° de longitude ouest; elles font partie de

*

l'archipel des îles Sous-le-Vent ou des petites Antilles occidentales, qui décrit une courbe remarquable des côtes de la Guyane
aux grandes Antilles.

Elles sont au nombre de deux grandes îles : la *Martinique* et
la *Guadeloupe,* séparées par la Dominique anglaise, et de plusieurs petites îles, savoir : la *Désirade, Marie-Galante,* les
Saintes, voisines de la Guadeloupe; l'île *Saint-Barthélemy* et
l'île *Saint-Martin,* situées plus au nord.

148. La **Martinique**, ainsi nommée, soit de son nom
caraïbe la *Madinina,* soit par Christophe Colomb, qui la découv-
vrit le jour de saint Martin (1493), est une île longue de
70 km. sur 30 de large et ayant 987 km² de superficie. Sa
forme elliptique et allongée est fortement ébréchée au sud-
ouest par les deux baies de Fort-de-France et du Marin, que
sépare la presqu'île du Diamant. La côte orientale projette la
presqu'île de la Caravelle et dessine de nombreuses baies
renfermant une multitude d'îlots appelés Cayes, de l'espagnol
« Cayos », rochers. Ces baies sont malheureusement rendues
inhospitalières par des bancs de récifs madréporiques.

Son sol volcanique, montagneux, est surmonté de pitons
boisés et de mornes ou collines de laves; il est dominé au
nord-ouest par la montagne Pelée, 1350 m., et par les pitons
du Carbet; la partie sud est moins élevée et de nature plus
argileuse.

Parmi les nombreux torrents, souvent à sec en hiver, qui
sillonnent les flancs des montagnes, les principaux sont la
rivière du Lézard et la rivière Salée.

149. La **Guadeloupe** fut ainsi baptisée par Christophe
Colomb, soit en l'honneur de Notre-Dame de la Guadeloupe en Espagne, soit à cause de quelque ressemblance avec
les montagnes estramaduriennes de même nom. C'est une île
double, en réalité formée de deux îles distinctes, séparées par
la *rivière Salée,* sorte de canal maritime naturel, large de 20
à 50 m., qui semble creusé dans un isthme de terres basses.

— L'île occidentale, de forme ovalaire, ou la Guadeloupe proprement dite, est aussi appelée la BASSE-TERRE, mais improprement, car c'est une île volcanique, montagneuse, élevée
de 1 480 m. au mont *Sans-Toucher,* et de 1 484 m. au *piton de
la Soufrière,* volcan en activité. Son cours d'eau principal est

la Rivière à Goyave; son littoral escarpé, bordé de brisants, est peu accessible. L'île orientale, faussement appelée la *Grande-Terre*, est la plus petite des deux : c'est une île basse, sans collines, sauf quelques mornes, sans bois ni rivières, car son sol calcaire boit l'eau pluviale; elle est néanmoins très fertile et renferme de grandes cultures de canne à sucre.

Entre les deux terres s'ouvrent deux golfes appelés, au nord,

Carte de la Guadeloupe et de ses dépendances.

le *Grand-Cul-de-Sac-Marin*, terminé par la *baie de Lamentin;* au sud, le *Petit-Cul-de-Sac*, avec la baie de Pointe-à-Pitre. La Grande-Terre, de forme triangulaire, projette à l'est la longue pointe des Châteaux, terminée par des aiguilles basaltiques, et s'avançant comme pour séparer l'île de la Désirade de deux îlots qui, sans doute par opposition à la Grande-Terre, ont été appelés *Petite-Terre*.

La *Désirade*, ou la « Désirée », est la première terre que l'on aperçoit en venant d'Europe; c'est une île de forme allongée, rocheuse et peu fertile.

L'île *Marie-Galante* est ainsi appelée de la goélette de Christophe Colomb, la *Maria-Galanda* (Marie-Gracieuse). De forme arrondie, elle est plate à l'intérieur, fertile et bien boisée.

L'archipel des *Saintes, los Santos,* est formée de six îlots volcaniques découverts par Christophe Colomb le jour de la Toussaint.

Les îles *Saint-Barthélemy* et *Saint-Martin* sont situées à 50 lieues nord de la Guadeloupe, au milieu d'îles anglaises et hollandaises. Saint-Barthélemy est un îlot de 21 km², tellement sec, que souvent il faut aller chercher de l'eau potable dans les îles voisines. L'île Saint-Martin, plus considérable, 55 km², n'appartient à la France que pour les deux tiers, comprenant la partie nord avec l'îlot Tintamarre.

150. **Climat et productions.** — Par leur situation inter-tropicale, par leur nature volcanique et leur peu d'étendue, les Antilles ont les plus grandes analogies avec l'île de la Réunion. Même climat chaud, mais tempéré par les brises de mer, même température variant de 17° à 33°, même somme de pluies abondantes, 3 à 4 m., torrentielles et périodiques, même succession de saisons : hiver sec et rafraîchissant, été pluvieux et chaud (car les pluies accompagnent toujours le soleil dans sa course). Il y a toutefois cette différence que, situées dans l'hémisphère opposé, les Antilles ont l'été en même temps que l'Europe, de mai à septembre, alors que Bourbon a son hiver, et réciproquement.

Les ouragans, les raz-de-marée, les tremblements de terre presque annuels, font parfois de grands ravages. En 1838 Fort-de-France, et en 1843 Pointe-à-Pitre, ont été complètement détruits.

Les minéraux sont presque nuls, sauf le soufre et le sel marin. — La flore est riche en espèces tropicales : palmiers, fougères arborescentes, conifères, arbre à pain, mancenilier, avocatier, muscadier, caféier, goyavier, giroflier, tamarin, campêche, acajou, térébinthe, cotonnier, cacaoyer, ananas, etc. — La faune indigène, peu considérable, est pauvre en mammifères; mais les reptiles, les vipères, les poissons sont communs. On y pêche même la baleine. Le manicou, sorte de marsupiau de la Martinique, et l'agouti, rongeur de la Guadeloupe, ont une chair comestible. Les espèces domestiques ont été importées d'Europe.

§ II. Géographie politique.

151. La population totale des Antilles françaises est de
330 000 hab., non compris 15 à 20 mille travailleurs immigrants. Leur superficie, de 2 630 km², n'égale que la moitié
d'un département français; mais la densité de population est
de 125 hab. par km² : presque le double de celle de la France.

En voici le tableau statistique :

1º MARTINIQUE,	superficie	987 kilom. carrés,	population	165 000 habit.
2º GUADELOUPE,	—	1 380 kilom. carrés,	—	140 000 habit.
3º DÉSIRADE,	—	26 kilom. carrés,	—	2 000 habit.
4º MARIE-GALANTE,	—	150 kilom. carrés,	—	15 000 habit.
5º LES SAINTES,	—	13 kilom. carrés,	—	1 600 habit.
6º SAINT-BARTHÉLEMY,	—	21 kilom. carrés,	—	3 000 habit.
7º SAINT-MARTIN,	—	55 kilom. carrés,	—	4 000 habit.

Ces îles sont peuplées pour un dixième de blancs ou *créoles*
descendants de Français; pour les huit dixièmes, de *nègres*
libérés et *gens de couleur* (mulâtres, quarterons, griffons,
capres) résultant du mélange des deux races. Le dernier
dixième comprend les Européens, soldats, fonctionnaires, et
les travailleurs immigrants indous et chinois qui forment la
population flottante. Il est regrettable que la race indigène
caraïbe ait entièrement disparu par le massacre qu'en ont fait
les premiers colons blancs.

Les *mulâtres*, qui constituent la masse du peuple antillien,
sont intelligents, mais peu travailleurs, et leurs sympathies ne
sont pas grandes pour les blancs, dont le nombre et l'influence
diminuent.

La langue française est d'un emploi presque exclusif dans
nos Antilles; elle domine aussi dans la Dominique anglaise et
à Haïti. La plupart des écoles primaires sont tenues par les
congréganistes. Le christianisme est généralement professé.

152. Administration. — Les Antilles françaises forment
deux gouvernements, dont l'un comprend la Martinique seule,
et l'autre la Guadeloupe avec ses dépendances, qui sont toutes
les petites îles. Chaque gouvernement nomme deux députés à
la chambre française.

La MARTINIQUE compte 165 000 hab.; elle est divisée en
deux arrondissements : Fort-de-France et Saint-Pierre, et
comprend vingt-cinq communes, qui sont beaucoup plus vastes
que celles de la métropole.

Fort-de-France, 12 000 hab., est le siège du gouvernement et de la cour d'appel. Situé sur une rade superbe, son port est excellent, sa position militaire magnifique. Le fort Saint-Louis, sur une presqu'île rocheuse, le domine.

Saint-Pierre, 23 000 hab., ville épiscopale, sur la côte ouest, manque de port, mais sa bonne rade foraine en fait la principale place de commerce des Antilles françaises.

Les autres centres populeux sont le *Lamentin*, le *Marin*, la *Trinité*, la *Basse-Pointe*.

La GUADELOUPE a 140 000 hab., et ses dépendances 25 000; elles forment ensemble trois arrondissements : la Basse-Terre, Pointe-à-Pitre et Marie-Galante, comprenant trente-quatre communes.

La ville de *Basse-Terre* est le chef-lieu du gouvernement, le siège de la cour d'appel et de l'évêché. Située sur la côte sud-ouest de l'île qui porte le même nom, elle n'a qu'une rade foraine, et sa population, en décadence, n'est plus que de 8 000 habitants.

Au contraire, *Pointe-à-Pitre*, 17 000 hab., est florissante. Située entre les deux îles, au sud-ouest de la Grande-Terre, sa belle rade, bien abritée, en fait la principale place de guerre et de commerce de la colonie.

Le *Moule*, 8 000 hab., et *Port-Louis* dans la Grande-Terre, *Sainte-Marie* et *Capesterre* dans la Basse-Terre, sont d'autres petites villes maritimes.

La DÉSIRADE, 2 000 hab., ne forme qu'une commune dont le chef-lieu est le bourg de la Grande-Anse. Elle possède une léproserie.

MARIE-GALANTE, 15 000 hab., forme un arrondissement et trois communes. Son chef-lieu est Grand-Bourg, au sud-ouest de l'île. Culture de canne et pêche.

Les SAINTES, 1 600 hab., forment les deux communes de Terre-de-Haut et de Terre-de-Bas. Rocheuses, bordées de récifs et bien fortifiées, elles sont le Gibraltar français des Antilles. Ses habitants sont d'excellents marins et pêcheurs.

L'île SAINT-BARTHÉLEMY, 3 000 hab., forme la commune du Carénage, port que les Suédois avaient appelé Gustavia, et qui fut longtemps une retraite de flibustiers.

La partie française de l'île SAINT-MARTIN, 4 000 hab., forme la commune du Marigot. Elle renferme d'excellents mouillages, et ses eaux sont très poissonneuses. — La partie hollandaise a d'importantes salines et pour chef-lieu Philippsburg, port actif.

153. **Commerce.** — Les Antilles sont, comme la Réunion, des *colonies à cultures* ou *à plantations*. On y cultive la canne à sucre, produit dominant, le cacao, le café, qui fut un instant abandonné, le coton, le rocou, la vanille, le tabac, les épices, etc. A ces cultures industrielles se joignent les cultures de « vivres » du pays : manioc, banane, igname, patate, arbre à pain, ananas. La canne à sucre fait la vraie richesse des Antilles ; elle se cultive sur les côtes jusqu'à 300 m. d'altitude, le café jusqu'à 600 m.; au dessus s'étagent les forêts d'acajou, de bois de campêche, de bois de fer, de catalpas, etc.

La pêche est une grande ressource pour l'île Marie-Galante. Saint-Martin exploite des salines. Le soufre des volcans de la Soufrière est abondant, mais inexploité.

Les routes coloniales sont assez nombreuses, et la Grande-Terre possède même quelques chemins de fer à voie étroite qui desservent les usines à sucre.

Le *commerce* annuel s'élève, année moyenne, à 120 millions de francs, se partageant par moitié entre la Martinique et la Guadeloupe, et aussi à peu près par moitié en exportations et importations.

Les exportations consistent pour les 5/6 en sucre et ses dérivés : rhum et tafia (eaux-de-vie), sirops et mélasses, puis en rocou, vanille, casse, bois de teinture. — Les importations consistent en vins, viandes salées et beurre, habillements, objets de luxe, outils et métaux ouvrés venant de France, morue de Terre-Neuve, farines des États-Unis, guano, houille anglaise.

Les échanges se font avec la France, pour la moitié (2/3 des exportations et 1/3 des importations); le reste avec les États-Unis, l'Angleterre, les Antilles anglaises et espagnoles, Haïti. — Le pavillon étranger (américain, anglais) prévaut pour les transports sur le pavillon français. Ce dernier correspond surtout avec le Havre, Saint-Nazaire, Bordeaux, Marseille.

Les grands marchés coloniaux sont Saint-Pierre de la Martinique et Pointe-à-Pitre, où, ainsi qu'à Fort-de-France, les transatlantiques français et anglais font relâche.

Des câbles sous-marins relient les Antilles françaises et

leurs voisines à l'Europe par les États-Unis et Terre-Neuve, et par le Brésil et Lisbonne.

Ajoutons, comme terme de comparaison, que le commerce de Haïti s'élève à 100 millions, celui des Antilles anglaises à 300 millions, et celui de Cuba et Porto-Rico, aux Espagnols, à plus de 1 milliard de francs.

CHAPITRE XVI

SAINT-PIERRE ET MIQUELON

154. Historique. — Après la découverte de l'Amérique par Christophe Colomb en 1492, et pendant qu'au XVIᵉ siècle l'Espagne fondait d'immenses et riches colonies dans les parties centrales et occidentales de ce vaste continent, les Français, de même que les Anglais, portèrent leurs efforts vers l'Amérique septentrionale. En 1494, Jean Cabot, Vénitien au service de l'Angleterre, découvrit Terre-Neuve et le Labrador. En 1524, Verazzani, florentin, envoyé par François Iᵉʳ, explora les côtes du Canada, et, dix ans après, Jacques Cartier, de Saint-Malo, remontait le fleuve Saint-Laurent.

Mais c'est en 1608, avec la fondation de Québec par Champlain, que commence la colonisation du Canada ou de la Nouvelle-France, tandis que nos voisins créent la Nouvelle-Angleterre un peu plus au sud. Les explorations des missionnaires français et de Cavalier de la Salle (1680) ajoutèrent au Canada les bassins des grands lacs et la vallée du Mississipi, qui reçut le nom de Louisiane, en l'honneur de Louis XIV.

Au commencement du siècle dernier, les colons français, au nombre de 30 à 40 000, occupaient donc en Amérique un territoire six ou huit fois plus vaste que la métropole; c'était trop peu en présence des Anglais, déjà beaucoup plus nombreux dans le voisinage. Aussi les guerres d'Europe leur ont été funestes.

Dès 1713, le traité d'Utrecht nous enlevait Terre-Neuve, l'Acadie et les terres de la baie d'Hudson, et en 1763 le traité de Paris donnait à l'Angleterre le reste du Canada, ne nous laissant que les deux îlots de Saint-Pierre et Miquelon, et un droit de pêche sur les côtes de Terre-Neuve.

Toutefois il est bon de remarquer que si le Canada ne nous appartient plus politiquement, si les Anglais y sont aujourd'hui

trois fois plus nombreux que les nôtres, la population des provinces de Montréal et Québec est restée française de cœur
comme d'origine, de mœurs, de religion et même d'institutions;
en effet, depuis 1867, le *Dominion of Canada* jouit d'une autonomie complète sous la couronne britannique, qui laisse à
chaque État le soin de se gouverner. Aussi, à part la fiction de

Carte pour l'histoire
DES COLONIES FRANÇAISES
en Amérique.

souveraineté anglaise, qui protège plutôt qu'elle ne gêne le développement de ces colonies, le bas Canada, avec ses 1 200 000
Français, est-il en dehors de l'Europe la plus importante,
comme la plus belle, la plus florissante des expansions de la
mère patrie, celle qui montre le mieux la faculté colonisatrice
de notre race lorsqu'on la laisse s'épanouir en liberté.

155. Saint-Pierre et Miquelon sont deux petites îles
situées à 6 600 km. de Brest, sur la côte sud de Terre-Neuve,
par 47° de latitude nord et 58° 30' de longitude ouest.

Peuplées de 5000 habitants; d'une étendue de 325 km² à peine; formées de plateaux rocheux, granitiques, hauts de 200 m., tellement stériles que les sapins n'y atteignent pas la taille d'un homme; placées sous un climat brumeux et froid qui en rend le séjour en hiver peu agréable, ces deux îles n'ont de valeur pour nous que comme rendez-vous pour nos pêcheurs en été.

Miquelon, neuf fois plus étendue que sa voisine, est une île double, formée de deux îlots rocheux réunis par une dune ou barre sablonneuse longue de 10 km., sorte d'isthme qui plus d'une fois a été coupé par la vague et où trop souvent les navires vont échouer. Au nord, la *Grande Miquelon* renferme l'anse et la ville de Miquelon, ainsi que deux vastes lagunes nommées *barachois,* où les barques trouvent un abri; au sud, la *Petite Miquelon* ou *Langlade,* presque aussi grande que sa sœur jumelle, mais manquant de ports.

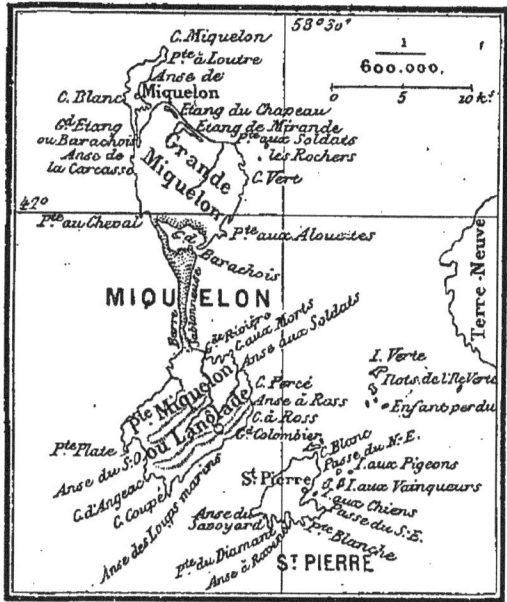

Carte des îles Saint-Pierre et Miquelon.

L'île *Saint-Pierre* est séparée de Langlade par un canal de 4000 m. de largeur; elle n'a que 25 km² de surface et 5 à 7 km. d'étendue; mais elle possède une belle et vaste rade au fond de laquelle s'est bâtie la ville de Saint-Pierre. Cette rade, fermée à l'est par les îlots dits aux Chiens (phoques), aux Vainqueurs et aux Pigeons, et par celui du Grand-Colombier, est le principal rendez-vous de tous les navires se rendant aux bancs; là aussi se touvent les principales sécheries de poissons.

La ville de *Saint-Pierre,* construite en bois de sapin du nord, est le chef-lieu de la colonie, le siège d'un tribunal de première instance et d'une préfecture apostolique; elle n'a qu'une population de 4 000 hab., presque tous français; mais une population flottante double son importance en été. On y construit des goélettes et des pirogues de pêcheurs.

La pêche et la préparation de la morue constituent la seule industrie de la colonie et en occupent toute la population.

La *pêche* se fait dans tout le *golfe Saint-Laurent,* sur le *banc de Saint-Pierre* et sur le *Banquereau* situés au sud de l'île, mais surtout sur le *grand banc de Terre-Neuve.* Ces bancs sont des fonds couverts d'un énorme amas d'alluvions déposées à leur point de rencontre par les eaux chaudes du Gulf-Stream et les eaux froides du courant polaire. C'est là que se développent ou arrivent à certaines époques fixes et en bandes innombrables la morue, le hareng, le capelan et d'autres poissons. C'est là que, chaque année, les pêcheurs anglais, américains, hollandais et français viennent se réunir. Les ports bretons et normands de Saint-Malo, Granville, Fécamp, Dieppe, y envoient de trois à quatre cents goélettes montées par 800 ou 1 000 marins exercés. Trente millions de kilogrammes de poissons forment la part de nos pêcheurs, tandis que leurs concurrents de diverses nationalités en prennent huit ou dix fois plus : telle est l'abondance de cette production de l'Océan.

La morue se prend au moyen de filets flottants dits seines ou de lignes de fond. Les hameçons sont amorcés avec du poisson plus petit, hareng ou capelan, qu'il a fallu acheter ou pêcher tout d'abord. Chaque jour, sur le bateau, la morue prise est vidée, désossée, salée : c'est la *morue verte,* qui, ne pouvant se conserver longtemps, est expédiée rapidement en France, aux Antilles, à Bourbon; la *morue* dite *sèche* peut se conserver indéfiniment; c'est celle qui, après avoir été vidée et lavée, est étendue sur la grève pour sécher à l'air et au soleil. Les sécheries demandent un espace considérable; celles des Français se trouvent non seulement aux îles Miquelon et Saint-Pierre, mais encore sur les côtes ouest, nord et nord-est de Terre-Neuve, où la France a conservé ses droits de sécherie, droits exclusifs ou partagés avec les Anglais.

L'*industrie* de la pêche, excellente école de marins, est encouragée par le gouvernement français au moyen de primes d'armement accordées par le commerce national entre la France et ses colonies. Toutefois chaque année voit diminuer le nombre de nos compatriotes qui font ce rude métier.

Le *commerce* de la colonie est néanmoins florissant; il s'est élevé dans les quinze dernières années de 10 à 25 millions de francs, dont 16 millions pour les exportations de morue verte, morue sèche, huile de foie de morue, rogue (œufs de morue qui servent d'appâts), saumon, capelan et autres poissons, expédiés vers la France et ses colonies. Les importations consistent en vêtements et objets de consommation, vins, eaux-de-vie, venus de France, des États-Unis, du Canada et des Antilles; en outre, le sel de Cadix nécessaire aux salaisons.

Saint-Pierre est en communication fréquente avec les nombreux paquebots transatlantiques. Deux câbles sous-marins viennent y atterrir : un câble anglais et le câble français qui relient Brest aux États-Unis.

FIN

18141. — Tours impr. Mame

* 9 7 8 2 0 1 2 6 6 4 8 3 8 *